PAPIERS INÉDITS

DU

DUC DE SAINT-SIMON

AMBASSADE D'ESPAGNE

PAPIERS INÉDITS

DU

DUC DE SAINT-SIMON

LETTRES ET DÉPÊCHES

SUR

L'AMBASSADE D'ESPAGNE

— Tableau de la Cour d'Espagne en 1721 —

INTRODUCTIONS PAR ÉDOUARD DRUMONT

PARIS

A. QUANTIN, IMPRIMEUR-ÉDITEUR

7, RUE SAINT-BENOIT

1880

LES PAPIERS INÉDITS

DU

DUC DE SAINT-SIMON

I

Le 21 décembre 1760, un « ordre du Roi » contresigné « Choiseul » jetait en prison pour de longues années l'œuvre de Saint-Simon. Le 26 janvier 1828, un ordre de Louis XVIII, ordre auquel le comte de la Ferronnays tint la main, faisait remettre au général de Saint-Simon les trois volumes qui, s'ajoutant aux quatre portefeuilles rendus en 1819, complétaient la restitution totale des *Mémoires*. Le 18 février 1880, un ordre formel de M. de Freycinet, ministre des Affaires étrangères, autorisait pour la première fois l'Histoire à consulter librement les manuscrits et papiers divers laissés par le grand historien.

Je me souviens de ce jour comme d'une vraie fête littéraire. Quoi de plus simple que la communication de documents datant de plus d'un siècle? Et cependant cette communication, si souvent réclamée et refusée toujours, était considérée par les érudits comme un rêve qui ne se réaliserait jamais. Cette fois encore, en dépit d'une première décision du Ministre, la fatalité s'en mêlait. Par un hasard véritablement inouï, le directeur sortant, mais non encore sorti, M. Prosper Faugère, qui avait eu ces papiers entre les mains pendant quatorze ans, avait besoin de collationner, le jour même où ma requête était accueillie, un manuscrit qui, par un concours de circonstances absolument étranges, se trouvait être précisément cette *Ambassade d'Espagne* que je venais consulter.

Le Ministre fut frappé sans doute de la discrétion qu'avait montrée l'homme qui, pendant un si long espace de temps, avait pu vivre en tête-à-tête avec ce formidable Saint-Simon sans rien laisser transpirer de ses éloquentes confidences ; il pensa peut-être que c'est à de tels silencieux que devraient être confiés les secrets d'État du présent, mais il estima que pour les secrets d'État d'un passé qui remontait à 1721 des gens plus communicatifs présentaient certains avantages. Il dit pour délivrer : « ordre de la République », comme M. Le Dran avait dit pour emprisonner : « ordre du Roi », et il fallut s'exécuter.

L'exécution fut difficile et lente. On descendit d'abord deux volumes des appartements particuliers de l'ancien directeur. Évidemment les dépêches de M. de Maulevrier, ambassadeur ordinaire à Madrid, dans le même temps que le duc de Saint-Simon y était annoncé comme extraordinaire, ne manquaient pas d'intérêt, mais, avouons-le, nous étions un peu comme au théâtre lorsqu'on attend l'arrivée d'un artiste de génie ; il nous tardait de voir le tout-puissant écrivain entrer en scène.

Je dis nous, car ce fait étonnant : la nouvelle qu'on allait délivrer Saint-Simon, avait attiré dans le cabinet du nouveau directeur des Archives, M. Guéroult, qui à ce moment, tout ému encore de la résolution du Ministre, affichait bruyamment un libéralisme presque excessif, deux ou trois personnes qui s'entretenaient de ce fabuleux événement.

Gagné par ces anxiétés, M. Guéroult se décida à aller chercher lui-même des renseignements sur le captif et rapporta trois nouveaux volumes. M. Girard de Rialle, le sous-directeur des Archives, se souvenait alors qu'il avait été un de nos confrères. Il était animé, lui aussi, des ardeurs d'un néophyte; il prit un volume, j'en pris un autre. M. de Ribier, l'excellent chef de bureau chargé des communications avec le public, en prit un troisième. Étant données les traditions du lieu, nous n'avons pas besoin de dire que, jusqu'ici, lui-même n'avait pas été admis à pénétrer dans ces arcanes, mais il se souvenait d'avoir ouï dire par des employés, si anciens qu'ils avaient connu Anquetil, que des documents pleins d'intérêt se trouvaient dans ce recueil. Même, il se rappelait qu'un jour un de ces volumes avait été communiqué à un monsieur jeune encore et d'allure distinguée. Le monsieur s'était assis : le sous-directeur, M. Tétot, s'était approché de lui; de courtes paroles s'étaient échappées de dents serrées, puis le monsieur avait fermé brusquement le volume et était sorti avec dignité. Il était parti dans un brouillard de légende, sans qu'on ait pu jamais savoir au juste ni comment il avait été si hardi de demander un tel ouvrage, ni par quelle souveraine influence il était parvenu à l'obtenir, ni quelle violente et suprême objurgation l'avait décidé à battre en retraite au moment où les clairons s'apprêtaient à sonner pour sa victoire.

— Voilà du Saint-Simon ! nous écriâmes-nous, quand apparut l'écriture du Duc, cette écriture contractée et crispée en dépit de sa régularité, dont les caractères toujours rentrés sur eux-mêmes racontent si bien l'âme passionnée qui se contient et les nerfs tendus qui se maîtrisent.

Pendant quelques minutes un froissement de pages feuilletées, une rumeur de commentaires expansifs remplirent ce cabinet solennel où les belles curiosités des lettrés, les enthousiasmes pour l'œuvre d'un grand mort, les avidités généreuses d'entrer plus à fond dans l'intimité d'un penseur avaient remplacé cette morgue bête, ces allures compassées, ces pompeuses façons de dire des niaiseries, par lesquelles tant de sots croient suppléer aux qualités réelles qui constituent le véritable homme d'État.

Quelques-uns peut-être souriront et jugeront un peu enfantines ces joies, ces empressements, cette passion apportée à une semblable question. Pour moi, je n'ai pas honte de cette émotion et trouve qu'elle honore et ceux qui l'éprouvent et ceux qui l'inspirent.

Que fut le génie pour la plupart des fils des hommes qui ont reçu en partage ce don glorieux et funeste ?

Presque toujours une cause de désillusion et de chagrin.

Qui les paye de tant d'amertumes ?

Précisément ce respect de leur mémoire et cet amour de leur intelligence, qui font qu'au bout d'un siècle, des êtres épris de ce qui est beau recherchent quelques fragments d'une œuvre magnifique et ressentent une impression profonde en apercevant un nom impérissable au bas de quelques lignes tracées sur un papier jauni.

Un cabinet de directeur, fût-il aussi hospitalier que celui de M. Guéroult, ce jour-là, n'étant pas destiné à philosopher, nous nous dirigeâmes vers la salle du travail. Et tandis que nous passions portant ces vénérables volumes dont le maroquin avait conservé, en dépit du temps, ses beaux tons rouges, les propos allaient leur train à travers les corridors.

Quand j'eus pris place, et qu'un rayon de soleil printanier entré de l'Esplanade par la grande fenêtre vint frapper les armes de France qui forment un rond d'or au milieu du volume, mon voisin regarda le livre et bientôt manifesta comme un étonnement douloureux. Éditeur de la parfaite édition des *Mémoires* du duc de Saint-Simon qui nous a montré pour la première fois l'incomparable écrivain tel qu'il est, M. Chéruel avait demandé à maintes reprises cette *Ambassade d'Espagne* que je parcourais. Il l'avait demandée, non pour publier ces dépêches et ces lettres, — l'éminent inspecteur général de l'Université ne se fût pas permis une telle audace, — mais pour contrôler certains faits, pour vérifier une date, pour rédiger une de ces notes substantielles, exactes, précises, qui prennent à ces patients et ces attentifs plus de temps qu'il ne nous en faut pour écrire trois articles. Lui aussi avait l'air de penser que quelque chose d'extraordinaire s'était passé dans la maison des Affaires étrangères, puisque Saint-Simon y circulait librement.

J'eus un moment la bouche ouverte pour lui dire : « Le voulez-vous, ce volume, mon cher maître ? » Si notre jeunesse goûte un âpre plaisir à manquer volontairement de respect à ceux qui oppriment et qui gênent, elle sait ce qu'elle doit aux vétérans, aux ancêtres, aux laborieux qui nous ont donné l'exemple du travail. Je regardai cette douce et sereine figure de vieillard et je m'arrêtai. « Il est trop bon, pensai-je, il se laisserait reprendre l'*Ambassade d'Espagne*. »

Mon voisin quitta du reste la salle bien avant la fin de la séance, peut-être pour annoncer au monde la prodigieuse nouvelle, peut-être pour s'informer des causes qui avaient amené une si heureuse et si soudaine révolution.

La séance, je le crains, d'ailleurs ne fut guère profitable à l'étude, cet après-midi-là. Des exclamations vite étouffées saluaient l'arrivée imprévue de volumes demandés depuis de longues années. — La deuxième ambassade de M. de Villars ! disait l'un. — Ma Pologne ! s'écriait l'autre qui, je crois, s'occupe du règne de Sobieski.

M. de Freycinet, s'il fût passé par là, eût pris plaisir à regarder ces figures intelligentes qui rayonnaient à mesure que M. de Ribier, montant toujours dans les appartements privés du directeur en retraite, redescendait toujours chargé de nouveaux trésors.

Pour en revenir à Saint-Simon qui nous occupe exclusivement, il nous faut constater que sa délivrance, qui avait causé tant d'émoi, n'était encore que partielle.

Ce qui nous avait été rendu, c'était le recueil des dépêches et des lettres adressées par l'ambassadeur à sa cour. Il eût été naturel que ce recueil figurât à la date qui lui appartenait dans la série *Espagne*. Mais M. Faugère l'en avait retiré, aussi arbitrairement qu'injustement, pour le garder chez lui et le dissimuler à tous les regards. C'est, pour faire comprendre notre pensée à tous par un exemple, un recueil analogue aux dépêches de M. de Duras, qui fut ambassadeur en Espagne trente-cinq ans après Saint-Simon. Ces dépêches se trouvent à la Bibliothèque nationale ; si le cœur vous en dit, vous pouvez les parcourir de dix heures à quatre heures sans que l'Europe en soit inquiète. M. Michelant vous adressera un beau salut quand vous lui présenterez votre bulletin ; on vous apportera les volumes tout de suite et vous aurez sous votre table un filet pour déposer votre pardessus.

Empêcher de consulter ces documents, c'était simplement de la part du directeur des Archives accomplir un acte de bon plaisir identique à celui qu'accomplirait M. Alphand, directeur des voies et plantations, s'il interdisait la circulation dans la rue de Rivoli, sous prétexte qu'il aime à se promener tout seul.

Ce que nous avions demandé c'était, au cas où ce recueil existât encore sous sa forme primitive, la communication des portefeuilles où Saint-Simon avait réuni toutes les copies des lettres écrites et reçues par lui pendant son ambassade en Espagne ; c'était le droit de consulter, de copier et de faire copier l'ensemble des papiers laissés par le Duc; c'était la remise de Saint-Simon dans le droit commun. C'est ce que le ministre des Affaires étrangères, dans son libéralisme, nous avait, croyait-on, positivement accordé. M. Guéroult, dithyrambique panégyriste de l'initiative ministérielle, le comprenait ainsi à cette époque déjà lointaine.

Après avoir été assez heureux pour parcourir ces manuscrits si longtemps tenus sous clef, nous voudrions dire aux lecteurs ce que nous avons vu dans cette exploration rapide à travers l'*inédit* de Saint-Simon, mais il est nécessaire auparavant de rappeler les vicissitudes qu'ont subies ces papiers.

II

Le récit des pérégrinations des papiers de Saint-Simon a été fait plus d'une fois, et il doit néanmoins, conté au bref et résumé dans ses phases principales, figurer en tête du premier manuscrit qui sorte, après les *Mémoires*, de la mystérieuse prison où d'opiniâtres mauvaises volontés ont si longtemps retenu le génie enchaîné.

Quand Saint-Simon eut expiré le 2 mars 1755, dans son hôtel de la rue de Grenelle, qui fait le coin de la rue de Bellechasse, M⁰ Grimperel, avocat au parlement, conseiller du roi et commissaire au Châtelet de Paris, vint procéder aux formalités nécessaires. On lui montra sur un lit à bas pilier tendu de damas jaune un *corps mort*, qu'on lui dit être celui de monseigneur le duc de Saint-Simon [1].

Gêné peut-être par le voisinage de ce terrible témoin, Mᵉ Grimperel fit transporter le corps sur un petit lit de camp dans une salle sur la cour, qu'on nommait la *salle du dais*, tendue d'une tapisserie représentant Aman et Mardoché ; la pièce était ornée des portraits de Louis XIII, de l'abbé de Rancé, du maréchal de Lorge, de Philippe V et de la princesse des Ursins. L'impitoyable conteur des disgrâces de cour, qui avait vu l'écroulement de tant d'Amans superbes, passa sa première nuit en compagnie des personnages de cette *Comédie humaine* de l'ancien régime, qu'il avait montrés si souvent parlants, agissants, complotants.

Tandis qu'il s'entretenait de son œuvre avec ces portraits, qu'il avait refaits d'une plume autrement colorée que tous les pinceaux, la vie réelle entrait chez lui et apparaissait sous ses aspects les plus vulgaires. La foule ameutée avait empli de ses cris de colère les abords de l'hôtel, où Colbert agonisant, éperdu et saisi d'indicibles terreurs, avait refusé de recevoir l'envoyé du roi. Les badauds rieurs et les commères dédaigneuses s'étaient entassés sur le passage du cortège qui, à la nuit tombante, conduisait furtivement le cercueil de Molière au cimetière Saint-Joseph. Peu s'en fallut que les créanciers accourus n'empêchassent Saint-Simon de rejoindre, dans la tombe de la Ferté-Vidame,

---

[1]. Voir *Le duc de Saint-Simon, son cabinet et l'historique de ses Manuscrits d'après des documents authentiques*, par Armand Baschet. (Paris. Plon 1874.)

celle qui avait été la compagne bien-aimée de ses jours mortels. Fort heureusement cette troupe était si nombreuse qu'on avait dû lui désigner un chef, Mᵉ Gérardin, procureur du syndicat des créanciers.

Le duc de Saint-Simon alla dormir l'éternel sommeil dans l'église de ce château de la Ferté-Vidame, où il venait chaque année se recueillir au printemps et à l'automme et où il écrivit sans doute ses plus admirables pages, sur la petite table de merisier couverte de maroquin noir. *Je veux*, avait-il dit dans son testament, *que de quelque lieu que je meure, mon corps soit apporté et inhumé dans le caveau de l'église paroissiale dudit lieu de la Ferté, auprès de celuy de ma très chère espouse et qui soit fait et mis anneaux, crochets et liens de fer qui attachent nos deux cercueils si étroitement ensemble et si bien rivés qu'il soit impossible de les séparer l'un de l'autre sans les briser tous deux.*

En 1794, les habitants de ce village que Saint-Simon avait comblés de bienfaits et dans lequel ce grand seigneur, mort presque insolvable, avait fondé un hospice songèrent à troubler le repos de ce mort illustre et, après avoir brisé les deux cercueils, ils jetèrent les ossements du duc et de la duchesse dans la fosse commune.

Louis XIV, à Saint-Denis, et l'implacable historien du grand règne, à la Ferté-Vidame, se trouvèrent à peu près à la même date réunis dans les mêmes outrages.

Mais il nous faut retourner à l'hôtel de la rue de Grenelle, où Mᵉ Grimperel, assisté de Mᵉ Delaleu,

entasse vacation sur vacation. De tout ce qui concerne
l'argenterie, les meubles, les biens mobiliers et immo-
biliers, nous n'avons pas à prendre souci; les manuscrits seuls nous intéressent. Saint-Simon avait fait
don de ces manuscrits à celui qu'il appelle dans une
de ses lettres son troisième fils, à son cousin l'évêque de
Metz, qui, n'étant encore qu'abbé de Saint-Simon,
l'avait accompagné dans son voyage en Espagne. La
clause du testament relative à ce legs était ainsi conçu :
*Je donne à mon cousin, monsieur de Saint-Simon,
évêque de Metz, tous mes manuscrits tant de main
qu'autres et les lettres que j'ai gardées pour diverses
raisons desquelles je proteste qu'aucune ne regarde les
affaires de mes biens et maisons.*

Aux papiers qui se trouvaient dans l'hôtel de la
rue de Grenelle étaient venus s'ajouter ceux que
Mᵉ Grimperel et les hommes de loi envoyés au château
pour compléter l'inventaire avaient recueillis dans le
chartrier de la Ferté. Ces papiers avaient été mis dans
une caisse clouée, entourée de cordes et scellée, puis
confiés au sieur Poton, huissier-priseur, qui devait les
rapporter à Paris.

Dès le début, les mésaventures commencèrent pour
ces fameux papiers. La caisse, attachée à la berline,
faillit se rompre à quelques pas de Neauphle; on alla
au pas jusqu'au relais de Neauphle et là, le sieur Poton
s'apercevant que la caisse brisée ne pouvait plus servir
prit le parti de mettre les papiers dans un sac.

Ce fut en cet état que les manuscrits arrivèrent rue
de Grenelle.

Quelques contestations se produisirent au sujet

de la prétention de l'évêque de Metz d'être présent à l'inventaire ; elles furent portées devant le lieutenant civil, qui reconnut seulement à l'évêque de Metz le droit d'assister à la levée des scellés de la *salle du dais* et des armoires où les manuscrits avaient été enfermés.

Ce fut le 2 juin que commença cet inventaire spécial des manuscrits, qui dura jusqu'au 2 juillet.

Quatorze vacations furent nécessaires, rien que pour mettre en ordre ces papiers. L'inventaire, dressé par Mᵉ Delaleu, ne mentionne pas moins de 171 numéros. Nous n'entrerons pas dans le détail de cet inventaire pour le moment, non dans le but de ménager l'intérêt, mais afin de condenser davantage notre récit et d'en rendre l'enchaînement plus serré.

A ces 171 numéros vinrent s'ajouter 4 autres numéros, contenant quatre cent-quatre-vingt-treize pièces de correspondances.

Ces pièces, soumises à l'appréciation du lieutenant civil, furent reconnues par lui ne rien renfermer, sauf une quittance, de relatif aux affaires de famille et rentrer dans la série des manuscrits.

Il semble que rien n'eût été plus naturel que de remettre le tout à l'évêque de Metz que Saint-Simon avait fait légataire de ces manuscrits. Malheureusement le sieur Gérardin, procureur du syndicat, avait mis opposition à la délivrance du legs, au nom des créanciers, et le lieutenant civil dut se contenter de prendre des mesures pour placer en lieu sûr ces papiers, en attendant qu'il fût statué sur le fond.

Le 2 juillet, il fut fait comme il était dit, les manuscrits furent entassés dans cinq grandes caisses fermant chacune par trois serrures ou cadenas et à trois clefs différentes.

Mᵉ Delaleu, chargé de garder ces caisses, les fit transporter chez lui, rue Sainte-Croix-de-la-Bretonnerie.

Les procès à toutes les époques ont duré longtemps ; au xvɪɪɪᵉ siècle ils duraient toujours. L'évêque de Metz mourut le 29 février 1760, sans être en possession de son legs ; et, le 21 décembre 1760, Mᵉ Delaleu voyait entrer chez lui M. Le Dran, chef du Dépôt des Archives des Affaires étrangères, qui lui présentait un papier conçu en ces termes :

« *Par ordre du Roi.*

Sa Majesté étant informée que les *Manuscrits* trouvés chez M. le duc de Saint-Simon, lors de son décès, la plupart desquels concernent le service du Roi et de l'État, ont été renfermés dans plusieurs caisses, ordonne que sur la simple représentation du présent Ordre et nonobstant toutes oppositions faites ou à faire, lesdites *caisses* et *manuscrits* en l'état où ils sont, ensemble les clés desdites caisses, seront remis au sieur Le Dran, premier commis du Dépôt des Affaires étrangères, et ce, sur la simple reconnoissance qu'il en donnera.

Enjoint au sieur Delaleu, notaire, et à tous autres dépositaires desdites *caisses* et *manuscrits*, de se conformer au présent Ordre.

Fait à Versailles, le 21 décembre 1760.

      Louis.
        Choiseul. »

M. Le Dran avait reçu en outre de M. de Choiseul la lettre suivante :

« Monsieur,

Les manuscrits trouvés au décès de M. le duc de Saint-Simon ont été enfermés lors de la levée des scellés dans plusieurs grandes caisses et laissés en dépôt au sieur Delaleu, notaire. Comme ils concernent les *Affaires du Roi* et l'*Ambassade d'Espagne* de feu M. le duc de Saint-Simon, je joins ici l'*Ordre du Roi* pour les retirer.

Lorsque ces manuscrits seront au Dépôt, vous me les ferez passer caisse à caisse pour les examiner et prendre une idée de ce qu'ils renferment.

21 décembre 1760.

Duc de Choiseul. »

Comment s'avisait-on, après cinq ans révolus, de cette mesure, usitée sans doute dans certains cas lors du décès de personnages mêlés aux affaires d'État, mais qui, d'ordinaire, était mise à exécution immédiatement ?

M. Armand Baschet, notre guide constant dans tout ce qui touche à l'histoire de ces manuscrits[1], suppose, non sans raison, qu'il y avait là une négociation amiable, et que la saisie en question était un expédient pour mettre hors de cause les créanciers, gens de peu qui s'obstinaient à faire valoir leurs droits sur ces papiers.

L'ingénieux et infatigable érudit a relevé, dans *les Dépenses de la maison du Roi*, un bon pour un por-

---

1. *Le duc de Saint-Simon et son cabinet*, etc.

trait du Roi de 8 pieds 8 pouces de haut, dans un fort riche cadre, accordé à la maréchale de Montmorency, sœur de l'évêque de Metz et cousine de l'historien, et une tabatière à cage en laque rouge, garnie de diamants, avec le portrait du roi, ouvrage du sieur Jacquin, joaillier de la couronne, de la valeur de 7,957 livres 8 sols et 9 deniers, envoyée à la comtesse de Valentinois, petite-fille du Duc. Ces petits cadeaux payaient très probablement cette transaction qui enrichissait les Archives de pièces intéressantes et allait défrayer une curiosité qui, après quelques années d'indifférence, commençait à s'éveiller très vive sur les événements de l'époque de Louis XIV.

M. Le Dran, avant de transporter les manuscrits aux Archives, situées alors dans la tour du Louvre, procéda à un recollement très sérieux et se servit pour cette opération de l'inventaire en 175 articles dressé par M⁰ Delaleu, inventaire dont nous avons déjà parlé et dont nous reparlerons à fond tout à l'heure.

Ici commence la longue captivité de l'œuvre de Saint-Simon et aussi la période des indiscrétions furtives et des copies tronquées. L'abbé de Voisenon, l'abbé badin, l'habitué de la Société du *Bout du banc*, le collaborateur de Caylus pour *les Fêtes roulantes et les Regrets des petites rues*, fut le premier qui connut le génie si longtemps caché du pamphlétaire et le secret de ces colères si péniblement contenues. Marmontel, Duclos, en leur qualité d'historiographes de France, furent autorisés à consulter les *Mémoires*, et bientôt des extraits en coururent partout. Il se produisait alors pour Louis XIV ce qui se produit aujourd'hui pour Napoléon I*r*. Cette société, qui se sentait si petite, aimait qu'on lui parlât de ce siècle, que déjà on appelait le grand siècle. Abstraction faite du mérite littéraire, elle éprouvait ce que nous éprouvons en lisant les *Mémoires* de M*me* de Rémusat, le désir de pénétrer les côtés intimes et humains de ce souverain qui, après la période des outrages derniers, était entré dans la définitive apothéose, le besoin de s'expliquer ce règne, qui frappait davantage l'imagination à mesure que des scandales sans nombre et des hontes accumulées dans le présent faisaient oublier les fautes d'un passé qui, du moins, n'avait pas été sans gloire.

Soulavie, après la publication, sous le titre de *Galerie de l'ancienne cour*, d'un recueil d'anecdotes et de portraits tirés des *Mémoires* de Saint-Simon, mit en vente, en 1788, trois volumes où pour la première fois figurait le nom de Saint-Simon : *Mémoires de M. le duc de Saint-Simon, ou l'Observateur véridique sur le règne de Louis XIV et sur les premières époques des règnes suivants.*

Nous n'avons pas à insister sur l'impudeur avec laquelle Soulavie donnait comme les *Mémoires* authentiques des fragments mutilés, ni à nous arrêter sur les éditions successives de ces *Mémoires* plus ou moins complétés. Toutes ces choses ont été dites ailleurs plus longuement et mieux que nous ne le saurions faire. Nous suivons les manuscrits, et nous notons de temps en temps une date plus importante que les autres, voilà tout.

Lemontey fut un des derniers qui eurent communication de ces papiers; il écrivit son *Histoire de la Régence* avec les manuscrits du Duc sous les yeux.

Ce fut en 1819 que le général marquis de Saint-Simon obtint de Louis XVIII la remise du manuscrit des *Mémoires*. Le directeur des Archives, M. d'Hauterive, trouva moyen de retarder quelque temps la restitution de ce manuscrit ; il n'en rendit d'abord qu'une partie, et enfin finit par s'exécuter en 1828. Ce manuscrit a été acheté 100,000 francs par la maison Hachette, et c'est d'après ce texte, pour la première fois complet, qu'ont été publiées ces différentes éditions qui nous ont révélé enfin le plus original des historiens français.

La direction de M. Mignet fut clémente pour les lettres et honorable pour les Archives. Saint-Simon, on le sait, tout en raillant beaucoup Dangeau et en l'appelant un personnage en détrempe, travaillait constamment en ayant devant lui une copie du journal du patient annaliste en 37 volumes in-folio. Ce journal était pour lui un canevas un peu pâle, j'en conviens, mais très précis, sur lequel il brodait ses magnifiques variations, sur lequel il traçait ses portraits d'un si étonnant relief. Le journal qui avait servi à la rédaction des *Mémoires* était couvert de notes dictées par Saint-Simon à son secrétaire. M. Feuillet de Conches, chaleureusement soutenu par M. Mignet, proposa au Ministre de l'instruction publique, M. Villemain, de publier le journal de Dangeau avec les additions de Saint-Simon. Le ministère ne donna pas suite à cette idée; mais elle fut reprise et mise à exécution par la maison Didot.

Ces notes ou *additions* avaient été copiées pendant la direction de M. Mignet. A partir de 1848, pas une ligne de Saint-Simon ne sortit des Archives [1] !

A dater de cette époque, la direction des Archives fut occupée par de véritables maniaques. Le terme sans doute semble exagéré et en dehors des formules doucereuses qu'on est convenu d'adopter pour toutes ces questions; cependant il exprime seul l'état particulier de gens qui tendaient toute l'énergie de leur être vers un seul but : empêcher l'Histoire d'entrer aux Archives.

Tout ce qu'on pourrait écrire sur ce sujet est au-dessous de la réalité. Un sous-directeur, M. Dumont, resta là trente-trois ans, se cachant comme le bourreau, défendant aux garçons de bureau de révéler où il était.

Invisible, solitaire, inaccessible à tous, il s'enfermait pour dénaturer les séries, pour créer des classifications artificielles, pour combler les routes qui eussent conduit les travailleurs quelque part, pour mettre des culs-de-sac là où il y avait des avenues. Il brouillait les papiers diplomatiques comme on brouillerait un dictionnaire dont on intervertirait toutes les pages et tous les mots.

Il travaillait à coups de canif, disait-on; quoiqu'il ait emporté dans la tombe le secret de ses mystérieuses opérations, les effroyables meurtrissures des documents

---

1. Quelques fragments inédits de Saint-Simon recueillis çà et là ont été publiés par M. Gallien, par M. Cochut, par M. Mesnard. M. Amédée Lefèvre-Pontalis a copié dans la collection de M. Feuillet de Conches et publié un mémoire intéressant sur les affaires d'Espagne et les intrigues de Mme des Ursins.

que nous avons eus entre les mains semblent indiquer plutôt l'emploi d'une sorte de serpe d'une trempe extraordinaire. Il déployait, pour enlever d'un seul coup deux ou trois cents pages d'un volume afin de les transporter dans un autre, la vigueur que déploient nos jardiniers pour déraciner un chêne et le planter à vingt lieues de là.

C'est sous son successeur, M. Tétot, que se produisit l'aventure de M. Édouard de Barthélemy, à laquelle nous faisions allusion plus haut. Installé devant cette *Ambassade d'Espagne* tant convoitée dans l'attitude d'un dilettante qui se prépare à déguster, M. de Barthélemy trempait lentement sa plume dans l'encre.

— Que faites-vous là ? interroge une voix brutale.

— Vous le voyez, dit l'autre avec son meilleur sourire.

— Vous n'avez pas le droit de vous servir de *plume*; prenez deux ou trois notes au *crayon*, et montrez-les moi en sortant.

M. de Charnacé, qui est bien le plus courtois des hommes, faillit littéralement en arriver au pugilat avec M. Cintrat, à propos d'une mission remplie en Suède, au commencement du XVIIe siècle, par un des ancêtres de notre confrère et que celui-ci voulait consulter.

C'est M. Cintrat qui lutta cinq ans avant de communiquer le traité des Pyrénées (7 novembre 1659).

M. Dussieux, professeur d'histoire à l'école de Saint-Cyr, avait demandé à voir ce traité, et tous les Ministres qui lui promettaient leur concours pour cette importante affaire lui craquaient successivement dans la main. Un Ministre qui avait accordé l'autorisation disparut; un second promit également, et au moment où, après de longs pourparlers, la direction des Archives allait s'exécuter, il fut frappé de disgrâce. Enfin un troisième Ministre s'occupa de la chose, manifesta quelque velléité d'énergie, et M. Cintrat fit venir M. Dussieux dans son cabinet, non pour communiquer encore le traité, mais pour le montrer.

— Le voilà, dit-il; quel article vous intéresse?

Il tenait prudemment le traité à l'envers et n'en laissait voir que la dernière page.

Soudain M. Dussieux prend son chapeau et s'élance dans l'escalier.

— Monsieur, monsieur, s'écrie M. Cintrat furieux et blessé dans sa majesté.

— Merci! je n'ai plus besoin de rien, répond l'écrivain dans l'escalier; j'ai ce qu'il me faut. Le traité est imprimé partout...

Effectivement, M. Dussieux, qui s'occupait du démêlé relatif aux préséances entre les ambassadeurs de France et d'Espagne, avait voulu seulement savoir dans quel ordre les plénipotentiaires avaient signé, et il l'avait constaté par la dernière page.

Nous n'exagérons rien, qu'on le croie bien, et nous écartons vingt anecdotes qui viennent au bout de notre plume, tant le spectacle de la bêtise dans les questions artistiques nous inspire un insurmontable écœurement.

Ce que ces malheureux souffraient en faisant souffrir les autres est inimaginable. Par la force des choses, une autorisation qu'il était impossible de discuter était donnée de temps en temps par un Ministre. C'était un échec personnel pour les Archives et pour les archivistes, qui avaient sottement mis leur honneur à ne rien communiquer. On éludait pendant quelques semaines; on avait recours à des subterfuges indignes de personnages ainsi posés, puis il fallait obéir. Rêvant, comme le père Sournois des *Petites Danaides,* que l'on conspirait contre leur repos, ces fonctionnaires vivaient dans de perpétuelles inquiétudes. La bile s'accumulait sur leur foie, que rongeait l'hépatite.

Figurez-vous, comme contraste, ce qu'aurait pu être, surtout à ces époques reculées où tout offrait un caractère immuable, la situation d'un directeur des Archives? Vingt mille francs d'appointements, loti d'une place qui était en quelque sorte à vie, logé dans un palais, éclairé, servi, chauffé... Quel rêve pour un lettré qui se serait ainsi comme embaumé vivant dans ces hypogées de papiers, au milieu des événements glorieux et des nobles physionomies du passé! Imaginez dans ce poste un de ces aimables vieillards qui n'ont appris beaucoup que pour rendre service aux autres. Ceux-là vous dispensent même de la reconnaissance; ils ont l'air de vous remercier quand, selon l'expression du xviie siècle, vous leur demandez quelque secours. « Cela m'intéresse beaucoup, » vous disent-ils, et quand ils n'ont pas une réponse immédiate à vos questions, ils sont plus ennuyés que vous. « Nous tenons notre affaire ! » vous crient-ils joyeusement le lendemain. Pendant que vous dormiez, ils ont cherché, ils ont remué les bouquins, et, tout enchantés, le visage épanoui de satisfaction, ils vous annoncent l'heureuse nouvelle. Pour ceux-là, je vous assure, on n'appelle point le décret de révocation du Ministre ; on ne guette pas la voiture de déménagement. Quand la mort les a pris, leur ombre bienveillante passe encore dans les salles laborieuses et semble se réjouir du bruit que font les plumes courant sur le papier ; leur nom revient plus d'une fois aux heures difficiles et, quand on est embarrassé, on entend une voix murmurer : « Si un tel était là, il nous renseignerait là-dessus. »

Comme d'autres lieux d'étude, les Archives des Affaires étrangères n'eurent point la chance de rencontrer un de ces bons génies. Avec des procédés différents, tous ceux qui avaient pour mission d'ouvrir fermèrent opiniâtrément. Ils subirent tous comme une épidémie de cachotterie ; ils se léguèrent comme une consigne de mystère.

Sans se livrer à une analyse trop subtile, il est aisé de découvrir une des causes de cet état véritablement pathologique. Ce qui eût fait la joie d'un artiste ou d'un savant était considéré comme une disgrâce par ceux que leur nomination à ces fonctions arrachait à l'existence autrement mouvementée de la politique. Dans cet exil doré, les titulaires de ce poste refaisaient de la diplomatie ; comme les enfants qui renversent des escadrons tout entiers en jouant aux soldats, ils croyaient se livrer à des combinaisons dignes de Machiavel en repoussant des demandes et en trompant des espérances. Quand ils avaient désespéré le pacifique M. Regnier, ils s'imaginaient avoir roulé M. de Metternich, et ce brave M. Chéruel s'éloignant navré de n'avoir pu collationner un texte leur faisait l'effet du prince Gortschakoff, qui aurait enfin trouvé son maître.

Ajoutez à ceci que le goût des lettres, qui est la marque et comme l'indispensable complément de tous les personnages politiques qui ont fait belle figure dans l'histoire, manquait à la plupart des Ministres qui se succédaient au quai d'Orsay.

Le temps leur faisait défaut, direz-vous ; détrompez-vous. Colbert avait suffi à ces trois tâches : créer notre marine, fonder notre industrie, organiser nos finances ; et, pour se reposer de son labeur de géant, il s'en allait tranquillement assister aux séances de l'Académie de peinture. On se transportait après la séance dans la galerie du Louvre et là, Lebrun ou Philippe de Champagne faisait une conférence sur le Saint-Michel de Raphaël ou sur l'Eliézer et la Rebecca du Poussin. Si M. de Moustiers ou M. de Gramont avaient eu les généreuses aspirations de l'ancien commis drapier de la maison du *Long-Vestu*, ils auraient évité bien des sottises, et en tout cas, ils auraient laissé consulter les manuscrits de Saint-Simon.

Loin qu'il fût question pour lui d'un élargissement, Saint-Simon avait vu son sort s'empirer à mesure que les années s'écoulaient. Simple prisonnier d'abord, avec facilités de communications au dehors, il avait été mis au secret, puis plongé dans un cachot.

C'est ici qu'il faut tracer un court crayon de M. Faugère, directeur des Archives de 1866 à 1880, et dont le nom est maintenant intimement lié à la personnalité de Saint-Simon, comme le nom d'Hudson Love à celle de Napoléon Ier.

Le cas de M. Faugère est un des cas les plus étranges de l'histoire littéraire. Nous voudrions l'exposer sans qu'une parole offensante tombât de notre plume, sans manquer non plus à cette virile franchise qu'un écrivain indépendant se doit à lui-même, en un temps surtout où l'on barguigne à propos de tout.

Un directeur des Archives, chargé de garder un Dépôt public, a-t-il le droit de se réserver ce qu'il y a de plus intéressant dans ce Dépôt, de faire sienne, en un mot, une parcelle de propriété qui appartient à tous ? Évidemment le fonctionnaire idéal serait celui qui dirait : « Je suis payé par l'État pour classer et mettre en ordre, je guiderai les travailleurs dans leurs recherches si je juge que ces recherches n'ont pas d'inconvénients, mais je m'interdis d'entrer en concurrence avec eux, de m'accorder surtout à moi-même une autorisation que je refuserais à d'autres. »

M. Faugère ne pensa pas ainsi ; il voulut publier les papiers inédits de Saint-Simon. Ne soyons pas plus Spartiates qu'il ne le faut ; le mal n'eût pas été considérable, s'il eût réellement publié.

Ce qui constitue précisément l'originalité de son cas, c'est qu'il s'obstina quatorze ans dans une opiniâtreté double ; il se buta à ne rien éditer par lui-même et à ne rien communiquer aux autres.

Nous disons ne rien communiquer car, nous le répétons, ce que demandaient des hommes comme M. Regnier et M. Chéruel, ce n'était pas d'être autorisés à imprimer les papiers inédits, c'était d'être admis à les consulter pour se rendre compte des proportions de l'œuvre de Saint-Simon, pour vérifier les pièces justificatives auxquelles il renvoie dans ses *Mémoires*, pour éclaircir certains doutes.

— Donnez-nous seulement le sommaire des manuscrits inédits, suppliaient les érudits.

— Allez vous promener ! répondait-on, cela ne vous regarde pas.

Sous ce rapport, la République ne fut pas plus libérale que l'Empire, et cette situation navrante et ridicule menaçait de s'éterniser, lorsque se produisit un événement qui fit grand bruit dans le monde des lettres.

Un curieux, mais un curieux d'une espèce toute particulière, un curieux qui, loin de s'endormir au milieu des annales des générations disparues, semble n'avoir étudié l'histoire que pour vivre davantage, que pour vivre de la vie multiple de tous les êtres de mouvement du passé, que pour s'intéresser à plus de négociations, à plus d'affaires, à plus de luttes d'hommes et d'événements, M. Armand Baschet se mêla enfin à la question des manuscrits inédits de Saint-Simon.

M. Armand Baschet était certain qu'il existait des œuvres encore inconnues de Saint-Simon, certain également qu'on ne lui fournirait aucun renseignement à ce sujet au ministère des Affaires étrangères. Il accomplit pour décrire ces papiers sans les voir des tours de force de pénétration et de raisonnement, qu'il faudrait narrer par le menu pour arriver à communiquer au lecteur le plaisir qu'on éprouve devant cette manifestation de l'intelligence, devant cette vaillance endiablée et cet entrain jamais lassé du savant.

« Voyons, se dit M. Armand Baschet, à la mort de

Saint-Simon on a dû faire un inventaire? Cet inventaire a été déposé chez un notaire? »

Ces prémisses posées, tout allait de soi. Il ne s'agissait que de retrouver le notaire, d'obtenir du successeur du lointain notaire de Saint-Simon l'autorisation de fouiller dans les cartons poudreux et enfin d'exhumer de cetas de paperasses le précieux inventaire. M. Baschet réussit sur tous les points et voilà comment il nous donna ce livre passionnant comme un roman : *Le duc de Saint-Simon et son cabinet.*

L'inventaire, que M. Armand Baschet découvrit chez Me Rouget successeur médiat de M[o] Delaleu, contenait outre l'énumération des effets mobiliers, des livres, des objets d'art, *la liste exacte des papiers transportés au ministère des Affaires étrangères.*

Lorsqu'il était venu prendre possession de ces papiers, M. Le Dran, garde des Archives, avait instrumenté, ayant cet inventaire à la main. En guise de signet, il avait mis la bande de la *Gazette de Hollande*, qu'il avait lue sans doute en venant dans son carrosse, comme nous mettrions pour faire une marque dans un livre la bande du *Times* ou de *l'Indépendance belge.* La marque n'avait pas bougé depuis tant d'années; elle portait :

Novembre 1760.

Gazette étrangère (franche de port.)

Monsieur Le Dran, chef de bureau des affaires étrangères

Au Louvre.

Cette ingéniosité, cette persévérance, cette révélation si instructive valurent à M. Armand Baschet une jolie ovation de la part des lettrés. La publication du livre intitulé : *Le duc de Saint-Simon et son cabinet* eut un autre résultat.

Jusqu'alors, grâce à l'incroyable système que les directeurs des Archives du ministère des Affaires étrangères, tels que MM. d'Hauterive, Cintrat, Faugère, avaient fini presque par faire accepter à force d'obstination dans leurs détestables errements, on ne savait absolument rien de positif sur les papiers de Saint-Simon. Les malheureux qui s'occupaient de cette question étaient dans la situation de gens qui s'efforcent d'apercevoir de la rue ce qui se passe dans l'intérieur d'une maison close ; à peine voient-ils courir çà et là sur les vitres quelques silhouettes intermittentes et vagues. On comprend l'autorité que cette absence de tout document formel donnait aux fonctionnaires de l'intérieur qui avaient, comme on dit, l'oreille du Ministre, ce qui dans certain cas était d'un poids considérable. Vous les entendez d'ici prenant un air de douce pitié : « On s'exagère bien, monsieur le Ministre, l'importance des papiers de Saint-Simon... On juge du dehors, et peut-on bien juger du dehors ? C'est comme si on prétendait apprécier toute la valeur de Votre Excellence sans la connaître à fond. Il n'y a que nous, vos humbles coopérateurs, qui puissions savoir toute l'étendue de votre esprit et votre fermeté à défendre un personnel qui vous est dévoué contre des attaques inconsidérées. »

Le Ministre inclinait à supposer qu'un fonctionnaire qui avait si bonne opinion de son chef n'était pas un homme à se tromper ; il finissait par regarder tous ceux qui venaient lui parler des papiers de Saint-Simon comme des monomanes ; il les comparait à ceux qui se présentaient jadis deux ou trois fois par mois au guichet des Tuileries.

L'inventaire de M⁰ Delaleu, publié par M. Armand Baschet, fournit enfin un terrain solide aux revendications.

Les Archives du ministère des Affaires étrangères, en effet, n'avaient subi aucun bouleversement. Installées au vieux Louvre en 1710, elles étaient restées là cinquante-trois ans ; elles furent transférées à Versailles en 1763 ; en 1792 elles furent ramenées à Paris et transportées à l'hôtel de Gallifet, puis à l'hôtel Maurepas. Elles prirent, en même temps que le ministère, possession de l'hôtel de la rue des Capucines et l'accompagnèrent au quai d'Orsay.

Tous ces déménagements administratifs n'eurent rien que de très régulier ; certainement les papiers de Saint-Simon avaient, selon l'expression populaire, suivi la trompette.

On pouvait demander hardiment ces manuscrits et on était d'autant plus fondé à espérer en obtenir communication, qu'à la suite du bruit qui s'était produit dans la presse autour de l'ouvrage « *Le duc de Saint-Simon et son cabinet,* » le duc Decazes avait décidé que les Archives du ministère des Affaires étrangères seraient désormais publiques, moyennant l'accomplissement de certaines formalités ; il avait créé une commission qui devait statuer sur les demandes et accorder les autorisations.

Cette mesure n'avait pas un caractère de hardiesse

extraordinaire. Dans cette Angleterre, fort attachée aux anciens usages, et qui ne passe pas pour confier au premier venu les secrets de sa prudente politique, les documents des Archives sont accessibles à tous. Jusqu'en 1783, il suffit de demander une simple carte, comme à la Bibliothèque nationale; pour les années qui vont de 1783 à 1808 ou 1810, il faut une autorisation spéciale qui s'accorde plus ou moins facilement. A partir de cette date, l'Histoire finit et la politique commence. M. Decazes avait donc fait quelque chose de très simple, mais enfin il l'avait fait. Et une réforme réalisée, et non pas promise, est si rare en France, que toute la presse fut d'accord pour féliciter le Ministre. Maintenant que M. Decazes est tombé du pouvoir, cet acte de bon sens et de bon vouloir rend encore son nom sympathique aux gens intelligents.

Il était désormais reconnu que le ciel ne tomberait pas si on publiait quelques détails sur les stipulations de la paix de Nimègue ou si l'on étudiait, d'après des pièces authentiques, la négociation de la triple ou quadruple alliance.

Malheureusement le duc Decazes ne savait pas se faire obéir. Il confia l'exécution d'une mesure libérale à quelqu'un qui en était le mortel ennemi. La commission, composée d'ailleurs d'hommes distingués pour la plupart, était animée des dispositions les plus bienveillantes; mais, dans son ingénuité, elle avait oublié de déterminer, dès sa première séance, une date fixe pour ses réunions. Cette candeur rendait inutiles les louables intentions dont chaque membre individuellement était pavé. La commission attendait toujours sous l'orme la convocation que le directeur Faugère devait lui faire, et celui-ci, fidèle à ses principes, ne la convoquait qu'à de rares intervalles. Les demandes restaient parfois six mois sans réponse et les membres de la commission, auxquels on reprochait de ne pas avoir autorisé une très légitime requête, apprenaient pour la première fois par ces reproches que cette requête avait été présentée.

Cet infortuné duc Decazes avait laissé, par manque d'énergie, des restrictions bouffonnes réduire à rien un projet qu'il avait imaginé très large.

Savez-vous à quel spectacle on assistait en 1876 au ministère des Affaires étrangères, dans les bâtiments qui donnent sur la rue de l'Université? Tandis que les érudits qui s'occupaient des événements accomplis jusqu'au 10 avril 1713 s'éloignaient joyeux et fiers, une fois leur tâche terminée à quatre heures, ceux qui s'intéressaient à des faits qui s'étaient passés après le 11 avril de cette même année 1713 allaient, comme des écoliers qui portent leurs devoirs au pion, soumettre leurs notes à M. de Ribier. Ces notes transmises au directeur étaient gardées un mois, deux mois, parfois plus; on en a retrouvé dernièrement qui n'avaient jamais été rendues.

A qui imposait-on cette formalité humiliante et dérisoire quand il s'agissait d'une époque aussi reculée? A des savants comme M. Chéruel, comme M. Gérin, conseiller à la cour de Paris, comme M. Boulay de la Meurthe, comme le commandant Iüng.

— Mais pourquoi?

— Pourquoi? Parce que dans la vieille ville d'Utrecht,

quand la victoire de Denain eut rendu quelque prestige à Louis XIV, des plénipotentiaires réunis autour d'une table verte avaient signé, le 11 avril 1713, un traité célèbre. A partir de ce traité les indiscrétions devenaient dangereuses. Voilà ce qu'on pouvait faire en pleine République, après une quinzaine de révolutions, dans un coin de ce Paris qui avait vu en 1871 disparaître au milieu des flammes tant de documents d'une inestimable valeur, qui eussent été conservés pour l'Histoire si l'accès de certains dépôts eût été plus facile. *Risum teneatis, amici*.

Bref, Saint-Simon demeura prisonnier.

Les choses ne changèrent point avec M. Waddington. L'arrivée de celui-ci avait cependant excité d'assez vives espérances chez les lettrés. Il semblait à quelques naïfs qu'on dût attendre beaucoup de ce privilégié de la Destinée, auquel tout avait réussi, qui était entré à l'Institut bien avant beaucoup de vieux savants recommandés par des œuvres plus considérables que les siennes, qui était parvenu à la présidence du Conseil, en dépit d'une origine étrangère, sans qu'aucun talent de parole, aucun service signalé justifiât ce succès. On disait qu'élevé en Angleterre, il n'était retourné en France que pour nous affranchir d'entraves séculaires et nous initier aux pratiques de la liberté.

M. Waddington ne nous initia à rien du tout: il eut dans les questions littéraires, comme dans les questions politiques, l'ahurissement particulier à quelqu'un qui ne savait pas au juste de quel pays il était. Quand l'Angleterre s'emparait de Chypre, il se rappelait qu'il avait été élève de Cambridge et il était tenté de s'écrier joyeusement : *Rule Britannia !* Puis soudain il se souvenait qu'il était premier Ministre de cette France si longtemps maîtresse de la Méditerranée et il essuyait un pleur. Il soupçonnait à peine que Saint-Simon était notre grand historien, et, quand on lui parlait de la gloire que nous avaient procurée tant d'illustres écrivains, il vous répondait : Qu'est ceci à côté de la Roumanie? On peut faire de ces cosmopolites d'excellents coureurs de nouvelles politiques, comme était Ganesco, des correspondants de journaux américains, mais la place de ces métis n'est point à la tête d'une grande nation.

Je préfèrerais, pour ma part, à ces personnalités sans patrie, qui viennent être Ministres en France comme on va en Amérique faire sa fortune, un *Français naturel*, — pour employer une expression de Saint-Simon, — un indigène, quel que fût son rang, qui serait rond et fin, franc et malin comme étaient nos pères et qui pourrait prouver qu'il a depuis six cents ans du sang gaulois dans les veines. Quelle que soit la disette lamentable d'hommes de mérite qui caractérise l'heure actuelle, c'est, à mon sens, être trop humble vraiment pour un pays comme le nôtre que de choisir pour gouverner un homme Français depuis une génération à peine.

La plus simple courtoisie eût commandé à M. Waddington d'être agréable à M. Regnier, son collègue à l'Académie des inscriptions. Habitué à ne pas se gêner, le Ministre des Affaires étrangères ne jugea pas que ce fût la peine de faire infraction à ses habitudes envers un vieillard qui honorait notre érudition nationale.

Les choses restèrent donc dans le *statu quo*. Par un contraste singulier, le Ministre du *Foreign Office* français refusait aux concitoyens de Saint-Simon la permission d'étudier les œuvres inédites du grand historien, tandis que le *British Museum* laissait, sans la moindre difficulté, copier les quelques lettres de Saint-Simon qu'il possède. Il n'autorisait pas spécialement, remarquez-le bien, à consulter ces pièces, il vous remettait un volume et vous y preniez ce qui vous intéressait. Voilà l'exemple que devraient imiter les Archives du ministère des Affaires étrangères.

Ce fut en vain que M. Léopold Delisle, l'éminent administrateur de la Bibliothèque nationale, se fit l'éloquent interprète des amis de Saint-Simon et protesta en plein Institut[1] contre l'inconcevable séquestre qui pesait encore sur les papiers du Duc; ce fut en vain que, rappelant les paroles de Montalembert et de Villemain, il s'indigna contre un Dépôt de l'État qui s'obstinait « à soustraire à la légitime curiosité des hommes d'étude une partie considérable de l'œuvre de Saint-Simon. » Tout fut inutile.

Toutes les fois que le nom de Saint-Simon était prononcé, une huée s'élevait vers le ministère des Affaires étrangères. Le ministère des Affaires étrangères laissait passer la huée et ne bougeait pas. Ce qui est certain, c'est que lorsque parut le premier volume du Saint-Simon qui fait partie de la collection *les Grands écrivains de la France*, M. de Boislisle formulait dans sa préface ce désir qui cachait le regret d'un refus positif :

1. Voir le *Journal officiel* du 10 décembre 1879.

Les propriétaires et les éditeurs du manuscrit des *Mémoires* n'ont épargné aucune démarche pour parvenir jusqu'à ces précieux papiers : la seule communication qu'ils aient obtenue est celle de la *Table analytique des* Mémoires *préparée par Saint-Simon lui-même*, et qui, en bonne justice, n'eût pas dû être séparée du reste du manuscrit. Et pourtant cet appendice où Saint-Simon, de peur d'encombrer son récit, rejetait ses pièces justificatives, n'était-ce pas aussi une dépendance, une annexe des *Mémoires*? Si le général de Saint-Simon avait connu son existence, n'en eût-il point, de droit strict, obtenu la restitution? De même, n'est-il pas certain que le commentateur des *Mémoires* trouverait des ressources inépuisables dans les autres séries de documents qui font partie de la masse séquestrée, c'est-à-dire dans la correspondance de Saint-Simon, dans ses papiers de famille ou dans les dossiers d'études, de notes, d'extraits, réunis par lui sur toutes sortes de sujets de politique, d'histoire ou d'érudition? Nous croyons superflu d'insister sur ce point. Si quelques-uns peuvent croire, comme le prétendait Villemain en 1855, que les *Mémoires* aient gagné à un séquestre prolongé et à une tardive apparition, il nous paraît bien certain que, sans exception, tous les amis de Saint-Simon et de l'histoire se joindront à nous pour regretter que l'édition actuelle ait été commencée sans le secours des papiers de l'auteur et pour souhaiter que le bon droit, mis en évidence par la présente requête, justifié, s'il en est besoin, par le caractère de notre travail, ne tarde pas à triompher d'une prétendue raison d'État dont on excipe depuis plus d'un siècle.

Chacun connaît cette admirable collection des *Grands écrivains de la France*, couronnée par l'Académie, dirigée par un membre de l'Institut, objet d'un travail inouï au point de vue du collationnement des textes, de l'exactitude des moindres variantes, de la précision des notes les plus insignifiantes. M. de Boislisle, qui s'occupe depuis trois ou quatre ans déjà de ce Saint-Simon, et qui consacrera encore peut-être dix ans de sa vie à mener à bien cette entreprise si nécessaire d'une histoire de Louis XIV faite en quelque sorte en marge des *Mémoires*, est un de nos jeunes savants les plus estimés pour ses travaux et les plus aimés pour l'aimable façon dont il met son érudition au service de tous.

Cette fois la coupe déborda. Une huée nouvelle s'éleva, mais énorme, pleine de railleries et de colères, de risées et d'indignations. M. de Freycinet, qui prenait possession des Affaires étrangères à ce moment, mit le nez à la fenêtre, demanda ce qu'il y avait et, quand on l'eut renseigné, fut fort surpris des abus de pouvoir qu'on se permettait au quai d'Orsay. M. Faugère prit sa retraite. La République de Platon chassait les poètes en les couronnant de roses ; la République de M. Grévy imita cet ostracisme, mais avec infiniment plus de justice, et reconduisit jusqu'à la porte cet archiviste peu serviable en le couronnant des fleurs desséchées de l'honorariat.

Le 18 février 1880, Saint-Simon séquestré depuis le 21 décembre 1760 fut donc définitivement délivré en principe.

Il aurait fallu ne pas connaître notre chère France, si singulière sur certains points, pour ne pas s'attendre à ce qu'un retour à demi offensif vînt essayer d'affaiblir la portée d'une mesure raisonnable et juste. Ce qui était à prévoir est arrivé ; mais les manèges intérieurs dont nous toucherons quelques mots à la fin de cette introduction n'empêcheront rien. Le livre de M. Armand Baschet a appris ce qui devait se trouver aux Archives; le présent volume apprend sommairement ce qui s'y trouve encore. Quelqu'un de mieux en cour que moi se rencontrera pour s'intéresser à la question, et dans six mois chacun sera libre de publier les papiers inédits de Saint-Simon, sans privilège et sans monopole pour personne.

III

Si les directeurs des Archives eussent été organisés pour admirer les œuvres du génie humain, ils auraient constitué un *Fonds de Saint-Simon* avec la totalité des papiers qui leur avaient été confiés et, l'inventaire de M⁰ Delaleu à la main, chacun, une fois l'interdit levé, n'aurait eu qu'à demander ce qui le touchait spécialement. On n'eut pas la pensée d'adopter ce parti et le premier soin des chercheurs sera de reconstituer, en admettant que rien n'ait été égaré, ce qu'il aurait été si facile de ne pas disperser.

Nous n'avons pas la prétention d'avoir, en cinq semaines, accompli ce labeur qui demandera de très longues et très patientes investigations; nous avons voulu simplement indiquer en quelques lignes hâtives ce que nous avons aperçu dans une première reconnaissance.

Si l'ensemble des papiers de Saint-Simon ne subsiste pas à l'état complet, il se trouve cependant une série.

qu'on pourrait appeler le *Petit fonds de Saint-Simon*. Cette série commence avec le volume 44 et finit avec le volume 71. Remplie de papiers généalogiques, elle contient, à côté de copies de mémoires divers, de documents imprimés et d'un inutile fatras de factums nobiliaires, des matériaux intéressants dont quelques-uns ont servi aux *Mémoires*.

Nous allons essayer d'abord de donner une idée de chacun de ces volumes.

Volume 44. — Titre moderne : *Maison royale de France*.

Ce volume, qui contient près de 400 pages de la main de Saint-Simon et d'une écriture incroyablement serrée, est presque entièrement rempli par un résumé de l'histoire de France en forme de tableau synoptique sur quatre colonnes et par des généalogies de familles nobles.

En tête de la première page on lit :

« Sommaire très court de l'histoire de France et de l'estrangère en tant qu'elle y a rapport avec les dattes et à commencer à Hugues Capet[1]. »

Volume 45. — Titre : *Maisons princières, noblesse, officiers de la couronne*. Ici encore des mémoires relatifs à des questions de titre et de rang :

« Décembre 1711. Reflections sur le bruit répandu avec beaucoup d'apparence du mariage du fils de M. le prince de Rohan avec une fille de madame la duchesse. »

---

1. Nous mettons entre guillemets tout ce qui est de la main de Saint-Simon.

« Projet pour amener l'abaissement de la maison de Bouillon. »

« Projet de déclaration du roy pour faire effacer la qualité de prince et d'abondant l'éteindre partout où il a été pris (mots raturés : *la Maison de Bouillon l'a*). »

« Projet de déclaration du roi pour reduire à son vray et unique nom la Tour la maison depuis quelque temps ditte de la Tour d'Auvergne ou de Bouillon. »

« Matériaux pour servir jusqu'en 1753 aux *Mémoires*. »

Sous ce titre, nous trouvons toujours des mémoires sur la noblesse, *Matériaux pour servir à un mémoire sur l'occurence présente août* 1753, *mémoire sur les honneurs*, au-dessus duquel Saint-Simon a dessiné une petite fleur de lis et qui se termine par un tableau des *honneurs conquis*, des *honneurs manqués*, des *honneurs refusés*, des *honneurs accordés*, dissertation sur la noblesse française servant de préface à la généalogie de la maison de... (en copie).

A la page 197 commence pour finir à la page 329 la partie la plus intéressante de ces manuscrits inédits que nous ayons rencontrée jusqu'ici. Ce sont les notes qui ont servi aux *Mémoires*, les renseignements matériels et les observations morales que Saint-Simon a rassemblés et fondus plus tard pour ses portraits; en un mot les croquis à la plume et les ébauches, avec quelques couleurs indiquées, du grand peintre. Saint-Simon a établi les dossiers de ses personnages par ordre d'emploi : maréchaux de France, chanceliers, grands maîtres de la maison du roi, confesseurs du roi, gouverneurs des enfants de France, capitaines de gardes, etc.

Volume 46. — Titre : *Reglements des conseils du Roi*.

Copies d'ordonnances ou reglements des conseils du roi.

Volume 47. — Titre : *Reglements des conseils du Roi*.

Reproduction exacte du précédent volume.

Volume 48. — Titre : *Parlements et chambres des Comptes*.

Pièces relatives au Parlement de Paris, à la cour des Aydes, au Châtelet, à différents magistrats et officiers.

Volume 49. — Titre : *Parlements et Ducs et Pairs*.

Saint-Simon a groupé là tous les documents qu'il a pu réunir sur les Parlements. En tête du volume on lit : « Arrets donnés au Parlement de Paris transferé à Tours concernant les affaires publiques 1589, 1590, 1591, 1592, 1593. »

« Mémoire d'un homme de condition au corps de la noblesse sur ses véritables intérêts dans l'affaire des Paris contre le Parlement de Paris. »

« Liste de messieurs les exilés » (exil du Parlement en 1732), avec indication du lieu d'exil de chaque magistrat.

Volume 50. — Titre : *Parlements et Ducs et Pairs*.

« Projet de protestation. »

« Autre projet de protestation. »

« Extraits des légitimations et grandeurs des batards. » Véritable essai sur le rôle des bâtards dans l'histoire de France.

« Réfutation de l'idée du Parlement d'être le premier corps de l'État nouvellement prise et hasardee. »

« Explication du plan de la grand chambre du Parlement de Paris. »

« Memoires abregés de quelques usurpations du Parlement sur les Pairs de France. »

« Brouillons de projets sur lesquels il faudrait travailler petit à petit sans relâche et sans jamais tomber dans le piége de se laisser rebuter par rien. »

Ce travail, qui n'a d'amusant que le titre, est illustré de petits dessins dans lesquels Saint-Simon a voulu figurer les bâtons que chacun porterait selon son rang.

« Mémoire sur l'interest des princes du sang à empescher tout aggrandissement des enfants légitimés du roi ou à les contenir du moins dans les seuls avantages et dans l'unique rang de leurs dignités ou de leurs charges. » Août 1720.

Volume 51. — Titre : *Ducs et Pairs de France.*

« Estat par roy de touttes les erections qu'ils ont faittes depuis l'an 1500 jusqu'à l'an 1737 de duchés ou de comtés pairies et de duchés vérifiés ou non vérifiés. »

« Mémoire sur les ducs et pairs, sur la question de préseance avec le duc de Larochefoucaud etc.

Volume 52. — Titre : *Ducs et Pairs de France.*

Copies de lettres d'erection depuis 1297 jusqu'en 1566.

Volume 53. — Titre : *Ducs et Pairs de France.*

Copies de lettres d'erection depuis 1566 jusqu'en 1598.

Volume 54. — Titre : *Ducs et Pairs de France*.
Copies d'autres lettres d'erection.

Volume 55. — Titre : *Ducs et Pairs de France*.
Copies de lettres d'erection depuis 1647 jusqu'en 1663.

Volume 56. — Titre : *Ducs et Pairs de France*.
Copies de lettres d'erection depuis 1663 jusqu'en 1684.

Volume 57. — Titre : *Ducs et Pairs de France*.
Copies de lettres d'erection depuis 1689 jusqu'en 1715.

Volume 58. — Titre : *Ducs et Pairs de France*.
« Nottes sur tous les duchés pairries existants depuis l'an 1500 en rang d'ancienneté de pairrie en la mesme forme et marques pour abréger dont on s'est servi en celles des duchés pairries et vérifiés esteints. »
Gros volume d'une écriture étonnamment menue et serrée qui contient beaucoup d'éléments utilisés pour les *Mémoires* et les variantes de certains passages des *Mémoires*. Histoire presque complète des familles ducales.

Volume 59. — Titre : *Pairies de France et d'Angleterre*.
Histoire de la Pairie de France, des pairies d'Angleterre, des pairies femelles en Angleterre. —Origine des grands d'Espagne.
En tête on lit : « Ce livre a esté fait par M. le La-

boureur et a esté donné à M. le duc de Simon en 16.... »

Volume 60. — Titre : *Ducs et Pairs de France.*

Discours, mémoires sur les Pairs en général, formules d'hommages et de serments.

Volume 61. — Titre : *Ducs et Pairs de France.*

Receptions et séances des Princes du sang et des Ducs et Pairs au Parlement.

Volume 62. — Titre : *Ducs et Pairs de France.*

Debats de préseance. — Traduction du mémoire du duc d'Arcos ou des grands d'Espagne contre les ducs sur l'égalité des uns et des autres dans les deux monarchies. — Plan de la séance tenue à St-Germain, en présence du roy le vendredi quatre février 1639 sur la condamnation du duc de Lavalette.

Volume 63. — Titre : *Princes du sang et princes legitimés.*

Mémoires manuscrits et imprimés sur la question des princes légitimés.

Copie d'un mémoire en forme de requête présentée au roi le 24 avril 1723 par le comte de Toulouse.

Volume 64. — Titre : *Ducs et Pairs de France.*

Nottes sur tous les duchés pairies, comtés pairies et duchés verifiés depuis 1500 jusqu'au 1730 abrégés autant que l'ont pu permettre l'historique qui y est meslé pour un plus curieux éclaircissement et les anecdotes qui ont paru meriter ne pas périr par le temps. Le tout à l'égard des origines des maisons exactement tiré du grand ouvrage si connu du feu sieur de Fourny et de ses continuateurs ; sans y comprendre les duchés ou comtés pairies réunies à la couronne ny celles qui ont été érigées en faveur de Princes du sang. Ces nottes separées en duchés et en comtés pairies et en comtés verifies ; les unes et les autres divisées en esteintes ou subsistantes avec des tables un peu etendues.

Énorme compilation de 413 pages d'une écriture de copiste très soignée.

Volume 65. — Titre : *Préseance entre Ducs et Pairs.*

Memoire sur les discussions de préseance entre les ducs de Larochefoucaud et de St-Simon.

Volume 66. — Titre : *Préseance entre Ducs et Pairs.*

Même sujet.

Volume 67. — Titre : *Préseance entre Ducs et Pairs.*

Differends de préseance entre les Ducs et Pairs. — Duchés d'Aiguillon et d'Estouteville. — Factums de Mlle de Rouillac touchant le duché d'Epernon. — Affaires relatives au duc de Luxembourg.

Volume 68. — Titre : *Ducs et Pairs et grandes charges de la couronne.*

Toujours des copies de mémoires sur les Ducs et Pairs.

Recit fait par le marquis de Dangeau de ce qui s'est

passé dans la chambre du Roi pendant les derniers jours de sa vie[1].

1° Pairs ecclesiastiques nommés par Louis XIV.

2° Ducs et Pairs verifiés et non verifiés de Louis XIV.

3° Officiers de la couronne de Louis XIV.

4° Rangs etrangers à l'Estat et Chapelle de Louis XIV.

5° Grandes charges données par Louis XIV.

Ces 5 numéros représentent encore des matériaux qui sont entrés dans la confection des *Mémoires* ou qui plutôt leur ont servi de premier thème. C'est la mise au net avec de nombreuses additions des notes biographiques établies par ordre de charges ou de fonctions que nous signalions dans le volume portant le n° 45 et intitulé : *Maisons princières, noblesse, officiers de la couronne*. L'écriture du copiste ressemble un peu à celle de Saint-Simon, mais elle est autrement nette et lisible.

1. Le mémoire spécial que Dangeau avait rédigé en dehors de son journal sur les derniers jours de Louis XIV n'aura probablement été communiqué à Saint-Simon qu'après son travail fait sur la copie du journal de Dangeau. Il écrit effectivement dans ses *additions* au dit journal : « Les mémoires de Dangeau particularisent si bien les derniers jours du roi qu'il serait inutile d'y rien ajouter en ce genre que des omissions de courtisan ; on tâchera aussi de suppléer aux lacunes des trois derniers jours du roi, qui méritent infiniment d'être regrettés, que le même esprit de politique a sans doute fait laisser, dont on ne se propose que d'expliquer les choses principales. »

Ces lacunes n'existaient pas, puisque Dangeau, frappé de la solennité du spectacle, qui devait impressionner vivement un homme qui aimait réellement Louis XIV, avait renoncé cette fois à la forme du journal pour écrire un mémoire à part à dater du 25 août sur la maladie et la mort du roi. C'est ce mémoire qui figure dans les papiers de Saint-Simon, quoique celui-ci ait l'air de ne l'avoir pas connu, soit qu'il lui ait été confié tardivement, ce qui nous semble probable, soit qu'il s'en soit servi sans vouloir l'avouer, ce qui est encore très possible. Voir la *Mort de Louis XIV* (librairie Quantin).

Volume 69. — Titre : *Finances et Monnaies.*

Memoire sur le bruit qu'on repand à Paris qu'en Hollande on donne cours pour 4¹ à nostre ecu qui n'a cours en France que pour 3 l. 12 s. 6 d.

Memoires sur la circulation des especes. — Memoires et projets présentés à Desmarets en 1712 sur des opérations de finance. — Document assez instructif sur : la différence qui se trouve du prix des marchandises qui s'achetaient en l'année 1696 à celles d'aujourdui ainsi que de la paye des ouvriers journaliers et chevaux necessaires aux travaux de la Monnoye de Paris.

Volume 70. — Titre : *Finances et Monnaies.*

Mémoires sur les mêmes questions. — Comparaison de la valeur de l'or et de l'argent dans les diverses provinces de France. — Reflexions sur les billets de l'État. — Proposition d'établissement de banque.

Volume 71. — Titre : *Finances et Monnaies.*
Reglements sur les cours de monnaies.

Tous ces documents auront été vraisemblablement réunis par Saint-Simon au moment où dans la détresse générale tout le monde cherchait un moyen pour améliorer l'état des finances, peut-être à l'époque où l'on commençait à parler au Palais-Royal du système de Law.

Nous allons maintenant indiquer ce que nous avons rencontré de papiers provenant de Saint-Simon dans des fonds divers, dont trois portent à la fois le titre de *France* avec une numérotation de volumes différente.

Volume 1. — Titre : *France 780-1458.*

12 lettres, motifs et desseins de l'ouvrage. Consi-

dération sur les difficultés d'écrire une histoire de France exacte. Réflexions sur celles de Mezeray et du père Daniel.

Volumes 2, 3, 4, 5. — *France. Commerce*.

Procès-verbaux des conseils de commerce dont les originaux sont à la Bibliothèque nationale.

Volume 18. — *France 1585 à 1714* [1].

Parallèle des trois premiers rois Bourbons. — May 1742.

Ce volume de 441 pages est certainement la pièce capitale des papiers inédits de Saint-Simon. Il ne s'agit plus ici d'ébauches préparatoires des *Mémoires* ou d'écrits rédigés sur des questions nobiliaires, il s'agit d'un livre tout entier conçu sur un plan parfaitement arrêté et amené à son point de perfection. Le *Parralèle* est, dans un certain sens, le seul ouvrage d'histoire proprement dit qui soit sorti de la plume de Saint-Simon. L'auteur, chaque ligne le démontre, a fait effort pour dompter un peu son tempérament, afin d'arriver à cette impartialité sereine qui est la qualité maîtresse de l'historien. A-t-il toujours réussi? Évidemment non. Sans doute, pour Louis XIV particulièrement, il s'est bien promis d'être juste, de considérer l'ensemble du

---

1. L'inventaire de M⁰ Delaleu indique deux manuscrits portant le titre de : *Parralèles*.

« N° 140. Un portefeuille de treize cayers intitulé : *Parralèle*, paraphé sur la première page du premier cayer et sur la dernière page du dernier cayer par les notaires soussignés. »

« N° 147. Un portefeuille de quatorze cayers intitulé : *Parralèle*. »

C'est le n° 147 qui est évidemment, si l'on en juge d'après l'absence absolue de toute rature, la copie définitive que nous avons eue entre les mains.

règne et non un détail isolé ; il a traduit même d'une manière émouvante l'impression qu'il éprouvait en abordant le portrait de ce prince.

« Ce n'est pas sans effroy, écrit-il, que j'entre en cette carrière. Il s'agit d'un monarque dans la cour duquel j'ai passé mes plus belles et plus nombreuses années dans l'habitude du plus religieux respect, qui souvent a fait naistre et nourri en moy l'admiration la plus fondée, d'un prince qui a été plus maistre qu'aucun roy dont on puisse se souvenir même par la lecture, qui l'a esté longtemps au dehors presque autant qu'au dedans, et dont la terreur dure encore par la longue impression qu'elle a faiste. Il est vray que plus il a esté puissant, grand, absolu, arbitre longtemps de l'Europe, plus aussy il a été homme et payé plus chèrement tribu à l'humanité. »

N'importe, ces dispositions ne se maintiennent pas longtemps. Dès qu'il s'agit des bâtards, et de Mme de Maintenon surtout, le pamphlétaire reprend le dessus sur l'historien et, à côté de traits que l'on retrouve dans les *Mémoires*, accumule encore d'autres invectives.

La pensée qui a décidé Saint-Simon à composer ce *Parralèle* est une pensée de reconnaissance envers Louis XIII, qui avait comblé son père de bienfaits et dont l'auteur des *Mémoires* parle toujours avec une sorte de vénération. Les premières lignes qui ont pour titre « Dessein » (les titres de chapitres sont, comme dans les *Mémoires*, écrits en marge de l'ouvrage) ne nous laissent aucun doute sur cette intention pieuse de rendre une tardive justice à un prince que Saint-Simon estime avoir été méconnu.

Dessein. — Un parallelle parfaitement exact et historique d'Henri IV, de Louis XIII et de Louis XIV demanderoit des volumes à qui entreprendrait de comparer tout entr'eux par le nombre d'événements arrivés sous leurs règnes et pendant que Henry IV n'a esté que Roy de Navarre et chef de parti. Un ouvrage si vaste serait peu curieux parce qu'il serait surchargé d'une répétition historique dont la suitte est si publiée par le grand nombre d'histoires et de mémoires particuliers qui sont entre les mains de tout le monde. On se contentera donc de les supposer connus et de ne s'estendre que sur ce qui l'est peut estre le moins, qui est le caractère particulier de chacun de ces trois monarques noyé dans le nombre des événements de leur règne, presque toujours défiguré par l'ignorance, la flatterie, la haine, l'intérêt particulier et de les comparer tous trois ensemble par ce qu'ils peuvent avoir de commun ou de distinctif. J'ai longtemps souhaité que quelquun bien instruit s'avisat de faire ce parallelle. Je ne dissimuleray pas que l'impatience de l'injustice si communement faiste à Louis XIII entre son père et son fils ne m'ait mis de tout temps le desir de le revendiquer[1] dans l'esprit et encore plus dans le cœur. Je l'ay reconnaissant, mon père a deu à ce prince touste sa fortune, moy par conséquent tout ce que je suis, tout ce que j'ay me retrace ses bienfaits. J'attends en vain que quelqu'un autre de ceux qu'il a comblés et plus capable que moy s'en souvienne assés pour tirer son bienfaiteur d'une oppression si peu supportable, personne ne s'y présente depuis tant d'années : à la fin, l'indignation de l'ingratitude et de l'ignorance me mettent la plume à la main mais sous la plus scrupuleuse direction de la vérité la plus exacte qui seule donne le prix à tout avec la confiance.

Malgré quelques défauts le *Parralèle*, dont le vrai

---

1. Saint-Simon a très probablement voulu dire de « le réhabiliter. »

titre serait : *Essai sur les règnes d'Henri IV, de Louis XIII et de Louis XIV*, est une œuvre magistrale, une des plus belles pages d'histoire que nous ayons lues. A côté du penseur qui embrasse du regard et qui juge de haut le mouvement accompli dans un siècle tout entier, on retrouve l'artiste, l'être épris de la vérité, qui excelle à peindre la vie, à donner aux figures l'animation, la ressemblance et l'accent. Les amours d'Henri IV, si souvent racontées prennent, avec Saint-Simon une physionomie nouvelle. Les formes diverses de courage chez les trois souverains, les passions si dissemblables, les morts si différentes fournissent à Saint-Simon l'occasion de rapprochements saisissants. Peut-être l'auteur, entraîné par ce qu'il appelle lui-même « les préférences de son cœur », met-il un peu trop en relief la personnalité d'effacement et de demi-teinte de Louis XIII ; mais l'équité, on peut le dire, domine dans ce magnifique tableau historique peint d'un pinceau tantôt large et vigoureux, tantôt délicat et fin. Le lecteur, lorsqu'il connaîtra enfin ces pages écrites il y a près de cent quarante ans, rendra à Saint-Simon le témoignage qu'il se rend à lui-même dans les lignes qui terminent l'ouvrage.

« Enfin, c'est maintenant au lecteur à porter un jugement éclairé et équitable entre Henry le Grand, Louis le Juste et Louis XIV qui, au moins dans les derniers temps de sa vie, a bien mérité le nom de Grand, par la magnanimité incomparable dont il a porté les plus cuisants malheurs d'estat et de famille ; au lecteur, dis-je, à estre persuadé que la vérité la plus exacte a conduit icy tous les traits de ma plume et a sans cesse dominé ma juste reconnaissance plus encore s'il se peut que tous mes autres sentiments. »

Volume 32. — *France 1712. Renonciations.*

Aoüst 1712. Memoire succinct sur les formalités desquelles nécessairement la renonciation du roy d'Espagne tant pour lui que pour sa posterité doit estre revetue en France pour y estre justement et stablement validée.

Volume 40. — *France 1680. Traité historique de la noblesse.*

1680. Traitté de la noblesse tant ancienne que moderne, fiefs, caractères et tournois.

Volumes 77, 78 et 79. — *France 1620-1652. Mémoires de Lamothe-Goulas*[1].

Outre les renseignements qu'ils lui ont fournis sur le règne de Louis XIII, les *Mémoires* de Goulas, d'un accent très franc et très rude à l'occasion, ont dû certainement intéresser vivement Saint-Simon. Il y a du Saint-Simon, plus vert peut-être et moins bilieux, dans ce Lamothe-Goulas, qui personnifie admirablement cette noblesse de robe qui a ses huit quartiers et qui n'en tire pas vanité. Plus disposé à se rattacher à la bourgeoisie, austère et laborieuse dans ce temps-là, qu'à la noblesse de cour à laquelle il n'épargne ni les railleries

1. Paul Goulas, secrétaire des commandements de Gaston duc d'Orléans, conseiller du roi en ses conseils et seigneur de Ferrières, était né le 2 octobre 1594 à Paris, où il mourut le 19 juillet 1661 ; il fut enterré à Ferrières.

Ces mémoires sont désignés aussi dans l'inventaire de Mᵉ Delaleu : N° 5. Deux volumes in-folio : « Mémoires de Goulas » paraphés sur le premier et le dernier feuillet de chaque volume par les notaires soussignés.

narquoises, ni les compliments en style gaulois sur les fortunes faites par les intrigues et par les femmes, Goulas, en rappelant certaines aventures de grand seigneur, dit, non sans une sorte de fierté indépendante, qui sent sa Ligue et sa Fronde, au neveu, pour lequel il écrit ces *Mémoires :* « Vos mères ont eté chastes, vos pères ont vecu dans une grande integrité et n'ont pas sali leur reputation. »

La publication de ces *Mémoires* vient d'être entreprise par M. Constant, sous les auspices de la Société de l'Histoire de France; mais l'éditeur n'est pas un artiste : il a précisément négligé les premiers chapitres qui ont un côté si vivant, qui nous aident à connaître l'état d'esprit d'un bourgeois du xviie siècle, qui représentent ce que l'école moderne appelle si heureusement le *document humain.*

Volumes 72 à 78. — *France.*
Memoires de Mademoiselle de Montpensier.

Volume 147. — *France 1180-1485.*

Reflections sur l'Histoire de France par M. le comte de Boulainvilliers avec une lettre preliminaire à Mademoiselle . . . MDCLXXII.

En tête de la première lettre on lit : A Mademoiselle Cousinot le 22 mai 1707.

Volume 448. — *France 1712.*

« 6 Janvier 1712.

« Projet du restablissement des trois estats du royaume de France en particulier, de la monarchie en général et d'une meilleure forme du gouvernement en toutes ses parties. »

20 pages excessivement intéressantes écrites probablement pour le duc de Bourgogne.

« Janvier 1712.

« Projet du restablissement du royaume de France. »
Mémoire sur la régence.

En marge on lit : « Remis le 1ᵉʳ fevrier 1713 », puis de la main de Saint-Simon : « Ce memoire du President Harlay trouvé dans les papiers mˢ de son fils qu'il a légués à M. Chauvelin m'a esté communiqué en avril 1749 par le mesme M. Chauvelin cy dev. ministre et secrétaire d'estat garde des sceaux. »

« Collection sur feu monseigneur le Dauphin mort le 18 fevrier 1712. »

Ces sept pages sont la première esquisse du portrait du duc de Bourgogne qui figure dans les *Mémoires*.

« Lettre adressée au Roi sur la situation de la France » aoüst 1712. 22 pages.

Cette lettre a été envoyée sans signature; elle débute ainsi : « Quelque doive estre d'ordinaire le sort d'une lettre anonyme, je scais que votre majesté à qui rien n'echappe et qui en a recu assez souvent en sa vie n'a pas laissé souvent de les lire et de donner ainsi accés jusqu'à elle à des vérités qu'aucun autre canal n'eut esté en état d'y porter. »

« Texte latin et traduction en français du discours fait par N. S. P. le Pape Clément XII aux Em. Cardinaux sur la mort de monseigneur le Dauphin et de Mᵐᵉ la Dauphine le 16 mars 1712 en plein consistoire. »

Volume 480. — *France*.

« Mémoire adressé par Saint-Simon au Régent sur la convocation des États généraux. »

Volume 493. — *France 1718.*
« Lict de justice du 27 aoüst pour notte » 70 pages.
C'est le récit des *Mémoires*, sauf de très légères variantes.

Volumes 24 à 31.—*France et divers états de l'Europe.*
Projet d'une histoire des traités faits entre les états de l'Europe depuis la paix de Vervins 1598 jusqu'à celle de Nimègue 1679.

Volume 51. — *France et divers états 1609-1624.*
Mémoires historiques de 1609 à 1624. Sur la garde du volume, nous trouvons cette note de M. Faugère : « Ce manuscrit est une copie des mémoires de Du Val, marquis de Fontenay-Mareuil, dont l'original se trouve à la bibliothèque de la rue de Richelieu, et qui ont été imprimés en 1826 dans la collection Petitot, tome 50, 24 juin 1874. P. F. »

Volume 59. — *France et divers états 1643-1690. Mémoires historiques.*
Éclaircissements ou mémoires sur les principaux points de l'histoire de ce siècle, contenant ce qui est arrivé de plus remarquable dans toute l'Europe.
Ce sont les mémoires de Frémont d'Ablancourt.

Volume 67. — *France et divers états de l'Europe 1667 à 1743. Mémoires et documents.*
« Conseil d'état tenu au Louvre le 25 octobre 1716 au matin. » 16 pages.

C'est à ce Conseil que furent soumis les préliminaires du traité de la triple alliance.

« Mémoire sur les affaires étrangères de la France 15 juillet 1733. »

Le titre à l'encre rouge n'est pas de la main de Saint-Simon, mais le mémoire est tout entier de son écriture. 6 pages.

Volume 79. — *France et divers états de l'Europe 1698 à 1713. Mémoires de Torcy.*

« Relation des causes de la guerre commencée en l'année 1711 et de la paix signée à Utrecht en l'année 1713 par le marquis de Torcy alors ministre et secrétaire d'estat, ayant le département des affaires étrangères. »

A la fin se trouve un court récit d'une conversation de Saint-Simon avec Torcy sur les conférences de Gertruydenberg.

Cette copie, qui n'a pas moins de 63 pages, et qui est entièrement de la main de Saint-Simon, témoigne une fois de plus du soin qu'il mettait à recueillir de première main les documents susceptibles de le renseigner sur les événements auxquels il n'avait pas été mêlé.

Volumes 111, 112, 114, 115. — *Bretagne.*

Papiers sans importance. — Inventaire de titres, copies de chartes.

Volume 117. — *Champagne.*
États de Champagne.

Volume 24. — *Allemagne 1648. Négociations de Munster.*

Copies d'actes relatifs à cette négociation.

Volume 13. — *Allemagne 1638 à 1648.*

Préliminaires de préparatifs à la paix dont les traités furent signés à Munster et à Osnabruck en 1648.

Volume 1 — *Négociation en Danemarck 1690 à 1697. M. de Bonrepeaux.*

Tableau géographique et historique du royaume de Danemarck, suivi des négociations de 1693 à 1697 par M. de Bonrepaus.

Volume 70. — *Espagne 1659.* — *Négociations des Pyrénées.*

Lettres et Mémoires de M. le cardinal Mazarin à messieurs Le Tellier et de Lionne contenant le secret de la négociation de la paix des Pyrénées dans les conférences tenues à Sainct-Jean-de-Luz entre ledit seigneur cardinal et dom Louis Daro en 1659.

Il y a au commencement plusieurs lettres du mesme tres particulières et curieuses escriptes au roy et à la Reyne pendant son voyage.

Volume 51. — *Hollande 1699.*

Mémoire concernant le commerce des Hollandais depuis leur établissement jusqu'à la présente année 1699

Par M. de Bonrepos ambassadeur du roi en Hollande.

Volume 94. — *Rome.*

Mémoires sur l'institution canonique des évêques. 25 pièces.

Saint-Simon, on le sait, faisait partie du bureau des

bulles avec le maréchal de Villeroy, le duc d'Antin, le maréchal d'Uxelles et le marquis de Torcy.

En tête de ces volumineux Mémoires sur des questions canoniques se trouve une lettre de Noailles, ainsi conçue : « Paris, le 2 mai 1718. J'ai l'honneur de vous envoyer, Monsieur, par l'ordre de S. A. R., un mémoire des questions sur lesquelles elle désire savoir votre avis et je vous supplie de croire que je profite avec beaucoup de plaisir de cette occasion pour vous informer que je suis parfaitement, Monsieur, votre très humble et très obéissant serviteur : Noailles. »

Volume 8. — *Russie 1731.* — *Relation de la Moscovie.*

Relation de la Moscovie en l'année 1731 par M. le duc de Liria ambassadeur de S. M. C. à St-Pétersbourg durant trois années.

L'ouvrage contient douze aquarelles fort joliment exécutées et représentant des paysans, des popes, des archimandrites et quelques-uns des supplices en usage en Russie.

Pendant son ambassade en Espagne, Saint-Simon avait eu tout particulièrement à se louer du duc de Liria, fils unique du premier lit du duc de Berwick, qui fut le parrain du vidame de Chartres lors de sa réception dans la Toison d'Or. Cette amitié se renoua lorsque le duc traversa Paris en revenant de Russie. « Quelques temps après mon départ, écrit Saint-Simon, il obtint l'ambassade de Russie avec une commission à exécuter à Vienne. Il réussit en l'une et en l'autre, tellement que la czarine sans l'en avertir, lui jetta un jour le collier de son ordre au col. Il repassa à Paris ou il se dédommagea tant qu'il put de l'ennui de l'Espagne et où nous nous revimes avec grand plaisir. Il me voulut même bien donner quelques morceaux fort curieux qu'il avait faits sur l'état de la cour et du gouvernement de Russie. »

Nous trouvons encore, portant les n°s 226 et 228, deux volumes manuscrits ayant appartenu à Saint-Simon et paraphés par les notaires [1].

Le premier volume est intitulé : *Instructions du S^t abbé de la Trappe.* Il contient 289 pages, et porte en tête un portrait du père dom Armand le Bouthilier de Rancé gravé, avec quelques modifications, d'après la toile célèbre de Rigault; les titres de chapitre et les premières lettres de chaque paragraphe sont à l'encre rouge. Sur la première page on lit : *Recueil en général des saintes instructions que j'ai reçues du S^t abbé de la Trappe sur la pure vérité de la religion, comme on le verra par les réflexions contenues dans ce manuscrit.*

Un certain nombre de chapitres du premier volume sont marqués d'une étoile, entre autres celui-ci où il est question de Saint-Simon : *Réponse de monsieur l'ancien abbé de la Trappe sur ce qu'il a pensé des prières et reflexions dans l'ordre ou elles sont maintenant :*

« Il m'avait demandé plusieurs fois quand je lui ferais voir la fin de ce petit ouvrage. Je la lui portais le jour que je l'entretenais de l'état de ma conscience. Il la reçut avec beaucoup de marques de joie, et après, lui ayant donné tout le temps nécessaire pour bien examiner ce que Dieu

---

1. Dans l'inventaire de Me Delaleu il est question de cinq volumes au lieu de deux. « N° 119. Cinq volumes in-octavo : *Réflexions pieuses et Instructions de l'abbé de la Trappe.* »

m'avait inspiré, je retournai le voir pour savoir ce qu'il en pensait. Il me répondit : Vous devez bien remercier Dieu, monsieur, il vous a donné par ce recueil de quoi vous consoler toute votre vie et, après votre mort, il vous fera honneur et quand vous trouverez l'occasion faites-le voir à monsieur de Saint-Simon. »

Le premier volume a pour titre : *Sentiments du pecheur penitent qui s'etait soumis par la grace de Dieu sous la direction du S^t abbé reformateur de la Trappe.*

Quel est le nom de l'auteur de ces livres religieux ? Il est facile à deviner. Le second volume se termine en effet par la pièce suivante :

« Saint bouquet que le saint abbé m'envoya le jour de la fête de saint Louis, saint bouquet qui fleurit tous les jours et qui fleurira éternellement.

« Saint-Louis, ayant une couronne royale sur la tête et une couronne d'épines dans la main.

« Que cette couronne, grand saint, que vous tenez dans vos mains a d'avantage sur celle que vous portez sur votre tete ! L'une n'est que le masque d'une gloire passagère et l'autre le fondement d'un bonheur éternel.

« Obtenez de Jesus Christ qu'il me fasse part de celle-ci, qu'il m'envoye des peines, des afflictions, des souffrances et qu'en même temps il me donne la grâce de les recevoir avec joie, de les aimer et d'en faire un saint usage. »

L'auteur de ces maximes pieuses est évidemment M. de Saint-Louis, auquel Saint-Simon consacre deux pages dans ses *Mémoires*[1]. Après avoir vaillamment servi aux armées, M. de Saint-Louis éprouva le désir de se retirer, comme on disait alors ; il résista quelque

---

1. Tome X de l'édition Chéruel en 20 volumes.

temps. « A la fin la grâce plus forte le conduisit à la Trappe. »

« Monsieur de la Trappe, raconte Saint-Simon, le mit dans le logis qu'il venait de bâtir au dehors de l'enceinte de son monastère, pour y loger les abbés commandataires, dans un lieu d'où ils ne puissent troubler la régularité. Saint-Louis, vif et bouillant, qui aimait la société, qui, sans avoir jamais abusé de la table en aimait le plaisir, qui n'avait ni lettre, ni latin, ni lecture, se trouva bien étonné dans les commencements d'une semblable solitude. Il essuya de cruelles tentations contre lesquelles il eut besoin de tout son courage, et de ce don admirable de conduite que possédait éminemment celui qui avait bien voulu se charger de la sienne, quoique si occupé de celle de sa maison et des ouvrages qu'il s'était vu dans la nécessité d'entreprendre pour en défendre la régularité. Il disait toujours à Saint-Louis de se faire une règle de vie et de pratiques si douce qu'il voudrait, pourvu qu'il y fût fidèle. Il se la fit et y fut fidèle jusqu'à la mort, mais la règle qu'il se fit aurait paru bien dure à tout autre. Il y persévéra trente et un ans dans toutes sortes de bonnes œuvres et y mourut saintement vers ces temps cy, à quatre-vingt-cinq ans, parfaitement sain de corps et d'esprit, jusqu'à cette maladie qui l'emporta sans lui brouiller la tête. »

Chacun sait l'amitié qui unissait Saint-Simon au vertueux réformateur de la Trappe, chacun a lu les lignes éloquentes où il parle de ce monastère situé à cinq lieues seulement de la Ferté-Vidame, et où l'auteur des *Mémoires* allait presque chaque année, dès sa plus tendre jeunesse, se calmer dans la retraite et se remettre des corruptions de la cour. Il n'est point douteux que les deux volumes qui, avec leurs caractères rouges et noirs, ont un peu l'air d'anciens missels, n'aient été les compagnons assidus de l'écrivain et ses livres de chevet.

Il nous reste à parler des papiers spéciaux à l'*Ambassade d'Espagne* dont nous nous occupons[1]. Ces papiers sont ainsi désignés dans l'inventaire de M⁰ Delaleu : N° 132. *Deux portefeuilles du recueil concernant l'ambassade d'Espagne, le premier de quarante-sept cayers, le second de vingt cayers paraphés sur les premières et dernières pages de chaque volume par les notaires soussignés.*

Ces portefeuilles ont subi sans doute diverses manipulations. Quelques-unes doivent être récentes, puisque le volume qui renferme une partie des pièces de ces deux portefeuilles est tout nouvellement relié aux armes de notre jeune République. Il porte le numéro 99 et est intitulé : *Espagne 1700 à 1755. Mémoires et documents.*

Voici dans son ensemble ce que contient ce volume :

« *Portrait au naturel de la cour d'Espagne comme elle est en 1701 et au commencement de 1702.* »

Ce travail, utilisé plus tard pour les *Mémoires*, est divisé, selon la coutume de Saint-Simon, par charges : le président du conseil de Castille, le grand inquisiteur, le patriarche des Indes, le grand escuyer, le connestable de Castille... 22 pages.

Précis de l'histoire de la succession d'Espagne commencée en 1701 qui n'a fini qu'en 1715. Le titre seul

---

1. Trois petites lettres écrites par Saint-Simon au Régent pendant cette ambassade ont été publiées par M. Chéruel dans sa *Notice sur la vie et les mémoires de Saint-Simon*. Elles avaient été communiquées à M. Chéruel par M. Desnoyers, membre de l'Institut.

est de la main de Nicolas Le Dran, mais le résumé est certainement de lui.

Copie de la declaration de L. M. C. du 15 décembre 1718 au moment de la conspiration de Cellamare.

Mémoire sur les conseils d'Espagne fait en 1713 par M. l'abbé d'Estrées.

Copie des pièces relatives à la conspiration de Cellamare : requeste presentee au roy d'Espagne au nom des trois Estats de la France.

Lettre escrite de la propre main du roy d'Espagne que le prince de Cellamare avait ordre de porter au roy de France, etc.

Tableau de la cour d'Espagne fait à la fin de 1721 et au commencement de 1722.

Ici encore nous pouvons étudier de près et saisir en quelque façon sur le vif le système de travail de Saint-Simon. Il jette à la hâte quelques touches rapides, fixe un détail caractéristique, écrit parfois simplement le nom d'un personnage en laissant un intervalle entre ce nom et celui qui suit, puis complète, appuie, refond, efface, accentue ou atténue. Ces 134 pages, entièrement de la main de Saint-Simon, seront au point de vue des variantes très précieuses pour une édition définitive. Nous nous sommes décidés à donner à la suite des lettres de Saint-Simon un fragment de ces notes premières, où les portraits de Philippe V et de la reine traités en ébauche sont d'un ton plus chaud et d'une vie plus intense peut-être que les portraits définitifs.

D'autres pièces, parmi celles qui composaient ces portefeuilles de l'*Ambassade d'Espagne*, c'est-à-dire quelques originaux des lettres reçues par Saint-Simon et un certain nombre de minutes des lettres écrites par lui pendant son ambassade ont été versées à une époque, qui paraît du reste assez lointaine, et peut-être par le Le Dran lui-même, dans un volume portant le numéro 299 et le titre *Espagne*. Ces minutes, dont quelques-unes sont paraphées par les notaires qui ont inventorié les papiers, forment deux cahiers complets. Au-dessus de la lettre, datée de Villalmanzo 22 janvier 1722, est écrit *troisième cahyer*; au-dessus d'une lettre datée de Ségovie 11 mars 1722 : *quatrième cahyer.*

Il nous faut maintenant résumer l'impression d'ensemble que nous avons éprouvée en compulsant ces manuscrits ou ces copies de mémoires rédigés par Saint-Simon lui-même.

Ces papiers inédits, autant qu'on peut en juger d'après un premier examen, n'ajoutent rien d'essentiel à la personnalité de Saint-Simon. Ils correspondent à trois inspirations distinctes ; ils représentent des matériaux pour les *Mémoires* auxquels l'écrivain doit toute sa gloire après sa mort, des arguments pour ses prétentions de duc et pair qui ont rendu l'homme insupportable pendant sa vie, ou des projets de réforme gouvernementale soumis soit au duc de Bourgogne, soit au duc d'Orléans.

On devine, sans qu'il soit nécessaire d'insister, l'importance que présenteront, lorsqu'on les analysera à fond, les études préparatoires des *Mémoires*, non pas seulement au point de vue des nuances et parfois même des différences absolues de jugement, mais au point de vue des renseignements qu'ils fourniront sur la manière dont Saint-Simon a entrepris son œuvre. M. de Boislisle, qui a écrit dans son avertissement trois ou quatre pages excellentes sur la façon dont les *Mémoires* ont été composés, le dit très justement : « On ne pourra parler en toute assurance de la composition des *Mémoires* qu'après avoir examiné les manuscrits de Saint-Simon que détient depuis cent vingt ans le Dépôt des Archives étrangères. » Il y aura là de très étonnantes révélations sur les transformations successives grâce auxquelles une simple note prise par Saint-Simon s'amplifie, prend les proportions d'une figure, puis d'un portrait en pied, amène avec elle le récit d'une scène et, remaniée une seconde fois dans ses développements, prend place dans le texte même des *Mémoires*.

Balzac, on le sait, faisait ses romans sur les épreuves, au grand désespoir des éditeurs, des protes et des compositeurs; Saint-Simon aurait très probablement agi de même s'il s'était vu imprimé. Chose bizarre! il semble que ce puissant observateur ne soit pas très remué par le fait même tel qu'il se passe sous ses yeux et que l'impression soit d'autant plus vive chez lui qu'elle lui arrive par un témoignage écrit, quelque médiocre qu'il soit. On le montre volontiers rentrant dans son logement, l'esprit tout rempli d'un spectacle auquel il vient d'assister, et jetant à la hâte sur le papier un récit de ce qui l'a frappé il y a quelques instants. Les plus belles pages des *Mémoires* n'ont certainement pas jailli de cette façon, elles ont été composées à distance des événements, loin peut-être de la cour, avec un document quelconque qui servait à l'écrivain comme de prétexte pour s'indigner et, s'il est permis de s'exprimer ainsi, comme de tremplin pour bondir. L'artiste qui évoquait avec son imagination avait un rôle plus considérable peut-être dans ce travail que l'homme qui se souvenait.

Ce qui se rapporte aux questions purement généalogiques est naturellement beaucoup moins intéressant. Tout est-il donc ridicule dans ce monceau de discussions héraldiques? Assurément non. Un Sainte-Beuve écrirait un volume tout entier sous ce titre : *Saint-Simon duc et pair*. Dans ce duc et pair, qui se gonfle d'une noblesse qui est très médiocre et se pavane d'un titre tout récent, il y a un vigoureux esprit qui soupçonne quelque chose qu'il ne distingue pas très clairement.

Saint-Simon, on s'en rend compte en étudiant ces élucubrations un peu troubles, s'efforce de remonter à nos traditions interrompues par la Renaissance et tombées absolument en oubli sous la monarchie apothéotique de Louis XIV; il cherche, en tâtonnant, cette histoire de France qui n'existe pas de son temps; il a l'intuition des origines véritables de l'ancien droit français; il pressent le mouvement de retour vers la vérité historique qui commencera à Augustin Thierry. Il assimile à tort le féodal, qui est maître sur la terre qu'il a conquise et qui ne se rattache à la couronne que par l'hommage, avec le duc et pair, qui n'existe que par le bon plaisir du roi; il confond la noblesse du sol avec la noblesse de cour, mais on démêle une idée dans ces billevesées; il comprend ou du moins il devine d'instinct ce qui manque à notre aristocratie pour jouer le rôle qu'a joué l'aristocratie anglaise.

Quand on écarte le premier ennui que causent ces paperasses, on s'intéresse aux efforts de cet homme essayant de découvrir la philosophie de l'histoire de France, consacrant les dernières années de sa vie à interroger le passé de cette vieille monarchie que déjà menacent des tempêtes prochaines. Parfois aussi on trouve des perles dans ces compilations, comme cette page exquise écrite en tête de l'abrégé de l'histoire de France. On rencontre ces quelques lignes qui sont les plus touchantes peut-être qui soient sorties de la plume de Saint-Simon ; pleines, en effet, de la poésie de tout ce qui finit, elles peignent non pas seulement la mélancolie du courtisan condamné à une retraite prématurée par la mort du duc d'Orléans, mais comme la désillusion suprême de l'homme, qui croit, selon l'expression de de Retz, « n'avoir pas rempli tout son mérite », et qui, sans se douter que son nom vivra à jamais dans les mémoires humaines, regrette de ne pas avoir réalisé tout ce qu'il projetait.

« Un grand loisir qui tout à coup succède à des occupations continuelles de tous les divers temps de la vie forme un grand vide qui n'ait pas aisé ny à supporter ny à remplir. Dans cet estat l'ennui irrite et l'application desgoute ; les amusements, on les dédaigne. Cet estat ne peut-estre durable ; a la fin on cherche malgré soi à en sortir. Ce qui rappelle le moins tout ce qu'on a quitté, ce qui mesle quelque application légère à de l'amusement, c'est ce qui convient le mieux. De médiocres recherches de dattes ou de faits pris par éclaircissement dans les livres, d'autres sortes de faits qu'on a veus ou qu'on a sçus d'original sont de ce genre quand ces autres faits qu'on trouve en soy mesme ont quelque pointe, quelque singularité, quelque anecdote fugitive et qui peut mériter d'être sauvée de l'oubli. L'esprit y voltige quelquetemps sans pouvoir se poser encore jusqu'a ce que le besoin de s'émouvoir de quelque chose contracté pendant une si longue habitude devienne supérieur au dégoust général et que, par l'affaiblissement des premiers objets à mesure qu'ils s'éloignent, il saisisse au hazard la première chose qui se présente à lui. Un malade repousse bien des plats sans vouloir y gouster et plusieurs autres encore dont il n'a fait que taster et encore avec peine. L'esprit languissant du vide éfleure ainsy bien des objets qui se présentent avant que d'éssayer d'accrocher son ennuy sur pas un. A la fin la raison se fait entendre mais en luy permettant le futile pour le raccoustumer peu à peu car, le futile n'a jamais été de son goust; il ne pelotte pas longtemps sans approfondir daventage. Telle a été l'occasion et le progrès de ce qu'on ne peut appeller qu'un escrit et dont on ne fait icy même que le cas qu'il mérite, c'est-à-dire qu'il a esté utile a amuser en le faisant, fort bon après à en allumer le feu, peut-estre aussy à monstrer à quelquun de peu instruit et de fort paresseux d'un coup d'œil aisé et grossier ce qu'il ignore et qu'il voudrait touttesfois mieux ne pas ignorer; une sorte de rapsodie copiée pour les dattes, certains faits généalogiques et quelquefois mesme historiques, ou on s'est laissé negligeamment entrainer au fil de l'eau à raconter et raisonner emporté par la matière parcequ'on n'a pas voulu prendre la peine de se retenir et qu'on ne l'a estimée que pour soy après l'amusement qu'on y a pris. »

A ce courant d'idées il faut rattacher, quoiqu'il représente un mouvement un peu différént dans l'existence de Saint-Simon, les Mémoires rédigés pour le duc de Bourgogne. L'intimité de Saint-Simon avec l'élève de Fénelon fut une date fraîche et charmante dans la vie de l'auteur des *Mémoires*, et les pages dans lesquelles il a raconté ses entrevues débordent encore de l'enthousiasme qui remplissait cet homme, si longtemps concentré sur lui-même, cet illusionnaire qui parfois se demandait peut-être s'il ne rêvait pas tout éveillé, lorsqu'il rencontra tout à coup un être disponible, ouvert, préparé à toutes les utopies par son voyage à Salente.

Avoir des idées et découvrir un beau matin le moyen qui vous aidera à les réaliser, quel enchantement soudain du cerveau pour des natures à l'imagination développée comme Saint-Simon ! Il faudrait, pour comprendre la joie qui animait Saint-Simon lorsqu'il traversait les salons de Versailles pour courir aux rendez-vous avec des papiers « qu'il avait peine à cacher dans ses poches sans en laisser remarquer l'enflure », entendre Bismarck vous raconter l'impression qu'il éprouva quand, après avoir causé un peu avec le roi de Prusse, il fut convaincu qu'il avait trouvé son homme, et que les projets qu'il n'osait pas s'avouer tout haut à lui-même s'accompliraient un jour.

Le seul levier, en effet, pour changer la face du monde par l'action extérieure ou transformer son pays par l'action intérieure, est un roi, un homme qui représente un principe et qui ait la force en main. La situation, sous ce rapport, n'a point changé autant qu'on le croirait. Sans doute il semble plus facile d'arriver de notre temps, il suffit de flatter le peuple dans ses instincts bas; mais ceux qui sont montés au sommet de cette façon ne détiennent qu'une décevante apparence d'autorité; ils sont hors d'état d'agir dans un sens, ou dans un autre, ils ont une minute de profonde désillusion en plein succès, puis ils s'endorment, tombent malades, et les plus habiles, pour ne pas attendre que leurs amis les tuent, prennent le parti de mourir.

Même lorsqu'elle se produit, cette rencontre de deux êtres organisés pour se complémenter, l'un ayant le pouvoir, l'autre la pensée, n'est féconde qu'à la condition qu'il y ait concordance entre les plans humains et l'opportunité d'en haut. Les choses qui ne doivent pas se faire ne se font pas. La promenade à travers ces projets patiemment ourdis que la Mort a coupés net, comme une visiteuse malfaisante couperait tout à coup dans un atelier les fils d'une tapisserie qui avait déjà pris forme et couleur, est un des plaisirs graves du penseur. Le Présent, là encore, éclaire le Passé. Pour plus d'un le prince vaillant et doux qui est tombé à Italeky était un duc de Bourgogne. En dehors de ceux qui ne voient dans un gouvernement quelconque qu'un moyen d'avoir des places bien rétribuées, beaucoup caressaient l'espoir d'entrer aux affaires avec un souverain jeune, d'appliquer des théories, de sauver leur pays, en un mot, manie commune à tous les Français et qui a sa source, du reste, dans les sentiments les plus généreux. Tout cela est allé à vau-l'eau avec le beau roman de Saint-Simon.

C'est ce dessous des catastrophes humaines, ces écroulements de rêves et ces naufrages de destinée que nul n'aperçoit dans le tumulte causé par quelque événement, qui sont émouvants à observer. C'est ce qui rend attrayant ce côté réformateur de Saint-Simon.

L'auteur des *Mémoires*, d'ailleurs, est très modernе par ce point encore; il est scripturaire, il croit au papier écrit, à l'influence de l'encre, à l'efficacité de systèmes tout d'une pièce sur le gouvernement d'une nation. Par un phénomène d'atavisme qu'il serait curieux d'examiner, nous verrons plus tard un de ses descendants refaire exactement, dans un sens contraire, ce que son aïeul a essayé, et tenter d'organiser le monde nouveau comme Saint-Simon, le duc et pair, a tenté d'organiser l'ancien monde.

Même premier ministre du duc de Bourgogne devenu roi, Saint-Simon aurait-il empêché la chute de la monarchie? Ces « damoiseaux et ces baronnets » auraient-ils reconstitué l'ancienne hiérarchie féodale? Il est permis d'en douter. Ce qui est certain, c'est que Saint-Simon se rend compte très nettement de la décadence et prévoit qu'on va aux abîmes à une époque où cette idée ne vient à personne.

Il y a effectivement dans Saint-Simon, — et c'est un trait à ne pas oublier dans cette physionomie complexe, — ce qu'on nommera, quand le XVIIIe siècle aura quelques années de plus, la passion du *bien public :* il a, pour employer encore un terme dont les déclamateurs feront un peu plus tard un étrange abus, l'âme d'un citoyen. En ceci, il est de la famille des Vauban et des Fénelon et se distingue un peu de ses contemporains. Sous l'ancien régime, l'amour du nom de la France, le zèle à la servir, le souci de la faire grande en Europe, animaient les plus corrompus et les plus pervers eux-mêmes, — nous le constaterons par l'exemple de Dubois, — à un degré que nos hommes d'État ne connaissent plus aujourd'hui. L'attention aux souffrances intérieures était plus rare. Cette sollicitude pour le sort des paysans écrasés d'impôts, Saint-Simon l'éprouvait, et la lettre plus énergique dans sa simplicité que bien des tirades verbeuses, qu'il écrivait au cardinal Fleury du fond de sa retraite [1] est un éclatant témoignage de ces sentiments. Elle a été dictée par une anxiété douloureuse à laquelle ne se mêlait évidemment aucune préoccupation personnelle; elle prouve qu'à certains moments Saint-Simon, sous l'impulsion de sa conscience, était incapable de se taire. Cette lettre et les mémoires et conversations avec le duc de Bourgogne indiquent, serions-nous tenté d'ajouter, les deux meilleures périodes morales de la vie de Saint-Simon. En 1712, il était plein d'illusions encore et vivait dans ses espérances; en 1742, il était désabusé des hommes et vivait dans ses souvenirs. Entre ces deux dates il fut mêlé de près aux affaires, et descendit, comme nous le verrons, à flatter servilement

---

1. On nous saura gré, je crois, de reproduire cette lettre datée de La Ferté Vidame, 20 novembre 1738.

« Après avoir bien réfléchi je me croy obligé en honneur et en conscience d'avertir V. E. de l'extrémité ou tous ces païs cy se trouvent. Vous estes bon et humain, vous voyez tous les revenus du Roy augmentés et exactement payés et sur cela V. E. peut se persuader que les peuples sont en estat de satisfaire à ce qu'on leur demande. La vérité est pourtant que ce que nous voyons de nos yeux et ce qui nous revient de tous costés, et par les Curés et par d'autres gens sensés, c'est que la misère est telle que le pain mesme d'orge manque et que l'extrémité est a un point qu'il faut être sur les lieux pour le croire. Je puis asseurer V. E. en homme d'honneur que qui que ce soit ne m'a prié, pas mesme insinué d'en écrire à V. E., que je n'ai dit à personne que je le ferois ny que je le fais, que d'interest particulier je n'y en ay aucun parce que presque tout le revenu de cette terre est en bois et que mon marché est fait et bon pour plusieurs années. Les Intendants n'osent s'attirer des lettres facheuses et dures en mandant la verité et cette vérité peut encore moins aller jusqu'à vous. J'entends que presque tout le royaume en est au mesme point, mais cela peut n'estre pas, comme estre, je ne le voy pas; je ne parle à V. E. que de ce qui est sous mes yeux. De moyen d'y remédier personne n'en a que la puis

Dubois; il rêvait de moraliser le gouvernement quand il était dehors, il fut corrompu par lui dès qu'il fut dedans.

L'époque du beau feu du Saint-Simon réformateur fut, nous l'avons dit, l'année 1712; même après la mort du duc de Bourgogne, il se crut une mission. Il écrivit à Louis XIV cette lettre anonyme où l'on sent l'homme qui, possédé par le *mens divinior*, ouvre la bouche comme malgré lui et vient, ainsi que les anciens prophètes, jeter l'anathème à quelque David qui a trop aimé les Bethsabée. Cette lettre de 22 pages, où court le souffle d'un de Maistre parlant la langue de Bossuet, mais avec je ne sais quoi encore de plus fougueux et de plus véhément, est pour moi, dans son désordre et ses incohérences, ce que Saint-Simon a pro-

---

sance royale; elle est toute entière entre vos mains; mais celuy d'avertir doit au moins demeurer à ceux dont l'attachement vous est connu et qui vous l'ont voué au point où je l'ay fait à V. E. Toutte la grâce que je luy demande est de ne me deceller pas au controlleur g^{al} ny à personne des finances. Aller droit à vous sur ce qui les regarde est un crime qui ne se pardonne point, c'est les attaquer directement et encore gratuitement, à leur sens, puisqu'il ne s'agit d'aucune affaire particulière. Rien n'est pis que d'être en but à ces M^{rs} là depuis que nos terres et nostre patrimoine est tombé à leur discrétion. Ainsi je conjure V. E. de jetter ma lettre au feu et de ne me nommer jamais, de penser bien serieusement et promptement au remede d'un mal aussy urgent et aussy extrême, que l'hyver va augmenter et jetter les peuples en désespoir et d'être persuadé que je n'ay eu en ce que je vous mande aucun autre interest que celuy de la charité publique, le bien de l'Estat, l'honneur du roy et le vostre et l'acquit de ma conscience, puis que je le vois et que l'honneur de votre amitié me met à portée de vous le mander. V. E. ne scauroit la conserver à personne qui la mérite plus que moy par mon plus entier attachement pour elle. (France 1738, vol. 575.)

Le duc DE SAINT-SIMON.

duit de plus admirable. Dites-moi s'il est possible d'imaginer rien de plus fort que ces lignes, où tout s'accumule pour frapper davantage, où les morts eux-mêmes semblent sortir du tombeau pour reprocher au vieux roi d'avoir donné d'aussi haut de si pernicieux exemples?

« Ne refusez pas, Sire, une si sincère lumière qui vous éclaire à force de douleurs. Vous voyez que votre postérité directe et legitime est presque périe, que ce qui vous en reste est moins l'objet de votre consolation que des sollicitudes les plus aigues par leur âge et par leur établissement tandis que tout vit, que tout prospère dans votre autre posterité et que si la mort s'en est approché de si près ce n'a été que pour vous mieux faire tenir qu'elle ne l'épargne que pour dévorer l'autre. N'est ce pas un Nathan invisible qui, dans ces temps ou il n'y a plus de prophètes, vous declare avec un cri puissant que cette postérité naturelle en qui vous avez mis toute votre complaisance et toute votre puissance ne vous est conservée que pour s'accroître au dela de vos désirs et aux dépens de votre postérité véritable, de votre couronne, de votre royaume, de votre gloire, de votre salut par les moyens que vous même leur en avez mis entre les mains par les plus grands efforts de votre amour, de votre autorité et de l'obéissance profonde que vous vous êtes acquise et qui ne vous a pas été donnée d'en haut à ce dessein et que Dieu est enfin indigné de voir jusqu'à son temple le théatre de leur triomphe et Votre Majesté y ecoutant la divine parole, y assistant aux mystères redoutables, donnant l'exemple des fonctions chrétiennes, n'y être plus environné à droite et à gauche à la face de Dieu, de ses autels et des hommes que de cette sorte de postérité qui aurait du être le sujet de vos larmes et qui par l'etre de votre joie le deviendra de la destruction de vos enfants légitimes et de votre empire après vous? »

Ici encore, l'esprit, secoué par cette éloquence sauvage qui bondit à travers des ellipses colossales, trouve matière à réflexions dans le spectacle de cette conscience interrogeant une autre conscience, de ce chrétien s'adressant à un autre chrétien, au nom de vérités éternelles, qu'à cette époque nul ne met en doute. On se figure ce monarque chargé de jours, que des malheurs noblement supportés ont rendu plus vénérable encore à cette cour dont il est l'âme, cherchant en ce Versailles, où il est adoré comme une idole, celui qui a été assez hardi pour lui dire ce que la chaire chrétienne, en ses leçons les plus austères, n'osait pas encore proclamer si brutalement.

La plupart des pièces contenues dans ces volumes se rapportent aux indications de M° Delaleu; d'autres encore surgiront de séries multiples. Mais que sont devenus les 4 numéros suivants :

N° 165. Un Portefeuille rempli de « Lettres de différentes personnes », paraphé seulement sur le carton par les notaires soussignez.
N° 166. Un autre Portefeuille rempli de « Lettres et Pièces fugitives », paraphé seulement sur ledit Portefeuille.
N° 167. Un autre Portefeuille aussy rempli de « Lettres et Pièces fugitives », paraphé, id.
N° 168. Un Portefeuille in-4° de treize cayers de différentes « Lettres et Mémoires », paraphé sur la première feuille du premier cayer et sur la dernière page du dernier feuillet.

Que sont devenus surtout ces 4 numéros, d'une importance si considérable :

N° 172. Cent vingt-quatre pièces qui sont « *Lettres* et *Enveloppes* », paraphées par les dits MM. Baron et Delaleu, par première et dernière.
N° 173. Quatre-vingts pièces, paraphées par les dits Notaires, par première et dernière, qui sont « *Lettres* et *Enveloppes*. »
N° 174. Cent soixante-neuf pièces, paraphées par les dits Notaires, par première et dernière, qui sont « *Lettres* et *Enveloppes*. »
N° 175. Cent vingt pièces, qui sont « *Lettres* et *Enveloppes* », paraphées par première et dernière par les dits Notaires.

Lemontey, qui a eu tous les papiers de Saint-Simon entre les mains, a indiqué lui-même l'intérêt de cette volumineuse correspondance.

« *Sa correspondance*, écrit-il dans son *Histoire de la Régence*, *qui dura toute sa vie, offre à l'historien un aliment plus pur et plus substantiel; quelquefois elle explique ou rectifie les injustices de ses Mémoires. Au lieu de réminiscences équivoques, on y entend, pour ainsi dire en présence des faits, le langage de l'homme vrai et du citoyen courageux.* »

Ce sont ces lettres qu'il faudrait retrouver. Quelques-unes sans doute sont dispersées dans des fonds variés [1]. Y sont-elles toutes ? La chose paraît bien

---

[1]. Une des rares lettres que nous ayons rencontrée est la copie par Saint-Simon d'une lettre adressée au cardinal Fleury à la date du 11 septembre 1742. En tête on lit d'une autre écriture : *l^e du n° 173*

invraisemblable. Une tradition très accréditée au ministère des Affaires étrangères prétend qu'un grand nombre de ces lettres ainsi que d'autres documents ont disparu dans des temps déjà reculés.

Le chiffre insignifiant des lettres de Saint-Simon — une cinquantaine tout au plus — qui ont passé en vente publique semble prouver cependant que cette correspondance si curieuse n'a pas été enrichir quelque célèbre cabinet d'amateur.

Quelques lignes de M. Francis Monnier, qui s'est cru obligé malheureusement de parler en mots énigmatiques et nébuleux comme tous ceux qui se sont occupés jusqu'ici de cette question, tendraient à démontrer qu'il a pu consulter ces lettres, il y a vingt années à peine.

Après avoir raconté le départ de Saint-Simon de la cour, M. Francis Monnier ajoute :

« *Encore écrivit-il, dès lors des lettres nombreuses sur les principaux événements. Les lettres sont conservées encore inédites au ministère des Affaires étrangères. Saint-Simon y continue ses Mémoires, et si nous en jugeons par les courts fragments que nous en avons vus, il y mettait autant de verve, de hardiesse et d'inépuisable fécondité que dans ses Mémoires* [1]. »

Quant à nous, nous avouons ne pas savoir cette fois dans quel sens nous prononcer. Il nous paraît bien diffi-

copie; ce qui prouve une fois de plus que les numéros mentionnés dans l'inventaire, comme contenant la correspondance sont entrés au ministère des Affaires étrangères et ferait croire aussi que certaines pièces ont été détachées pour être répandues dans divers volumes.

1. *Le Chancelier d'Aguesseau* par M. Francis Monnier, un volume chez Didier, 1860.

cile qu'un corps de lettres aussi considérable (les quatre derniers paquets seuls, nous l'avons dit, donnent un total de 493 pièces), existe au ministère des Affaires étrangères sans qu'on sache où il est ; il nous paraît bien difficile également qu'il ait disparu sans qu'on sache dans quelle collection il est entré.

Nous ne pouvons qu'exprimer un vœu. Si, à une époque ou à une autre, des étrangers sont devenus possesseurs de lettres de Saint-Simon, qu'ils nous en informent et nous permettent d'en prendre copie au nom de la fraternité intellectuelle qui doit unir toutes les nations! Nous agirions ainsi pour des lettres de Shakespeare ou de Gœthe qu'ils agissent de même pour les lettres de Saint-Simon !

Voilà à quelles conjectures on en est réduit ! Voilà à quel résultat assez piteux et assez peu honorable, somme toute, pour un ministère comme le département des Affaires étrangères, ont abouti tant d'années de mystère, de rigoureuse clôture, de prétentions ridicules à ne pas laisser pénétrer dans le Saint des Saints.

C'est ici le lieu de remarquer que cette fausse pompe, ces paroles solennelles, *sesquipedalia verba*, ces appels à la majesté des traditions formulés à toute occasion par des gens hauts sur cravate, cachaient la plus complète incurie, le désordre le plus honteux. Depuis cent ans il ne s'est pas trouvé un fonctionnaire assez bien équilibré du cerveau pour demander à l'École des Chartes un jeune homme de bonne volonté pour établir un catalogue. MM. Cintrat et Faugère sont sortis de ce poste magnifique comme ne sortirait pas d'une place de 1,800 francs un pauvre petit caissier. Celui-ci remettrait, en effet, à son successeur un état exact et circonstancié de ce qu'il a reçu et de ce qu'il rend.

Est-ce que les papiers de Saint-Simon ne valent pas les joyaux de la couronne? Ne devrait-on pas avoir dressé une liste minutieuse, précise à une ligne près, de tout ce qui vient de lui, de tout ce qui est de sa main avec une indication du volume où chaque manuscrit, chaque lettre figure présentement? Les employés en sous-ordre n'ont rien à se reprocher à ce sujet, puisque leurs supérieurs n'ont pas voulu faire d'élèves — heureusement pour nous du reste — et que, jaloux de garder leur secret pour eux seuls, ces directeurs d'Archives en chambre enfermaient les manuscrits appartenant à l'État dans le sanctuaire inviolable de leur vie privée, sous la protection des Dieux Lares.

Ceci était indispensable à dire, mais il ne servirait à rien de récriminer plus longtemps sur le passé. Il vaut mieux essayer de reconstituer par des efforts successifs le *Fonds de Saint-Simon*, de rassembler ce qui est épars, de constater ce qui est définitivement perdu. C'est ce que nous avons tenté de faire en entreprenant cette première publication.

Saint-Simon est à moitié délivré, voilà le fait important. L'honneur de cette mesure libérale appartient tout entier à M. de Freycinet, qui, noblement soucieux des droits de l'Histoire, ne s'est pas contenté de vouloir ce qui était équitable et droit, mais a su, du moins au début, faire respecter sa volonté.

Comment cette décision a-t-elle été peu à peu amoindrie, dénaturée et enfin presque réduite à rien?

C'est ce qu'il nous reste à raconter, non qu'un sentiment d'amertume nous anime, mais parce que ce récit fait partie intégrale de l'histoire des vicissitudes des *papiers inédits* de Saint-Simon et que, s'il n'est pas l'épilogue de cette pièce tragi-comique, il est du moins la conclusion momentanée de cette introduction.

Ne cachons rien de notre pensée : nous eussions presque regretté, au point de vue artistique, que cette péripétie dernière eût manqué à la légende de ces papiers. N'est-on pas tenté de croire, ainsi que le pensent quelques-uns, qu'un sort a été jeté par un diable de cour rancunier au trop véridique historien de Louis XIV, lorsque l'on voit ce génie prisonnier condamné à se débattre toujours au milieu des mêmes intrigues? Les années s'écoulent, les trônes s'effondrent, la démocratie est partout et, sous des formes changeantes, cette âme d'écrivain, victime d'un maléfice obstiné, aperçoit sans cesse autour d'elle comme des fantômes de courtisans d'autrefois faisant mouvoir des ressorts secrets, glissant par les cabinets, ourdissant des trames, fomentant des troubles, semant des alarmes. Tout a disparu du passé, et cependant il suffit de prononcer le nom de Saint-Simon pour qu'une ombre de cabale s'agite immédiatement autour d'une ombre d'autorité.

Quoi qu'il en soit, j'avais, jusqu'aux derniers jours de mars, consulté sans nulle restriction les manuscrits du Duc, et j'étais penché sur le *Parallèle* lorsque l'atmosphère s'emplit de nouveau de mouvements mystérieux, de vagues rumeurs, de chuchotements confus.

M. Guéroult, qui vouait jadis son prédécesseur aux dieux infernaux, avait tâté le Ministre et l'avait probablement trouvé moins persistant dans sa fermeté qu'on ne le supposait. Il s'avisa de prétendre que le fait qui avait été si vivement reproché à M. Faugère d'avoir, étant gardien d'un Dépôt public, refusé indûment à des travailleurs la permission de consulter Saint-Simon pour s'accorder cette permission à lui-même, constituait une priorité ; il ne craignit pas d'affirmer qu'un avantage qu'on s'était arbitrairement assuré équivalait a un droit qu'on aurait légitimement acquis.

Un Garde des forêts peut s'approprier les arbres des plus rares essences ; un Garde des Archives peut se réserver les pièces les plus remarquables de nos collections ; le citoyen, le contribuable, le public ne vient qu'après. Tel est le brillant paradoxe que soutenait l'ancien directeur de la comptabilité. Développa-t-il cette thèse dans toutes ses conséquences devant l'homme intègre qui fut comme ingénieur en chef un si rigide observateur du devoir? La fit-il accepter à ces heures douteuses où la main seule agit pour signer, tandis que l'intelligence, fatiguée des labeurs de la journée, sommeille depuis longtemps? Nous ne savons.

J'allai voir M. Girard de Rialle. Quel changement ! Tout Jacobin nanti devient conservateur, a dit Proudhon, mais jamais peut-être on n'avait assisté à une métamorphose aussi subite. Le sous-directeur des Archives était resté ce qu'il est, je crois, au fond, point haineux, sans fiel, exempt de morgue, mais il me tint des propos de l'autre monde ; il m'exposa des théories qui auraient réjoui dans le sépulcre, non pas les fonctionnaires de la Restauration, mais Nicolas Le Dran lui-même. Il ergota sur la portée de l'autorisation du

Ministre qui jusque-là avait été interprétée dans son esprit et non dans sa lettre étroite. Bref, un peu honteux de lui-même et se sentant légèrement ridicule, il me renvoya à la Commission qui, récemment reconstituée et composée de Républicains partisans de tous les progrès, accorda libéralement l'autorisation de *faire des extraits* d'un auteur mort le 2 mars 1755, mais s'opposa à ce qu'on publiât aucun *document complet!*

Le propre de toutes ces mesures restrictives, dans un temps où l'on ne peut jouer de l'arbitraire qu'à demi, est une impuissance effective. Il m'eût été facile de copier, sous couleur d'extraits, tout ce qui m'aurait semblé précieux pour l'histoire; on ne se figure pas, en effet, un gardien de la paix installé derrière chaque fauteuil. J'aurais publié ensuite tout ce qui m'aurait convenu, car on n'imagine pas davantage l'autorité ordonnant en 1880 de saisir du Saint-Simon comme subversif.

Je dédaignai ces petits moyens. J'écrivis sur la lettre qui m'annonçait cette nouvelle ce que le documentaire Saint-Simon écrit en marge de certains papiers : *pour notte,* et si j'en parle, c'est uniquement, je le répète, pour que les curieux puissent suivre dans toutes ses phases cette bizarre histoire des *papiers* de Saint-Simon, cette histoire qui n'a pu avoir pour théâtre qu'un pays comme la France où le besoin de tyranniser quelqu'un est inné dans le cœur du jeune citoyen qui vagit à peine et n'a pas encore ouvert les yeux à la lumière.

Pour qui veut se convaincre, en effet, de la difficulté qu'éprouvera toujours parmi nous la mise en pratique de la vraie liberté, M. Girard de Rialle est un type utile à soumettre à l'analyse phsychologique.

Voilà un homme qui est un intrus aux yeux de l'ancien personnel ; ceux qui ont mis quinze ou vingt ans à conquérir un grade plus ou moins élevé admettent malaisément qu'un favori, qui n'a à son actif aucune œuvre littéraire exceptionnelle, arrive d'emblée à un poste aussi important, uniquement parce qu'il a plu à un des puissants du jour.

La seule raison d'être du fonctionnaire installé dans ces conditions serait d'appliquer résolument un système nouveau, de se faire une doctrine sur ces questions, s'il n'en a pas, de dire très nettement : « Saint-Simon est mort depuis cent vingt-cinq ans, ses papiers ne touchent pas aux affaires actuelles ; chacun est libre de les consulter, chacun aura les volumes à son tour comme à la Bibliothèque ou aux Archives, chacun les publiera comme il voudra en in-folio, en in-octavo, en in-douze, les imprimera comme il l'entendra, sur papier de Hollande, sur papier de Chine, sur papier à chandelle. Le ministère est absolument étranger à toute considération de personne, qu'il s'agisse d'un auteur ou d'un éditeur. »

Si M. Girard de Rialle eût envisagé ainsi la situation, au lieu de se laisser gagner par la *malaria* qui tient encore, on le dirait, aux rideaux, aux tentures, au parquet de cette direction des Archives, il eût obtenu d'unanimes applaudissements. Les ennemis mêmes de la République auraient été forcés de convenir qu'elle comprenait la liberté de la pensée humaine plus largement que les autres gouvernements. En se conduisant autrement, il n'a pu que retarder un résultat inévitable.

Il ne faut point effectivement, en signalant franchement ce qui est mauvais, être injuste pour les réformes accomplies. Les tendances sont incontestablement meilleures en haut; on a renoncé définitivement à ces maximes funestes qui, sous prétexte de rendre toute recherche difficile aux studieux du dehors, léguaient, de direction en direction, le désordre et le chaos aux employés du dedans. Il n'en est que plus déplorable qu'on ait mutilé, pour la satisfaction de quelques individualités, un programme que le Ministre, nous en sommes convaincus, avait conçu très vaste et très complet; il est inexplicable que l'on ait précisément exclu des mesures libérales qui sont à l'ordre du jour ces œuvres inédites de Saint-Simon, cette propriété vraiment nationale dont la presse a réclamé, à tant de reprises, la remise dans le droit commun.

L'AMBASSADE
DU
DUC DE SAINT-SIMON
EN ESPAGNE.

« *Etant allé les premiers jours de juin pour travailler avec M. le duc d'Orléans, je le trouvai qui se promenoit dans son grand appartement. Dès qu'il me vit :* « *Ho ça! me dit-il me prenant par la main, je ne puis vous faire un secret de la chose du monde que je désirois et qui m'importoit le plus, et qui vous fera la même joie; mais je vous demande le plus grand secret.* » *Puis, se mettant à rire :* « *Si Monsieur de Cambray savoit que je vous l'ai dit, il ne le me pardonneroit pas.* » *Toute suite il m'apprit sa réconciliation avec le roi et la reine d'Espagne; le mariage du roi et de l'infante, dès qu'il seroit nubile, arrêté : et celui du prince des Asturies conclu avec Mlle de Chartres.* »

Ainsi parle Saint-Simon et dès les premières lignes nous constatons combien l'auteur des *Mémoires* est inexact, même pour les choses qui le touchent de plus près. Dans les premiers jours de juin 1721, ni le Régent, ni Dubois, ni probablement Philippe V ne pensaient au double mariage du jeune Louis XV avec l'infante et du prince des Asturies avec Mlle de Montpensier; aucun d'eux, du moins, n'avait très probablement discuté sérieusement un tel projet.

Plus heureux que Saint-Simon qui, avec une nuance de dépit, avoue « que le détail de la négociation n'est jamais venu a sa connaissance », nous pouvons suivre cette affaire des mariages qui parut le chef-d'œuvre de la diplomatie et qui cependant réussit presque toute seule.

Fortuna e dormire, dit un peu plus loin Saint-Simon, après avoir admiré, à son corps défendant, l'effronterie de Dubois d'avoir tenté une telle entreprise et son habileté de l'avoir réussie. Saint-Simon ne se doute pas qu'il prononce là d'instinct le mot définitif d'un événement qu'il croit cependant avoir été amené par d'adroits manèges et préparé par de longues intrigues.

Ce n'est pas que Dubois, en dépit de ses vices, n'ait eu de très réelles qualités d'homme d'État. Dubois, quand on le regarde comme ministre, n'est plus le drôle moitié laquais, moitié proxénète que nous peignent les mémoires du temps. On éprouve l'étonnement qu'éprouva la mère du Régent quand le pendard qui avait corrompu son fils se présenta chez elle en robe rouge et lui adressa, d'une façon fort décente, un compliment plein de dignité et de mesure. L'ami de la Fillon fait vraiment bonne figure quand il s'occupe des destinées de l'Europe; ses dépêches, badines à l'occasion, sont fort nettes et d'un ton très ferme quand il le faut. Si on lui eût parlé de la pension qu'il recevait de l'Angleterre, il eût répondu, comme Mirabeau le fit plus tard, qu'il était payé, mais non livré, et en réalité, il avait conservé sa liberté d'action et, après s'être servi de l'Angleterre pour déjouer les complots de l'Espagne contre le gouvernement du duc d'Orléans, il se retourna vers l'Espagne au moment où on s'y attendait le moins.

Il se souvint que nous avions de ce côté une alliance de famille, qu'il était bon de ne pas laisser les Anglais prendre trop pied dans la péninsule et après avoir conclu, en 1717, contre l'Espagne le traité de la triple alliance de la France, de l'Angleterre et de la Hollande, puissances auxquelles se joignit bientôt l'Empereur, il conclut, en 1721, le traité de la triple alliance de la France, de l'Angleterre et de l'Espagne.

La politique française avait eu à lutter vivement et contre l'Autriche qui avait fait des efforts inouïs pour se rattacher à l'Angleterre et contre l'Angleterre représentée à Madrid par un diplomate fort délié, Stanhope, qui s'était efforcé d'amener l'Espagne à traiter uniquement avec le cabinet britannique en prétendant que la France et l'Espagne avaient des intérêts contraires. Cette triple alliance qui devait mettre les trois puissances en état de donner des lois à l'Europe avait été conclue à la fin de mars après de longs pourparlers.

Depuis quelque temps, Dubois suivait d'un œil attentif des négociations entamées entre la cour de Madrid et la cour de Vienne, non seulement pour rapprocher leurs intérêts, mais encore pour unir leurs maisons par un triple mariage.

Notre ambassadeur en Espagne était alors le marquis de Maulevrier, qui paraît avoir été un assez pauvre homme; du moins il ne s'en faisait pas accroire et il confessait naïvement qu'il n'avait pas toute l'expérience qu'il eût fallu pour réussir dans le métier de diplomate. Il gérait l'ambassade tant bien que mal avec un nommé Robin qui, selon l'expression de La Fare, était son Apollon dans les moments difficiles. Maulevrier n'apprenait régulièrement que par les courriers de Paris ce qui se passait à la cour près de laquelle il vivait. Dubois lui envoya, à la date du 9 juillet, une première dépêche très volumineuse (elle n'a pas moins de 26 pages) dans laquelle il le mettait au courant de la situation.

« Les premiers avis, disait-il, que S. A. R. reçut étaient fondés sur une lettre que M. Bruininx, ministre de la république de Hollande à Vienne, écrivit à ses maîtres au mois de mars dernier et dont plusieurs ministres étrangers rendirent compte à leur cour... Son Altesse royale prit des mesures pour être informée par une voie sûre. Je vous avoue quelle n'a pas été peu surprise en recevant, il y a peu de jours, la réponse qui lui a été apportée de Vienne par une personne quelle y avait envoyée exprès. On lui confirma tout ce quelle avait appris d'ailleurs, avec ces circonstances que le roi d'Espagne en proposant une alliance avec l'Empereur avait aussi proposé le mariage du prince des Asturies avec l'archiduchesse Marie Émilie seconde fille de l'Empereur Joseph, et ceux des infants don Fernand et don Carlos avec les deux jeunes archiduchesses filles de l'Empereur régnant, qu'il avait été question aussi du mariage du prince des Asturies avec l'aînée de ces deux dernières princesses, et de celui de la seconde, soit avec l'infant don Fernand soit avec l'infant don Carlos, mais qu'il y a eu quelques variations dans ces différentes propositions et quelque incertitude sur les moyens de rendre solides des alliances aussi éloignées de leur accomplissement. Rien cependant n'avait ralenti la vivacité des démarches du roi d'Espagne et S. M. C. avait encore depuis très peu de temps fait renouveller à l'Empereur les marques de l'empressement quelle a souvent témoigné depuis plus d'un an de s'unir étroitement avec ce prince et de régler incessamment les conditions des mariages qui seraient le lien de leur union et qui serviraient a rétablir toute la puissance que Charles V avait réunie sur sa tête et dans sa maison. »

Le même jour Dubois écrivit une seconde dépêche de 10 pages en insistant sur l'importance que cette question avait pour la France, en indiquant de la façon la plus minutieuse, la plus saisissante, la plus adroite la marche à suivre près la cour d'Espagne, les objections à présenter, les dangers à signaler, les perspectives à faire entrevoir. Il fixa dans une sorte de *memorandum* tous les points à mettre particulièrement en relief, et enfin il joignit au tout des instructions complètes et fort habilement rédigées pour prescrire au marquis de Maulevrier l'ordre dans lequel il devait formuler les observations que la nouvelle de ces négociations matrimoniales suggérait à la cour de France et expliquer les appréhensions qu'elle inspirait au Régent pour le repos de l'Europe.

Cette vigilance, cette préoccupation des intérêts français, cette application au travail et aussi cette netteté dans l'exposition des idées, cette force dans l'argumentation qui rappelle presque les belles époques de Louis XIV, réhabilitent un peu ce maraud de Dubois.

La puissance des traditions, le concours d'un personnel expérimenté maintenaient-ils naturellement de tels hommes à ce niveau ? En dépit de ses mœurs crapuleuses, l'archevêque de Cambrai possédait-il réellement les facultés d'un politique de premier ordre ? On peut l'admettre, car après tout, ni Mirabeau ni Talleyrand ne valaient bien cher comme sens moral. Ce qui est certain, c'est que le ministre du Régent démêla, avec une étonnante lucidité, les secrets desseins de l'Empereur et qu'il indiqua, avec une extrême adresse, tout ce qu'il fallait faire pour en empêcher le succès. Quand on veut apprécier dans toute sa tristesse le degré d'infériorité où nous sommes tombés au point de vue du personnel gouvernemental, ce n'est pas d'après Richelieu, Mazarin ou de Lionne qu'il faut juger les ministres de nos dernières années; c'est à des hommes comme Dubois même, qui ne sont pas cependant des types bien admirables, qu'il faut comparer des hommes comme Gramont qui déclare la guerre en écervelé, comme Jules Favre qui cause la mort de dix mille Français en oubliant de comprendre tout un corps d'armée dans un armistice, comme Waddington qui sort mystifié par tous du Congrès de Berlin et qui ose venir vanter ses services à la tribune.

Fort troublé au reçu de ces dépêches et ne sachant comment s'acquitter des négociations dont il était chargé, M. de Maulevrier tint conseil avec Robin. « J'aurai l'honneur de vous dire, écrit M. de Maulevrier à Dubois à la date du 26 juillet, qu'après avoir bien examiné, étudié cette matière et délibéré avec M. Robin, nous avons le lendemain des échanges des ratifications 24 de ce mois, prit le parti d'aller de bon matin chez une personne que nous croyons *qui possède la confiance de S. M. C.*»

Pour Dubois, la *personne qui possédait la confiance de S. M. C.* était le Père d'Aubanton [1]. Le Père d'Aubanton avait été choisi par Louis XIV comme confesseur de Philippe V. Il semble avoir été constamment animé des dispositions les plus favorables pour la France. Ses lettres à Dubois lui font honneur et il pourrait dire à propos d'elles ce qu'une grande dame du xviiie siècle répondait à quelqu'un qui la menaçait de faire connaître certaines missives : « Je n'ai à rougir que de l'adresse. » Ce n'était pas la faute du Père d'Aubanton, après tout, si le duc d'Orléans avait choisi Dubois pour ministre des affaires étrangères.

Saint-Simon enveloppe le Père d'Aubanton dans sa haine pour Dubois. « *C'étaient*, dit-il, *deux fripons des plus insignes dignes de se louer l'un l'autre et d'être abhorrés de tout le reste des hommes, surtout des gens de bien et d'honneur.* » Il est vrai que, dans un mémoire adressé à Louis XIV, Saint-Simon fait le plus

---

1. Outre le langage chiffré, Dubois et M. de Maulevrier avaient adopté certaines dénominations conventionnelles.

M. Dancourt	signifiait	M. de Sourdeval.
M. Cabre	—	M. le marquis de Maulevrier.
M. Amelot	—	M. Robin.
M. Piper	—	M. le marquis de Grimaldo.
La dame	—	Le roy.
M. de Broglio	—	M. de Sartine.
M. le marquis d'Alègre	—	S. A. R.
M. des Marets	—	M. le duc de Saint-Aignan.
Un bénéfice	—	Une pension de 30,000 livres.
La personne en question	—	La bonne union entre les couronnes.

chaleureux éloge du jésuite qu'il couvrira d'injures quelques années après [1].

Quoi qu'il en soit, le Père d'Aubanton reçut fort civilement M. de Maulevrier et M. Robin et leur assura que, depuis le 27 mars, il n'y avait plus eu ombre de négociations entre la cour d'Espagne et la cour d'Autriche.

« Je sais, ajouta-t-il, autre chose qui vous esclaircirait et qui vous consolerait mieux encore, mais je ne puis parler. Je vous dirai pourtant que vos nouvelles et vos soupçons ont si peu de fondement véritable que depuis l'époque que j'ai citée S. M. C. est dans le dessein de vivre toujours de plus en plus en meilleure intelligence avec S. A. R. et cela devient si constant et si sérieux que S. A. R. en sera quelque jour surprise. »

Le soir même, sur le conseil du Père d'Aubanton, M. de Maulevrier vit le roi qui lui confirma ces assurances en termes non moins sibyllins. Philippe V refusa même de recevoir les observations écrites que M. de Maulevrier voulait soumettre à ses réflexions. « Il n'y a plus de réflexions, dit-il, là où il n'y a plus de sujet. »

Le lendemain, M. de Maulevrier, fort étonné d'avoir si bien réussi, était en train de fermer ses dépêches, lorsque M. de Grimaldo, qu'un présent considérable reçu quelques jours auparavant à l'occasion de l'échange des ratifications du traité avait favorablement disposé, vint demander à notre ambassadeur si, au lieu d'expédier M. de Sourdeval qui voyageait en poste, on ne pou-

1. Ce mémoire figure dans l'édition Chéruel tome XIX; il a été communiqué à M. Chéruel par M. Amédée Lefèvre-Pontalis qui l'avait copié dans la collection Feuillet de Conches.

vait expédier un courrier à cheval qui porterait à la cour de France des dépêches «qui en valaient la peine». Sur la réponse affirmative de M. de Maulevrier, M. de Grimaldo sortit pour rentrer une heure après.

« Il revint me dire (écrit Maulevrier) que S. M. C. pour donner a S. A. R. des preuves indubitables de son amitié, de sa tendresse et de l'éternelle et bonne intelligence qu'elle désirait entretenir avec le roi, avec sa propre famille et avec M. le Régent demandait à S. A. R. Mademoiselle de Montpensier sa fille en mariage pour Monseigneur le prince des Asturies et proposait en même temps de marier l'infante d'Espagne fille unique de S. M. C. avec le roi, que ce dessein n'était point nouveau dans le cœur de S. M., quelle serait ravie qu'il s'exécutât, quelle le désirait avec ardeur et de resserrer par là les liens du sang des Bourbons, que rien ne convenait mieux, ni tant aux deux familles, que ces deux alliances. »

Dès le 4 août, le Régent adressait au roi d'Espagne une lettre autographe pleine d'effusions de reconnaissance et qui témoignait de la joie que lui avait causée cette proposition :

« Monseigneur, l'expérience a fait connaître à toute l'Europe, qu'entre les grandes qualités qui ont toujours distingué V. M., la candeur et la vérité ont été dans tous les temps la règle de ses actions. J'ai vu naître et perfectionner ces vertus qui font aujourd'hui l'ornement et un des principaux appuis du trône d'Espagne et qui ont fait une si forte impression sur moi que je trouve dans le rétablissement de l'union entre le roi et V. M. et dans le retour de la confiance et de l'amitié dont elle m'honore la plus grande satisfaction que j'aie jamais eue. Aussi n'étais-je occupé que du désir sincère de conserver ce bien si précieux, persuadé qu'il renferme seul tous les avantages que je pouvais désirer. Vous pouviez seul y mettre le comble et V. M. vient de le faire par un effet de sa profonde sagesse en formant le dessein d'unir plus étroitement encore les deux couronnes par l'assurance du mariage du roi avec l'infante d'Espagne.

« Je n'oublierai rien pour contribuer à tout ce qui pourra servir à établir des liens si solides et si convenables. J'avouerai en même temps à V. M. que comme elle veut combler mes désirs par l'honneur quelle fait à Mlle de Montpensier ma fille de la choisir pour épouse de monsieur le prince des Asturies, je n'aie pas d'expressions assez fortes pour lui marquer combien j'ai le cœur pénétré de ce nouvel effet de ses bontés. Elle la connaîtra mieux par mon zèle à lui marquer dans toutes les occasions ma vive et respectueuse reconnaissance, puisque lui étant désormais attaché par des liens si intimes, mon ambition la plus forte sera toujours de mériter la grâce sensible et distinguée que je dois à sa pure générosité.

« Le marquis de Maulevrier que S. M. a honoré de sa confiance à cette occasion recevra plus particulièrement les ordres de V. M. et le moyen d'exécuter ses résolutions. Je la supplie seulement de me permettre de lui protester que je suis avec respect, Monseigneur, de V. M. le très affectionné oncle et serviteur,

« Philippe d'Orléans. »

Dubois à cette même date du 4 août envoyait à M. de Maulevrier une longue dépêche relative à la mise à exécution de ce double mariage.

Dubois avait-il traité directement cette question avec le Père d'Aubanton ? la chose n'est pas absolument inadmissible, mais elle n'est guère vraisemblable.

Ses inquiétudes sur les projets d'une union avec l'Autriche ne paraissent pas feintes, et, s'il eût eu l'idée de marier avec Louis XV l'infante qui n'avait que trois ans, il n'aurait pas recommandé à M. de Maulevrier d'insister sur les inconvénients de « mariages contractés à un âge où les princes sont encore trop jeunes pour les accomplir ».

L'heureux coquin eut très probablement une de ces chances particulières aux gens qui naissent coiffés. Certains capitaines remportent ainsi des victoires sans s'en douter et, quand ils ont la bonne fortune de mourir à temps, passent à la postérité avec la renommée de grands généraux ; certains politiques ont le bénéfice de succès diplomatiques auxquels ils n'ont contribué que très peu et sont réputés savants joueurs d'échecs, parce qu'ils ont gagné à la roulette.

Ce qui est évident, c'est que le rusé personnage, que rien ne pouvait étonner quand il se voyait archevêque de Cambrai et cardinal, se garda bien de manifester la moindre surprise ; il se donna les gants auprès du Régent d'avoir mené à bien une des affaires les plus compliquées de ce temps ; il fit valoir la peine qu'il avait eue à décider le mariage de Mlle de Montpensier avec le prince des Asturies. Le récit de Saint-Simon nous montre à quel point le Régent fut la dupe de son ministre. « Il me dit que tout cela s'était fait en un tournemain, que l'abbé Dubois avait le diable au corps pour les choses qu'il voulait absolument ; que le roi d'Espagne avait été transporté que le roi son neveu demandât l'infante ; et que le mariage du prince des Asturies avait été la condition *sine qua non* du mariage de l'infante, qui avait fait sauter le bâton au roi d'Espagne. »

Le résultat en effet était considérable, non seulement au point de vue de la politique française, mais au point de vue du gouvernement du Régent. L'Espagne qui avait été l'ennemie acharnée du Régent, qui avait caressé l'idée de renverser le duc d'Orléans, de mettre en France un vice-régent qui aurait été le duc du Maine et de placer les deux couronnes sur la tête de Philippe V, était encore l'espoir de tous les mécontents. Saint-Simon est très explicite sur ce point et nous trace un saisissant tableau des mouvements de rage que la nouvelle du mariage causa aux adversaires du Palais-Royal. « Ils n'avaient que l'Espagne dans la bouche, qui était l'ancre de leurs espérances, la protection de leurs mouvements, le seul moyen de l'accomplissement de leurs désirs, et par tout ce que Dubois n'avait cessé de faire contre elle en faveur de l'Angleterre, l'occasion continuelle et sans indécence de fronder, et décrier le régent et son gouvernement, qui d'ailleurs leur avait donné beau jeu du côté des finances et de celui de sa vie domestique. Toutes ces choses si flatteuses, qui, malgré le peu de succès de leur malignité, de leur haine, de leurs efforts, faisaient toutefois encore toute la nourriture de leur esprit, de leur volonté, de leurs vues, non-seulement tombaient et disparaissaient par ce double mariage, mais se tournaient contre eux, et les laissaient, dans le moment même, en proie au vide, à la nudité, au désespoir, sans nul point d'appui, sans bouclier, sans ressources.

« L'horreur qu'ils conçurent aussi d'un revers si subit

et si complétement inattendu, fut plus visible que facile à représenter, et plus forte qu'eux et que leurs plus politiques. »

Saint-Simon ne connut la nouvelle que lorsque tout était terminé. En dépit de l'amitié si sincère de part et d'autre qui l'unissait au Régent, il était soigneusement tenu à l'écart de toutes les négociations importantes. Quelle que fut son obstination à répéter qu'il était duc et pair, Saint-Simon était écrivain de vocation ; on le sentait instinctivement sans s'en rendre bien compte et on agissait en conséquence. Cette haine de la littérature que l'on reproche aux gouvernants de notre temps existait dès cette époque; on éloignait cet homme qui avait une conscience et l'on prenait Dubois !... Un peu suffoqué de ce qu'il croyait être un coup de maître, Saint-Simon commença par féliciter le Régent, puis se mettant sur son beau dire, il entassa des *car*, des *si* et des *mais;* il montra à son interlocuteur les inconvénients de ceci et les conséquences de cela. L'autre qui pensait sans doute à aller rejoindre Mme d'Argenton ou Mme de Phalaris se mordit sans doute la langue d'avoir tant parlé et jugea que ce diable de Dubois était autrement expéditif.

A la fin cependant Saint-Simon eut une lueur de sens pratique et se décida à profiter de la circonstance.

« Pendant tous ces raisonnements divers, écrit le Duc dans ses *Mémoires,* je ne laissais pas de penser à moi, et à l'occasion si naturelle de faire la fortune de mon second fils. Je lui dis donc que, puisque les choses en étaient nécessairement au point qu'il me les apprenaît, il devenait donc instant d'envoyer faire la demande solennelle de l'infante et en signer le contrat de mariage, qu'il y fallait un seigneur de marque et titré, et que je le suppliais de me donner cette ambassade avec sa protection et sa recommandation auprès du roi d'Espagne pour faire grand d'Espagne le marquis de Ruffec. »

Saint-Simon se garda de laisser échapper l'occasion et ne pas rappeler au Régent tout ce qu'il avait fait et ce qu'il n'avait pas fait, et La Feuillade auquel il avait donné la pairie après avoir voulu lui donner des coups de bâton et la capitainerie de Saint-Germain accordée au duc de Noailles et la façon dont il avait créé pairs Brancas et Nevers. C'est le propre encore des hommes de lettres de ne jamais demander la moindre bagatelle sans ajouter beaucoup de motifs à l'appui de leur demande, parce qu'étant foncièrement honnêtes, ils s'efforcent de démontrer qu'ils ne réclament rien que de juste à des gens auxquels souvent ce point est parfaitement indifférent.

Bref, le Régent embrassa Saint-Simon, promit tout, imposa le silence et s'efforça de faire avaler la pilule à Dubois.

Comment les choses se passèrent-elles entre Saint-Simon et Dubois ? Il ne faut pas s'en rapporter trop aveuglément aux allégations du Duc qui est fort sujet à caution. Nous le verrons plus loin accabler des protestations d'amitié les plus tendres et des remerciements les plus hyperboliques le ministre qu'il traînera dans la boue dans les *Mémoires*.

Quoiqu'ils se traitassent de cousins depuis l'élévation de Dubois au cardinalat, les deux hommes, au fond, ne s'aimaient guères. Sans doute il nous plairait de voir dans cette animosité le fier mépris d'un Alceste pour un Scapin comme Dubois. Hélas ! il faut en rabattre. Saint-Simon et Dubois avaient marché d'accord en 1718 au moment des négociations de la quadruple alliance. Saint-Simon plus tard soutint vivement le Cardinal contre le maréchal de Villeroy qu'il décida le Régent à faire arrêter. La brouille de 1721 venait d'une rivalité d'influence et non des insurmontables antipathies d'un Thraséas pour un Pallas.

Dubois fit-il les premiers pas ? Envoya-t-il Belle-Isle à Saint-Simon pour proposer la paix ou la guerre ? Une phrase d'une lettre écrite par Saint-Simon à Belle-Isle prouve que celui-ci prit part, à cette époque, à certaines négociations tendant à un rapprochement ; mais quand nos lecteurs auront parcouru les lettres de Saint-Simon à Dubois et qu'ils connaîtront le dessous des cartes, ils souriront, comme nous, en voyant Saint-Simon parler de la difficulté qu'il eut à *ployer sa raideur* devant les arguments de Belle-Isle. Il paraît plus probable que Saint-Simon, qui avait été féliciter le nouveau Cardinal et qui d'ailleurs avait fort envie de son ambassade, écrivit d'abord à Dubois pour l'empêcher de se montrer trop hostile et pour lui demander un entretien sur la question.

Nous avons pour garant de l'exactitude de ce fait cette lettre de Dubois datée du 8 septembre 1721, lettre fort bien tournée d'ailleurs et très franche, du moins en apparence :

« J'avais deviné, monsieur, ce que vous désiriez de mes soins, et j'ai débuté par là ce matin avec les sentiments que pouvait m'inspirer l'ancienne amitié dont vous m'avez autrefois honoré, qui surnagera toujours dans les plus mauvais temps aux vagues les plus orageuses. Vous me trouverez le même pour toutes les suites que peut avoir la résolution principale. Il est vrai qu'à mon tour je mettrai votre équité à quelque épreuve et attendrai de vous la même complaisance et le même concours dans des choses que je croirai essentielles au service du roi. J'aurai l'honneur de vous voir au jour et à l'heure qu'il vous plaira de me marquer pour concerter avec vous toutes les mesures qu'il y a à prendre et je vous convaincrai par mes actions toutes les fois que vous voudrez me mettre à l'épreuve qu'avec moi les orages passent, mais que l'inclination, l'estime et le respect qui m'ont attaché à vous, monsieur, sont immuables et seront éternels. »

Cette lettre était-elle une nouvelle preuve d'hypocrisie ? Dubois remua-t-il ciel et terre pour nuire au futur ambassadeur ?

Aucune de ces accusations ne paraît démontrée. Saint-Simon, ne l'oublions pas, était porté par sa nature à s'exagérer son importance, à découvrir des ennemis partout, à rêver de perpétuelles machinations. Il était de ces hommes qui, selon la phrase populaire, se font de la bile. Là encore, il semble avoir obéi à son imagination passionnée et s'être un peu monté la tête. Saint-Simon avait la promesse du Régent ; il était désigné pour être le titulaire d'une ambassade toute de parade et qui n'avait en réalité aucune importance politique. Quel intérêt aurait eu Dubois à chercher un autre ambassadeur extraordinaire ?

Les retards dont se plaint aigrement Saint-Simon peuvent s'expliquer par les hésitations relatives à la forme à donner à ce double mariage entre enfants.

Dans sa dépêche du 4 août à M. de Maulevrier, Dubois avait nettement posé la question sur ce terrain.

« Vous remarquerez s'il vous plaît (écrivait-il) que le roi étant encore mineur l'on ne peut traiter le point qui regarde l'assurance de son mariage avec l'infante d'Espagne qu'en vue de ces deux manières. La première en faisant une convention secrète qui serait confirmée, ratifiée et étendue par le roi à sa majorité. La deuxième en stipulant dès à présent l'assurance et les conditions de ce mariage par un traité en forme que le roi confirmerait et ratifierait de même lors de sa majorité.

« Dans le premier cas la convention secrète dont il serait question pourrait-être faite au nom du roi sous l'autorité de monseigneur le Régent qui ne pourrait, comme vous le jugez bien, s'engager pour le roi que sous le bon plaisir de Sa Majesté.

« Si l'on jugeait plus a propos de stipuler dès a présent par un traité en forme l'assurance et les conditions de ce mariage, il faudrait que S. A. R. en fît part à Messeigneurs les princes du sang et à quelques-uns des principaux titrés même au conseil de régence parce qu'il s'agit de l'engagement le plus important que le roi puisse prendre pendant le cours de son règne. Et vous remarquerez que si l'on prend ce dernier parti il ne faudra le faire que lorsque l'on croira que le secret ne sera plus nécessaire pour remplir les vues du roi d'Espagne mais jusqu'à ce moment là il n'est rien de si important qu'il soit scrupuleusement et religieusement observé et qu'il ne soit confié qu'aux seules personnes qui doivent indispensablement y entrer ainsi que le roi d'Espagne l'a jugé à propos et qu'il vous l'a fait recommander. »

Dès le 14 août le roi d'Espagne avait répondu qu'il acceptait la deuxième proposition et qu'en outre, pour mettre à l'instant même à exécution le traité des doubles mariages, il proposait de procéder immédiatement à l'échange des princes et princesses. Dubois, pour hâter encore les choses, suggéra de rédiger les contrats de mariage en même temps que les traités ; il demanda en outre, pour ne pas exaspérer les ennemis du Régent, de ne parler du mariage du prince des Asturies avec M{}^{lle} de Montpensier qu'après que le mariage de Louis XV avec l'infante aurait été déclaré ; il priait enfin le roi d'Espagne d'écrire, en même temps qu'au roi et au Régent, au maréchal de Villeroy qui, gouverneur du jeune prince, avait une grande influence sur son élève.

On voit combien Saint-Simon est mal informé lorsque parlant de la confidence faite à Monsieur le Duc et à M. de Fréjus il ajoute : « Le secret sans réserve et nommément pour le maréchal de Villeroy leur fut fort recommandé à tous deux. » Villeroy savait la nouvelle avant le duc de Bourbon et avant Fleury, puisque le roi d'Espagne lui avait écrit directement.

Enfin on communiqua la demande du roi d'Espagne au conseil de régence et on demanda son assentiment au jeune roi. Chacun a devant les yeux cette scène si merveilleusement contée par Saint-Simon, tous ces grands dignitaires, ces vieillards, ces ministres empressés autour de cet enfant qui pleure parce qu'on veut le marier et attendant qu'il ait consenti à formuler ce *oui* qu'il prononce en rechignant.

Si rien ne prouve que Dubois ait cherché à contrecarrer Saint-Simon, le malin plaisir, qu'il prit à augmenter les dépenses du Duc, rentre plus dans les données du caractère du personnage ; il ne jugeait rien de trop beau pour lui ; il estimait toujours sa suite insuffisante ;

il le décida à emmener 40 officiers et, faute d'en trouver autant, se contenta à grand'peine de 29. C'est pendant que Saint-Simon se préparait à conduire en Espagne 80 domestiques et 24 personnes de distinction que se formait ce régiment de créanciers qui devint une armée avec les années et qui, sous le commandement de M⁰ Gérardin procureur du syndicat, devait plus tard pénétrer près du lit de mort où l'homme de génie était couché, pour exhaler ses plaintes et exercer ses droits.

Le ton gouailleur des lettres dans lesquelles Dubois félicite plus tard Saint-Simon de la splendeur de son train, ne permet pas de douter qu'il n'ait prévu ce résultat et qu'il ne s'en soit fortement réjoui.

Saint-Simon cependant se préparait à remplir sérieusement son ambassade et ne négligeait aucune source d'informations. Il s'était tracé une sorte de questionnaire sur les difficultés qui pouvaient se présenter et il l'avait soumis à Dubois. Il consultait Sartine intendant de Barcelone, Berwick, il interrogeait Amelot et le duc de Saint-Aignan. Le marquis de Louville, dont il ne dit qu'un mot, beaucoup plus loin, à propos de la mort de don Carlos, et qu'il laisse de côté dans le récit de ces préparatifs de départ peut-être parce qu'il avait trouvé ses conseils un peu trop familiers, lui trace un véritable itinéraire. M. de Saint-Simon ira ici, M. de Saint-Simon ira là. « Il verra le tombeau de la bienheureuse Marie d'Agréda qu'il verra bien dévotement et empêchera, s'il le peut, M. l'abbé de Saint-Simon de faire l'agréable ni de faire parade de son jansenisme ultramontain. S'il ne suit pas mes conseils il pourrait bien ne pas revenir entier en France. »

Avant de quitter Paris, Saint-Simon avait réuni comme une biographie complète de tous les personnages de la cour près de laquelle il se rendait, une série de notes sur les Grands d'Espagne, sur Mmes de Robec et de Saint-Pierre, sur le médecin Hyghens et même sur une camériste influente près de la reine, la Kismalogne. Il ne s'imposait pas évidemment tout ce travail dans le seul but de remplir à la satisfaction des deux couronnes une mission après tout facile ; il amassait selon son habitude des matériaux pour les *Mémoires*.

Le 23 octobre, Saint-Simon partait en poste pour cette mémorable ambassade.

M. de Maulevrier avait vu sans plaisir l'arrivée de Saint-Simon. Celui-ci lui avait écrit de Bayonne une lettre dans laquelle il lui disait qu'il l'*honorait parfaitement* et le marquis de Maulevrier avait trouvé cette formule de salutation absolument inconvenante ; cette façon de l'honorer lui semblait déshonorante et il comptait répondre de la même encre et faire paroli de courtoisie. Les sages avis de Dubois accommodèrent tout.

Saint-Simon fut admirablement reçu en Espagne ; les dépêches confirment sur ce point les *Mémoires* qui ne taisent aucun détail de cette brillante réception.

Dubois se pâmait d'aise à chaque missive où Saint-Simon annonçait ses triomphes ; il s'extasiait sur ses lettres « magnifiques et charmantes » ; il lui donnait à discrétion de l'eau bénite de cour, la seule eau bénite d'ailleurs dont le successeur de Fénelon à Cambray se fût jamais servi. Ce n'est que lorsque Saint-Simon abordait la question d'argent que le ministre, de bègue qu'il était d'ordinaire, devenait subitement muet. « J'omets, dit philosophiquement Saint-Simon dans ses *Mémoires*, les extrémités d'embarras ou le cardinal Dubois m'attendait, et qu'il m'avait si hautement préparés en décuplant forcément ma dépense. On a vu que je n'avais point voulu d'appointements, mais qu'il m'avait été promis qu'on ne me laisserait point manquer et qu'on fournirait exactement à la dépense qu'on exigeait de moi ; mais rien moins. Dès les commencements, le cardinal Dubois sut y mettre bon ordre, mais toujours avec ses protestations accoutumées ; il se vengeait de l'ambassade emportée à son insu et malgré lui en me ruinant, à la fin il en vint à bout ; mais, au moins à mon honneur et à celui de la France, il n'eut pas le plaisir de me décrier en Espagne, d'où je partis à la fin de mon ambassade sans y devoir un sou a qui ce pût être, et sans avoir diminué rien de l'état que j'avais commencé à y tenir, sinon qu'en allant a Lerma, je renvoyai en France presque tous les officiers des troupes du Roi que ce bon prêtre m'avait forcé, comme on l'a vu, de mener en Espagne. »

En revanche, quelles jolies lettres écrivait le ministre à l'ambassadeur ! Lisez celle-ci datée du 10 décembre 1721 et dites-moi s'il est possible de se moquer plus finement d'un homme que l'on conduit doucement à mourir insolvable.

« Je n'étais pas en peine, Monsieur, de ce que toute la cour penserait lorsque vous y seriez arrivé. Je n'étais inquiet que de l'impatience que l'on avait de vous voir. Je suis ravi que vous ayez prévenu et surpris l'inquiétude du Roi et de la Reine d'Espagne quoi qu'il vous en aie couté une fort rude épreuve, qui est celle *de courir la poste sur ses fesses*, et, ce qui est pis encore, *avec des chevaux de bois* ou, pour parler plus naturellement, des tortues appellées mules. Vous êtes enfin arrivé plutôt qu'on ne l'espérait, et dans un moment vous avez rendu la sérénité et la joie à toute la cour d'Espagne.

« On a cru surprendre votre magnificence en abrégeant votre séjour à Madrid ; mais, comme *si vous aviez les fées* à votre commandement, vous allez ériger un nouveau Madrid aux environs de Lerma, et les derniers courriers nous ont rapporté que vos nouvelles habitations s'élevaient déjà en rase campagne pour loger *la troupe dorée qui vous accompagne*.

« Je suis ravi de la mortification que le bruit et la splendeur de votre magnificence a causé à ceux qui ont vu votre départ avec jalousie. Mon ministère y trouve un grand relief, mais je suis charmé personnellement de trouver dans vos manières de penser toutes les ressources qui peuvent m'aider à bien faire et qui peuvent flatter la partialité, ou, pour mieux parler, la passion juste et raisonnable de vieille et nouvelle date avec laquelle, Monsieur, je vous suis attaché plus sincèrement et plus respectueusement que personne. »

Pendant ce temps la pauvre duchesse de Saint-Simon, chargée des intérêts du ménage, s'adressait à Dubois sur ce ton lamentable :

Paris, le 13 décembre 1721.

« Monsieur, je suis forcée de rendre compte à V. E. que me voyant dans l'impossibilité de trouver un sol à emprunter malgré d'excellentes cautions qui voulaient bien s'obliger avec moi, on m'offre cependant différents moyens qui m'en feraient trouver et qui ne seraient pas à présent à charge à S. A. R. Mais il est nécessaire que j'aie l'honneur de lui en rendre compte. Je n'aie pas voulu le faire sans en donner part à V. E. et l'assurer que personne ne désire plus de lui plaire et de le convaincre des sentiments avec lesquels j'ai l'honneur d'être, Monsieur, de V. E. la très humble et très obéissante servante,

« Duchesse de SAINT-SIMON. »

Dubois se confondait en regrets et il écrivait au duc pour le complimenter encore :

« Je suis très touché du désordre et de l'ordre de votre prodigalité. J'ai marqué à Mme la duchesse de St-Simon combien j'y étais sensible et si je savais faire de la fausse monnaie, je courrais grand risque de succomber a la tentation d'être faux monnayeur pour vous tirer de l'embarras où vous êtes. J'ai parlé à M. Bernard mieux que je ne l'aurais fait pour moi-même. »

Saint-Simon continuait à marcher d'ovation en ovation. La réconciliation des deux branches de la maison de Bourbon était regardée comme un événement favorable pour les deux nations. Le roi, la reine, les grands accablaient d'égards l'ambassadeur français ; les municipalités l'allaient saluer ; on célébrait son arrivée dans une *romance historique :*

> Al señor duque de Ossuna
> Félipo quinto senala
> Por que para estas funciones
> Siempre se portan congala
> El rey Luis dezimo quinto
> Le encargo aquesta embaxada
> Al duque de San Simon
> De la Sangre, y Piar de Francia.

A force de s'agiter, de danser, de traiter et d'être traité, de recevoir des compliments et d'accomplir des merveilles, St-Simon tomba malade. Ce fut l'abbé de Saint-Simon, depuis évêque de Metz et légataire des papiers du duc qu'il n'eut jamais, qui se chargea d'annoncer la nouvelle à Dubois et sa lettre est intéressante par le jour qu'elle nous ouvre sur cet intérieur si uni et si vraiment chrétien qui forme un contraste charmant avec les ménages des grands seigneurs au xviiie siècle.

Ces papiers, promis à tant d'aventures, préoccupaient déjà à cette époque. Un secrétaire de Saint-Simon, un nommé Dashofe, qui sans doute était un affidé de Dubois, écrivait à celui-ci, à la date du 17 décembre, en lui demandant le secret, pour savoir ce qu'il devait faire si la mort frappait son maître.

« Je me trouve dépositaire des papiers de l'ambassade ; sur quoi j'ose prendre la liberté de supplier très humblement V. E. de me faire prescrire l'usage que j'en dois faire au cas d'un malheur que Dieu veuille détourner ! A qui les confier ou remettre, supposé que je le dusse faire, si à M. l'abbé de St-Simon qui se mêle en quelque sorte des affaires de M. le duc et qui semble désireux d'y entrer plus avant, si à M. le vidame de Chartres, son fils aîné, qui est fort sage et fort réservé pour son âge, ou enfin à M. de Maulevrier. »

Saint-Simon guérit de la petite vérole et prit part de plus belle à toutes les réjouissances. Mlle de Montpensier allait passer la frontière. En ce temps où l'Opéra était tout, Dubois avait annoncé l'arrivée de la princesse à M. de Maulevier comme il aurait annoncé une première représentation. « Quelque zèle que l'on ait et quelque zèle que l'on fasse pour une chose aussi composée que la conduite d'une princesse, il en est de cet arrangement comme de la première représentation d'un Opéra. Il manque toujours quelque chose pour lever la toile et il vaut mieux attendre un peu plus longtemps et être assuré qu'aucune des machines principales ne manquera. »

C'était sur toutes les routes, en effet, un va et vient de cortèges magnifiques, accompagnant les princesses qui se rendaient dans leur nouvelle patrie, avec un luxe d'escorte dont rien ne nous donne plus l'idée.

Gouvernantes, dames, maîtresses de langues, maîtres des cérémonies, chapelains, clercs de chapelle, blanchisseuses, lavandières, médecins, apothicaires, chefs d'échansonnerie, écuyers de cuisine, hasteurs, potagers, tourneurs de broches, tout ce monde, comme on en voit dans les mariages des contes de fées, s'empilaient dans les carrosses, dans les chaises, dans les chariots. Tout cela avait sa place marquée d'avance aux tables qui se dressaient chaque jour en des lieux différents; chacun arguait d'une tradition pour défendre un droit quelconque. Le frère de Dubois était du voyage; jadis médecin, il remplissait maintenant, comme conseiller du roi en tous ses conseils et secrétaire du cabinet de Sa Majesté, le rôle que M. de La Roche remplissait pour l'Espagne et devait passer l'acte de réception de la sérénissime princesse d'Espagne et en même temps attester que ses bijoux et ses joyaux étaient remis au prince de Rohan.

Cette silhouette un peu effacée de Joseph Dubois amuse au milieu de toutes ces pompes. Il n'avait pas évidemment l'aplomb de son coquin de frère. On lui avait bien recommandé de s'observer en si noble compagnie et cette préoccupation le poursuivait partout; à chaque instant il mande à son frère : « Je crois que je me suis suffisamment observé. » Cette attitude modeste n'empêche pas le maître des cérémonies, cet impudent de Desgranges, d'écrire à Dubois cette phrase superbe : « Sans vouloir flatter V. E. j'ai cru voir en M. votre frère les manières engageantes que l'on dit que M. de Lionne avait dans les négociations. »

Enfin, le 9 janvier 1722, le prince de Rohan pour la France et le marquis de Santa-Crux pour l'Espagne, procédèrent à l'échange des princesses dans l'île des Faisans qui avait vu Mazarin et Don Luis de Haro unir Louis XIV et Marie-Thérèse.

Ces bambins ainsi transportés d'un pays à un autre selon les caprices de la politique, et solennellement mariés à l'âge où on croit encore que les enfants poussent sous des choux, jettent une note vivante dans ces négociations diplomatiques. Louis XV qui marchait sur ses douze ans avait fondu en larmes quand on lui annonça qu'il était époux. La petite infante qui l'allait rejoindre se prit à pleurer, elle aussi, quand on la remit aux mains du prince de Rohan. La pauvrette, qui n'avait que trois ans, ne dit pas comme l'héroïne de Racine :

> L'amour ne règle pas le sort d'une princesse,
> La gloire d'obéir est tout ce qu'on nous laisse.

Elle sanglotait et on fut obligé pour la faire taire de

l'environner, selon l'expression du prince de Rohan, de bijoux et de jouets. Ils sont encore bien curieux, ces deux mariés, le prince des Asturies et Mlle de Montpensier que Saint-Simon, qui avait souvent des idées baroques, tint absolument à montrer couchés dans le même lit à toute la cour d'Espagne, ce qui dut inspirer de singulières réflexions à ces cerveaux enfantins.

C'est une étrange figure de jeune fille que cette petite Montpensier; elle fait longuement songer avec ses perversités précoces et ses caprices bizarres. La lettre de Saint-Simon qui nous parle de sa santé et qui vient à l'appui d'un passage des *Mémoires* est honorable pour le Duc et, avec quelques avertissements sur le régime que suit le duc de Chartres, atteste qu'il avait son franc parler avec le Régent et qu'il lui donnait souvent de véritables conseils d'ami. Elle témoigne aussi des inquiétudes toutes spéciales que causait à la cour d'Espagne la maladie de la jeune princesse.

En lisant cette lettre, je me souvenais d'une visite à cet admirable refuge de la rue Lecourbe où des frères de Saint-Jean de Dieu recueillent de pauvres enfants malades, et j'avais présente au regard la physionomie pensive d'un chérubin qui portait sur son visage envahi par une floraison monstrueuse les stigmates des débauches de son père. Je me rappelais aussi *les Rois en exil*. Qui a oublié la terrible fin de ces *Rois en exil* et le cri que pousse la reine? Du sang de roi...

Ici encore, mon cher Daudet, vous avez, tant est vive votre pénétration des choses humaines, deviné cette histoire que vous regardez vivre sous vos yeux si bien organisés pour observer, tandis que nous la trouvons toute vécue dans le passé. Parfois, sans doute, vous êtes tenté de rire de ces amoureux des époques mortes et considérez cependant comme nous nous rencontrons vite! C'est que nous sommes épris du drame réel autant que vous, seulement au lieu de le chercher dans une action imaginaire où se reflètent les mœurs du présent, nous le cherchons au milieu d'événements qui se sont effectivement accomplis, sans nous préoccuper de créer un personnage, certains de retrouver toujours l'homme identique et semblable à lui-même.

Plus moraliste que le roman le plus austère, l'histoire qui se meut dans un champ assez vaste pour suivre l'évolution successive de plusieurs générations, constate que, si la vertu sur la terre n'est pas toujours récompensée dans un homme, le vice est toujours puni dans une famille. Les mœurs du Régent expliquent la maladie de la princesse des Asturies et la maladie de cette enfant explique à son tour la décrépitude de certaines races royales. Même les eût-on retrouvées après cent ans, les lettres à la Bellanger eussent fait comprendre qu'à une heure décisive, la goutte de sang arrachée par la courtisane ait manqué à un souverain, qui tenait la destinée d'un peuple dans sa main, pour compléter la force cérébrale qu'il fallait pour agir ou pour rester immobile, pour vouloir en un mot.

Elle était profondément malade de corps et d'esprit, cette adolescente qui avait dû être singulièrement élevée à la cour du Régent. Saint-Simon nous a raconté ses caprices de mutine et d'obstinée, ses refus formels de sortir de sa chambre et d'assister au bal en dépit des supplications du roi et de la reine d'Espagne tout étonnés d'avoir une semblable bru ; il nous a dit les trois incongruités qu'elle lui envoya au visage lorsqu'il vint en grand apparat prendre congé d'elle. Une autre princesse de la famille, à peine un peu plus âgée qu'elle, tiendra plus tard un propos autrement fort qu'il est difficile de reproduire tel qu'il fut tenu par la princesse à sa suivante. « Si je me faisais *fille galante*, m'accompagnerais-tu ? » demandait la jeune fille dans ce morne Escurial dont les murs devaient frémir d'horreur.

Quel écho de conversations de laquais du Palais-Royal s'entretenant des célébrités du jour avait monté jusqu'à la chambre de ces jeunes filles ? Un jour, entr'ouvrant leur fenêtre à l'heure matinale, avaient-elles vu la Parabère ou la de Prie sortir, l'œil émerillonné, de quelque souper qui s'était prolongé jusqu'à l'aube ? Devinaient-elles que ce xviiie siècle, qui avait commencé par les orgies de la Régence, appartiendrait à la fille et que la dernière femme qui régnerait vraiment en France serait une Dubarry ?

Malgré tout, elle divertit, cette gamine royale, par son manque absolu de tout respect humain au milieu de tous ces personnages si scrupuleux sur l'étiquette, et l'on se prend à regarder avec intérêt la lettre ultra-fantaisiste d'orthographe et écrite en caractères énormes ou plutôt en série de bâtons assemblés entre eux, qu'elle envoie à son père au lendemain de son arrivée.

« A Monsieur le duc d'Orléans mon frère et père.

« Avant iere le roy, la Raine et le prince me vinre voire je n'étoie pas encore arivée ici ; le ledemein ji arriver et je fut marié le même jour, cepandant, ili a eu aujourduit encore des ceremonie à faire. Le Roy et la Reine me troite fort bien, pour le prince vous en aves acé oui dire. Je suis avec un tré profond respec Votre trè heumble et trè obissante file

« Louise Élisabeth. »

Saint-Simon, une fois les fêtes du mariage célébrées, commençait à être las de l'Espagne. Il avait la nostalgie de ces cabales, de ces intrigues, de ces bassesses de courtisans qu'il flétrissait sur le papier avec une indignation qui nous illusionne souvent sur ses véritables sentiments. Son sang bouillait dans les veines en recevant les lettres de Dubois et de Belle-Isle, qui lui parlaient de la sortie bruyante du duc de Noailles qui avait quitté brusquement le conseil à la suite d'une question de préséance ; tout en protestant du contraire, il se désolait de ne pas avoir été là pour se mêler à toutes ces manigances, pour se jeter dans tous ces conflits, afin de les envenimer encore.

Ombrageux comme à l'ordinaire, Saint-Simon se montre dans ses *Mémoires* très convaincu que Dubois avait l'intention de le retenir en Espagne, en le chargeant de quelque affaire ; il se peint évitant adroitement les pièges qu'on aurait voulu lui tendre dans ce sens. La vérité oblige à déclarer que Dubois, qui n'était pas un sot, semble ne pas avoir eu, une seconde, la pensée de confier la moindre négociation sérieuse à Saint-Simon ; il savait trop bien, qu'avec lui, la plus insignifiante vétille prendrait les proportions d'un événement.

Le ministre demanda simplement à l'ambassadeur extraordinaire d'accréditer le successeur désigné de Maulevrier, ce Chavigny qui n'était, paraît-il, qu'un

Chavignard, et qui est si durement traité dans les *Mémoires*. Quels que fussent ses sentiments intimes à l'égard du personnage, Saint-Simon semble avoir fait de son mieux pour installer à la cour d'Espagne le protégé de Dubois.

Saint-Simon d'ailleurs pouvait revenir en France, il avait tiré de son ambassade tout ce qu'il souhaitait; il avait obtenu ce qu'il désirait si ardemment, la Toison d'or pour son fils aîné, la grandeur pour lui-même avec la faculté de la transmettre à son fils cadet. Ici encore, on est forcé de se demander si l'auteur des *Mémoires* n'obéit pas à son humeur atrabilaire, en accusant Dubois d'avoir ourdi les plus noirs complots pour empêcher ce résultat. Dès le 9 décembre, Dubois s'était mis avec empressement à la disposition de Saint-Simon.

« Si M. de Sartines vous paraissait, Monsieur, mériter que vous lui confiassiez le plaisir que S. A. R. aurait à voir obtenir à M. votre fils la grâce que vous savez, il ne manquerait pas d'en faire confidence à M. le marquis de Grimaldo et au père D'Aubanton; ce qui pourrait nous faire découvrir la route que nous aurons à tenir et nous donnerait peut-être des facilités et des ouvertures favorables. Faites, s'il vous plaît, Monsieur, une sérieuse attention à cette pensée, et si vous la mettez en œuvre, faites-moi la grâce de me faire part des moindres choses qui vous seront répondues de la part des trois personnes que je viens de nommer. Je ne vous parle pas de la grossièreté des personnes qui vous ont précédées à Madrid, je n'en sais que trop et je devine tout ce que vous m'en direz quelque jour. Comptez sur moi absolument, Monsieur, sans aucune exception. »

Dubois faisait-il le bon apôtre afin de lire mieux dans le jeu de Saint-Simon et d'entraver d'autant plus facilement sa marche qu'il la connaîtrait davantage ? Saint-Simon fut-il bien inspiré en ne prenant pas ces paroles menteuses pour paroles d'évangile et en faisant ses affaires tout seul ?

L'hypothèse n'est pas dépourvue de toute vraisemblance, quoique Saint-Simon ait, du moins en partie, suivi les avis de Dubois et qu'il se soit servi de Sartine. Nous avouerons cependant, dussions-nous passer pour naïf, que nous croyons à la bonne foi relative de Dubois. On se souvient de ce que dit Saint-Simon des lettres perfides adressées par Dubois au marquis de Grimaldo et par le duc d'Orléans au roi d'Espagne et qui auraient été libellées de façon à être plus nuisibles qu'utiles. Sans doute la lettre de Dubois est entortillée et diffuse, mais elle est au demeurant concluante et significative. Quant à la lettre du Régent, elle ne justifie pas les accusations de Saint-Simon. La voici d'ailleurs :

27 décembre 1721.

« Monseigneur, j'ai appris avec une extrême joie que Votre Majesté a été contente du zèle et de la conduite du duc de Saint-Simon. Je l'avais choisi pour la plus éclatante et la plus chère commission que le Roi ait pu donner à aucun de ses sujets, parce qu'il n'y a personne en France qui ait toujours témoigné plus de passion pour l'intime union des deux couronnes et plus d'attachement pour Votre Majesté, qui ait été plus touché de ce qu'elle vient de faire si généreusement pour sa maison et qui ait eu plus d'empressement à publier que la conclusion du mariage du Roi avec Madame l'Infante est le plus grand et le plus beau moment que les deux monarchies aient jamais vu. Si l'amour de Votre Majesté pour sa patrie la porte à vouloir marquer ce grand événement par quelques grâces signalées envers quelqu'un de ceux qui ont eu l'honneur d'être employés dans cette grande affaire, et qu'elle en veuille laisser en France un monument qui passe à la postérité : si d'ailleurs le duc de Saint-Simon a mérité par son zèle que sa maison profite de cette faveur, je ne puis pas m'empêcher de témoigner à Votre Majesté qu'elle ne pourrait être mieux placée et qu'il n'y a point de Français pour qui je m'intéresse davantage. La crainte de lui demander des grâces qui causent la moindre contrainte dans ses libéralités et dans ses choix m'ôte la liberté de lui parler plus ouvertement. J'ai trop reçu de marques de la bonté et de la confiance de Votre Majesté pour n'être pas extrêmement retenu à la demande de nouvelles et je suis avec le dévouement le plus respectueux, Monseigneur, de Votre Majesté le très affectionné oncle et serviteur.

« Philippe d'Orléans. »

Bien loin de témoigner aucune hostilité à Saint-Simon avec lequel il se croyait réconcilié, Dubois le prévient très loyalement des menées ourdies contre lui et des intrigues intérieures de la cour du Palais-Royal, qui pourraient empêcher la réussite de ce qu'il désire. Il lui écrit en chiffres à la date du 16 décembre.

« On vient de m'avertir que Mme de Cheverni, dans le dessein de ménager pour M. de Cheverni la grâce que S. A. R. doit demander pour vous, doit faire demander par Mlle de Montpensier qu'il lui soit permis de la suivre jusqu'a Lerma; ce que je ne crois pas, car Mme de Cheverni est trop sage pour vouloir faire cette démarche à l'insu de S. A. R. On prétend que Mme de Saint-Pierre l'aidera à obtenir la grandesse à condition qu'après la mort de M. de Cheverni elle puisse passer à M. de Rinel, fils de Mme de Saint-Pierre. Quoique ce soit une tracasserie du

Palais-Royal qui peut n'avoir aucun fondement, je crois devoir vous en donner avis, afin que vous y preniez garde. Il est si essentiel que la règle prescrite qu'aucun Français ni Française ne suivra la princesse des Asturies soit observée qu'il vous sera facile d'armer le Roi d'Espagne contre une telle proposition. Pour votre intérêt je ne combattrai aucune de ces idées. »

Dubois, on le voit, n'était pas précisément sur un lit de roses. Il avait, comme les ministres de tous les temps, à compter avec des influences diverses et des avidités rivales. Un des hommes contre lesquels Dubois avait certes le moins d'animosité, puisque c'était un compagnon de débauche et un des roués du Régent, le marquis de La Fare, s'était servi de Saint-Simon pour se faire envoyer en Espagne comme chargé de porter les compliments du duc d'Orléans à Philippe V sur le mariage de Mlle de Montpensier. Il arriva à Madrid tout chaud, tout bouillant pour obtenir quelque chose et dès les premiers jours il étala devant Saint-Simon ce que celui-ci appelle « des prétentions sauvages ». Il demandait au débotté le traitement d'ambassadeur, la grandesse, la Toison d'or. Saint-Simon jeta un peu d'eau sur ce beau feu, mais La Fare ne se découragea pas et il écrivit lettre sur lettre à Dubois afin qu'il appuyât ses démarches.

Les lettres que Dubois répond à La Fare à ce sujet témoignent bien de la situation embarrassée d'un homme sur lequel tous les mécontents passaient leurs colères. Après avoir nettement refusé à La Fare d'agir près de la cour d'Espagne pour seconder ses visées excessives, Dubois explique la raison de ce refus.

« Le fond de ceci (écrit-il à la date du 23 décembre) est le même qui a fait résister S. A. R. à votre départ et qui lui a fait prendre la résolution de supprimer un devoir essentiel et indispensable à l'égard du roi d'Espagne plutôt que de consentir à une mission. La fin de ceci n'est pas aucun éloignement à votre élévation, car S. A. R. a toute l'estime et toute l'amitié pour vous que vous pouvez désirer, et elle est intéressée à avoir dans les premières places de sa maison des personnes en dignités, mais on ne s'était opposé à la commission que vous avez eu que parce que M. le grand prieur voulait l'avoir dans l'espérance qu'elle lui procurerait l'établissement que vous désirez. M. le duc de Chartres, Mlle de Chelles et beaucoup d'autres personnes ont persécuté Mgr le duc d'Orléans sur cela et on ne les a fait désister de leurs sollicitations opiniâtres que sur l'assurance qu'on leur a donnée que M. le duc d'Orléans étant engagé à demander cette grâce pour M. le duc de Saint-Simon, il lui était impossible de solliciter la même chose pour M. le grand prieur, quoique S. A. R. elle-même se fût engagée à le demander. »

Cette lettre ne démontre-t-elle pas jusqu'à l'évidence que la grandesse de Saint-Simon était une affaire convenue, une grâce qui allait de soi, du moment où il était nommé ambassadeur extraordinaire et que Saint-Simon s'est donné beaucoup de mal et échauffé le tempérament bien inutilement pour faire réussir un projet que personne ne songeait à traverser ?

Nous le répétons, la scélératesse de Dubois en cette circonstance n'est donc guère plus démontrée que bien des assertions des *Mémoires*.

Mais ce n'est pas l'impartialité, l'exactitude, la justice, que l'on cherche dans Saint-Simon ; plus calme et plus rassis, il ne serait plus lui. Ce qu'il faut admirer toujours dans l'incomparable écrivain, c'est ce don prodigieux de voir et de faire voir ; c'est l'alliance, dans une individualité d'une vigueur sans égale, de cette analyse du cœur humain particulière aux écrivains du xviie siècle et de cette puissance à peindre les objets extérieurs, les spectacles matériels qui sont propres aux merveilleux stylistes de notre temps ; c'est la double vision du moraliste et de l'artiste se réfléchissant en des pages pleines de profondeur et de couleur, fécondes à la fois en pensées et en images.

La cour d'Espagne ressuscite véritablement devant nous dans le volume que Saint-Simon a consacré à son ambassade et qui nous fait si profondément regretter que le Duc n'ait pas été envoyé à Rome en 1706.

Ce n'est plus la cour immobile, mortuaire, et comme momifiée dans les rites monarchiques que Victor Hugo évoquera plus tard. Le Philippe V de Saint-Simon ne fait pas songer au Charles II de *Ruy Blas*.

> ... Sous un dais orné du globe impérial,
> Il est, dans Aranjuez ou dans l'Escurial,
> Dans ce palais, parfois — mon frère, il est un homme
> Qu'à peine on voit d'en bas, qu'avec terreur on nomme ;
> Pour qui, comme pour Dieu, nous sommes égaux tous ;
> Qu'on regarde en tremblant et qu'on sert à genoux,
> Devant qui se couvrir est un honneur insigne,
> Qui peut faire tomber nos deux têtes d'un signe ;
> Dont chaque fantaisie est un événement ;
> Qui vit, seul et superbe, enfermé gravement
> Dans une majesté redoutable et profonde ;
> Et dont on sent le poids dans la moitié du monde.

Tout autre est la physionomie de ce ménage royal qui travaille au lit aux affaires de l'État, et parfois reçoit là, le roi couché couvert d'un manteau de satin, la reine assise sur son séant, avec un morceau d'ouvrage de tapisserie à la main. Le devoir conjugal accompli sans cesse, telle est l'unique passion de ce roi qui fait songer un peu à quelque principicule de la vieille Allemagne ; la chasse par grande battue où l'on tue pêle-mêle cerfs, biches, chevreuils, loups, blaireaux, et où Saint-Simon finit par tuer un renard, tel est l'ordinaire divertissement.

Une mélancolie qui n'est pas sans charme enveloppe cette cour si bourgeoisement réglée, où le roi semble comme affaissé sous le poids des souvenirs éblouissants qu'éveillent ces deux formidables souverains qui se résument en lui et qu'il représente sur la terre, l'un comme héritier, l'autre comme petit-fils : Charles-Quint et Louis XIV.

Des coins de paysages, des notes pittoresques apparaissent à travers le récit du politique ; mais visiblement Saint-Simon ne comprend qu'à moitié cette Espagne, amoureuse et mystique, fanatique et galante, qui mêle à ses dogmes un peu sombres un rayon de poésie orientale et comme une réminiscence des enchantements et des délices qu'abritaient au temps des Maures les Alhambras embaumés des Kalifes.

L'homme, au xviie et au xviiie siècle, s'absorbait dans son époque et n'avait pas cette faculté presque maladive qui est spéciale à notre temps, ce don de s'extérioriser, de vivre de la vie des civilisations éteintes et des générations évanouies.

Plus coloriste, plus accessible aux impressions, plus artiste, encore une fois, que ses contemporains, Saint-

Simon n'a point évidemment le cerveau organisé comme un Théophile Gautier.

Mais on cède si facilement à la tentation de s'entretenir de Saint-Simon que nous nous laissons aller au plaisir de parler de pages que tout le monde a lues et relues à maintes reprises. Les lettres et les dépêches de Saint-Simon que nous publions pour la première fois ont du moins le mérite d'être absolument inconnues ; elles sont comme l'annexe naturelle et le nécessaire complément de la partie des *Mémoires* relative à l'ambassade d'Espagne ; elles nous montrent dans Saint-Simon le personnage officiel ; elles contribuent aussi à nous faire connaître l'homme plus à fond.

En ceci, je le crains, elles ne serviront que médiocrement à la réputation de Saint-Simon ; la figure de puritain que l'auteur des *Mémoires* s'est efforcé de se donner devant la postérité perdra un peu à la lecture de ces lettres. Sans doute la politique a des exigences et impose d'inévitables accommodements, mais quand on se rappelle que Saint-Simon plaçait le portrait de Dubois dans sa garde-robe, près de sa chaise percée, on est contraint de confesser que, pour un homme à principes, certains éloges sont bien outrés et certains remerciements bien serviles. On souffre de voir l'austère époux, qu'était vraiment Saint-Simon, en arriver à madrigaliser avec Dubois et à mêler le nom de sa femme à ces marivaudages adressés à celui que la Fillon traitait si lestement, à celui dont le nom accompagné d'épithètes salées réjouissait la halle aux poissons au temps où la halle inspirait la muse de Vadé.

Un homme de génie qui, à part quelques faiblesses

et quelques obliques manèges qu'on relève çà et là dans les *Mémoires,* quand on les contrôle de près, fut réellement un honnête homme, à plat ventre devant Dubois! N'est-ce pas un chapitre de plus à ajouter à ce que Mme de Maintenon, Saint-Simon lui-même et Mme de Rémusat ont écrit sur la vie de cour ?

En dehors de ce point de vue, cette publication des lettres et des dépêches concernant l'ambassade d'Espagne a un avantage immense à nos yeux; elle met du Saint-Simon dans la circulation, elle proclame que la porte de la prison qui retenait ces manuscrits devenus légendaires est, sinon ouverte, du moins entre-bâillée.

Peut-être — quoiqu'un tel souhait, nous l'avons dit, semble bien chimérique — peut-être l'heure approche-t-elle où l'on découvrira, dissimulées dans des séries fallacieuses, ces innombrables lettres, qui ont été évidemment portées par M. Le Dran aux Archives du ministère des affaires étrangères.

Même si cet espoir bien précaire et bien frêle se réalisait jamais, il est douteux que ces lettres eussent, au point de vue de la forme, l'attrait piquant et vif de ces chefs-d'œuvre épistolaires qui sont une des branches de notre littérature — une branche chargée de fleurs ravissantes. On n'est pas à la fois l'émule de Tacite et le rival de Mme de Sévigné. Quoique plusieurs billets particuliers adressés au Régent pendant cette ambassade d'Espagne soient d'un fort joli tour, le lecteur sent à chaque ligne, dans ces phrases touffues et comme enchevêtrées au milieu de lianes, que la pensée de l'écrivain est mal à l'aise dans un cadre trop resserré pour elle. A défaut d'un esprit qui babille, on entendrait certainement parler une âme et protester une conscience dans ces lettres, qui devaient contenir plus d'une révélation terrible, si l'on en juge par les recommandations pressantes que fait Saint-Simon aux héritiers de Gualterio de brûler toute la correspondance qu'il avait entretenue avec le cardinal pendant vingt années de sa vie.

PAPIERS INÉDITS

DU

DUC DE SAINT-SIMON

AMBASSADE D'ESPAGNE

I

AU CARDINAL DUBOIS[1].

21 octobre 1721.

Il ne se peut rien ajouster aux bontés de V. E. de penser a mes postes[2] au milieu de ses occupations et de me faire l'honneur de me l'escrire. Je ne puis aussy luy exprimer mon tres sincère et respectueux attachement.

Le Duc de St-Simon.

---

1. Archives du ministère des Affaires étrangères. *Espagne.* — Volume 311. De la main du Duc.
2. Nous prévenons le lecteur que, quelque extraordinaire que puisse paraître l'orthographe de ces lettres, nous avons cru devoir la respecter au risque de rendre la lecture parfois moins facile. Nous nous sommes même interdit de mettre des accents aux mots auxquels Saint-Simon n'en a pas mis comme *a mes postes.*

Il va sans dire que S. E. signifie : Son Éminence; S. A. R. : Son Altesse Royale; L. M. C. : Leurs Majestés Catholiques, etc.

II

AU CARDINAL DUBOIS [1].

22 octobre 1721.

Je reçois dans ce moment les copies de lettres du Roy et la réponse en marge a mon mémoire [2]. J'en rends mil tres humbles grâces à V. E. Toutte mon habileté ne peut estre infusée que de la vostre qui est feconde en miracles. Une grande exactitude a vos ordres fera toutte ma conduitte et une grande et pleine confience en vous toutte ma santé. Je desire extremement vous avoir pu plaire tantost, je conjure V. E. d'estre bien persuadée que c'est le cœur qui parle et qui lui est entierement attaché.

Le Duc de St-Simon.

III

AU CARDINAL DUBOIS [3].

22 octobre 1721.

Nous avons oublié un portrait du Roy et ce n'est pas merveilles aux affaires de V. E. Je viens de charger

1. Vol. 311. De la main du Duc.
2. Voir aux *pièces justificatives* le mémoire de Saint-Simon et les réponses de Dubois en regard des questions.
3. Vol. 311. De la main du Duc.

un valet de chambre qui reste de m'en envoyer un au moins mal qu'il se pourra.

M. l'abbé de Mathan que j'eus l'honneur de vous présenter dernierement chez S. A. R. en attendant que ce fut chez vous m'a attendu tantost dans mon carrosse au Palais Royal ou je l'ay mené exprès pour ce devoir avant de partir, et nous n'avons pu l'accomplir parce que vous estes demeuré avec S. A. R. en compagnie d'un portefeuille qui m'a osté l'esperance que V. E. en sortira de longtemps. Elle ne nous imputera pas s'il lui plaist cette faute involontaire, et ne douttera jamais de mon sincére attachement.

Le Duc de St-Simon.

IV

AU CARDINAL DUBOIS [1].

Bayonne, 8 novembre 1721.

Je suis arrivé icy a 5 heures et j'ay trouvé un courrier de M. de Sartine arrivé depuis une heure avec une lettre dans laquelle il me marque que le Roy d'Espagne est tres contrarié de mon retardement auquel il attribue celuy de Mlle de Montpensier et consequement

1. Vol. 311. De la main du Duc.

de l'infante, et me prie de sa part de presser ma marche. Il ajoute que L. M. C. ont resolu le voyage de Burgos aussytost après mon arrivée tant pour y mener l'infante que pour s'avancer le plaisir de voir Mlle de Montpensier sans pretendre aucune parité a l'égard du Roy n'y de S. A. R. tres content qu'ils ne sortent point de Paris, et me prie d'en rendre compte à V. E. a laquelle il n'a pas le temps de le mander. Ma reponse a esté toutte simple, que le voyage est fixé au 15 et a mon avis point du tout susceptible d'estre avancé a cause des relais et a plus de 50 jours de marche jusqu'icy, que mon arrivée plus tost n'eust pas pu presser l'eschange, et qu'outre la diligence que je crois avoir faitte, les passeports d'Espagne ne sont arrivés icy que le 29 moyennant quoy je n'ay rien pu trouver de pres pour ma routte qui m'est fixée d'Espagne par Vittoria bien plus longue que celle de Pamplune que j'eusse preferée. Je luy explique ma diligence que je reserve pour V. E. en luy traittant le chapitre des postes et je luy marque que je partiray mardi, ne pouvant plustost a cause de l'audience de la Reine douariere.

Je m'estendrois davantage mais V. E. verra bien que je dors presque, en homme outré d'avoir passé une nuit et presque deux, arrivé icy en poste a cheval et qui vient de renvoyer le Courrier a M. de Sartine.

Elle excusera donc avec bonté le desordre de cette lettre pour ne pas perdre l'ordinaire de demain 6 heures du matin. J'auray l'honneur de vous en escrire davantage et plus vraisemblablement en vous rendant compte de l'audience de la Reyne douarière.

Je supplie en attendant la bonté de V. E. de me pardonner et de me compter attaché a elle avec tout le dévouement possible.

Le Duc de St-Simon.

V. E. se souvient elle que je n'ay point de lettre du Roy ny de S. A. R. pour l'infante ?

V

AU ROI[1].

A Bayonne, ce 10 novembre 1721.

Sire

J'arrivay avant hier au soir 8 de ce mois icy et j'y trouvay un Courrier du Roy d'Espagne qui ne m'y avoit précédé que d'une demi heure, qui me rendit une lettre du sieur de Sartine dattée de Madrid, du 5 de ce mois a 11 h. du soir. Il me mande que S. M. C. ayant appris par l'arrivée du sieur Pequet a Madrid, de la ville, qu'il y avoit lieu de croire que je ne serois icy que le 5 ou le 6 de ce mois, le sieur de Sartine avoit reçu ordre le 5 au soir, du Roy d'Espagne luy même, de depecher a ma rencontre, et de me mander de sa part, que S. M. C. étoit veritablement mortifiée de mon retardement, duquel il resulteroit, que les princesses essuyeroient le plus rude temps d'hiver, et quelle desiroit extremement que je pressasse ma marche le plus qu'il me sera possible.

1. Volume 311.

Il ajoutte que L. M. C. n'attendent que mon arrivée pour se mettre en chemin pour Bourgos, peu de jours apres, ou elles sont resolu de conduire l'Infante ; qu'il prit la liberté de leur representer qu'elles pourroient se dispenser, de ce voyage, en cette saison, et qu'il craignoit dailleurs qu'il ne fît une sorte de peine a V. M. et a M. le Regent, qui ne pourroit pas repondre a cette demarche par une pareille, dans les circonstances presentes, quelques desirs que S. M. et S. A. R. en pûssent avoir. Sur quoy le Roy d'Espagne luy auroit repondû, qu'il seroit tres faché, que V. M. n'y S. A. R. le Regent penssassent un moment de sortir de Paris ; qu'il sentoit touttes les justes raisons qu'il y avoit au contraire, qu'il ne pretendoit point que la demarche qu'il faisoit tirât a conséquence, qu'il ne pouvoit nonplus que la Reine refuser a leur tendresse si naturelle pour l'Infante de l'accompagner jusqu'a Burgos, et que L. M. C. ont ajouté, de la manière du monde la plus gracieuse, quelles seroient bien aise d'avancer d'ailleurs, autant quelles pourroient, le plaisir qu'elles se font de voir Madame la princesse des Asturies ; c'est de ce terme qu'il se sert, et il m'ajoutte, de luy même, que la resolution pour ce voyage ne peut changer ; que L. M. C. seroient extremement mortifiées si le depart de Paris de Mlle de Montpensier estoit retardé d'un moment du temps qui a esté fixé, et qu'elles seront dans une veritable impatience jusqu'a ce qu'ils la sachent en chemin, que M. le M. de Grimaldo, luy envoyoit au moment qu'il m'écrivoit un courrier pour m'apporter sa depesche en diligence, et lui apporter incessament ma reponse.

Je la fis, Sire, des que j'eûs reçeu cette lettre, et je fis entendre au sieur de Sartine, que je n'avois rien a obvier, pour me haster d'arriver a Madrid, de touttes les précautions que j'avois crû y estre necessaires de ma part, mais que le retardement des passeports du Roy d'Espagne dont je ne pouvois accuser que les circonstances des temps et qui ne sont arrivés icy que le 29 avoit rendus mes desirs et ma prevoyance innutiles, parce que outre, que mes équipages n'auroient pû passer, il n'avoit pas esté possible de rien preparer sur la routte qui me la put faire diligenter, et que ces passeports estant pour la routte de Vittoria, je ne pouvois prendre celle de Pamplune que j'avois choisie, pour estre de beaucoup plus courte ; que je le priois de representer a S. M. C. que mon arrivée a Madrid, plus ou moins avancée, ne pouvoit rien influer sur le depart de Paris de Mlle de Montpensier, qu'il estoit fixé au 15 de ce mois, et que quelque envie que V. M. ait eûe de le presser et quelque desir que Monsieur le Regent ait fait paroitre de l'avancer, les preparatifs indispensablement necessaires ne le pouvoient permettre, ce qui m'empécheroit de depescher un courrier exprez a V. M. la dessus, dont l'effet ne pourroit estre qu'inutile par l'impossibilité effective de précipiter ce depart, que l'on comptoit aussy que le voyage depuis Paris jusqu'a la frontière seroit de cinquante jours, par la difficulté des chemins et le grand nombre de l'accompagnement et de la suite, et que de tout cela il resultoit que l'Infante, qui n'avoit guères que le tiers du chemin a faire depuis Madrid jusqu'a la frontière, ne pouvoit estre pressée de partir, pour se trouver juste au lieu d'échange des deux princesses et que j'avois par consequent tout le temps necessaire pour faire a Madrid touttes les fonctions dont il a plûst a V. M. me faire l'honneur de me charger, et qui sont prealables au depart de l'Infante sans que, de moy, il fut retardé d'un moment, et que, je le priois d'asseurer S. M. C. qu'encore que la promptitude du depart de l'infante soit toute a fait independante de ma diligence, je n'oublieray rien pour faire, d'icy a Madrid, toutte celle qu'il me sera possible, pour satisfaire l'impatience de L. M. C. par cette marque de mon respect.

Qu'a l'égard du voyage de Burgos; que dès que L. M. C. veullent bien qu'il ne tire point a conséquence a l'égard de Paris, je ne doutte point que cette marque de tendresse qu'il plaist a L. M. C. de donner a l'Infante, ne rende, s'il se peut, sa personne encore plus chère a V. M. et plus respectable a Monsieur le Régent et que V. M. ne veuille bien s'en tenir elle même gratifiée par la part si intime quelle prend deja en l'Infante. Comme ce voyage doit estre entrepris 4 ou 5 jours après mon arrivée, et que V. M. m'a commandé d'y accompagner la cour d'Espagne, j'ai crû devoir, par cette même reponse, prier le Sr de Sartine d'en parler a M. le M. de Grimaldo, et de le supplier de ma part, de demander et de faciliter la permission pour moy, de suivre L. M. C. affin que cela puisse être preparé, avec plus de loisir, et qu'il ne se trouve point d'obstacles a l'exécution de vos ordres par la breveté du temps entre mon arrivée et ce depart.

En exécution des ordres de V. M. j'envoyay hier au matin, un gentilhomme a la Duchesse de Lignares camera major de Reine douairière d'Espagne pour demander audience a cette princesse. Je l'eûs l'après diné, aprez avoir receu un compliment de sa part, et je fûs conduit dans ses carrosses dans une petite maison de campagne, qu'elle habite a la porte de cette ville. J'eûs l'honneur de luy faire le compliment de V. M. et de luy dire que j'avois celuy d'estre chargé d'elle de luy donner part de son futur mariage avec l'Infante d'Espagne et de lui présenter la lettre, quelle luy a écritte, de sa main.

On ne peut marquer plus de satisfaction et de joye quelle m'en temoignâ; et quelle m'en a encore temoigné aujourdhuy, lorsque jay eu l'honneur d'aller prendre congé d'elle. Elle m'a extremement chargé d'avoir l'honneur de faire a V. M. ses tres humbles remerciements de l'honneur quelle luy a fait (elle s'est servie de ces termes) et qu'elle repondroit incessament a la lettre de V. M. Au sortir de l'audiance d'hier, elle me fit invitter, par le premier officier de sa maison, avec tous ceux que j'avois eu lhonneur de luy presenter, a diner aujourd'huy, dans la maison quelle a en cette ville ou je me suis rendû, sur l'exemple de M. le comte de St Estevan, a son passage pour Cambray et de M. le Duc Dossone, allant presentement a Paris; et dont ce p^{er} officier a fait les honneurs.

Je finiray, Sire, par ou peut être j'aurois dû comencer. C'est qu'il ne se peut rien ajouter à la joye et aux acclamations sur vôtre futur mariage, par touttes les provinces de votre Royaume que j'ay traversées, et j'ay esté ravi de voir, et d'entendre par moy-même quelle en est la satisfaction universelle.

Je compte de coucher demain a Irun et de faire, d'icy a Madrid, toutte la diligence qui me sera possible.

Je suis avec un tres profond respect
de Vostre Majesté
Le tres humble, tres obéissant et tres fidele serviteur et sujet.

Le Duc de St-Simon.

VI

AU DUC D'ORLÉANS[1].

Bayonne, ce 10 novembre 1721.

Monseigneur,

Aprez m'estre acquitté hier de ce dont Votre Altesse Royalle, m'a fait l'honneur de me charger de la part du Roy, auprez de la Reine Douarière d'Espagne, je ne manquay pas d'executter aussy vos ordres particuliers, et de luy presenter la lettre que vous luy avez ecritte de vôtre main. Elle la receue avec beaucoup de joye, et de reconnoissance, et me chargea beaucoup d'en faire ses remerciements a V. A. R. Elle s'informa ensuitte de vôtre santé, et a plusieurs reprises de celle de Madame, ce qu'elle a repeté aujourd'huy quand j'ay eû l'honneur de prendre congé d'elle; elle m'a autant de fois chargé de luy faire ses compliments avec de grands

---

1. Volume 311.

temoignages d'amitié; j'espère, Monseigneur, que V. A. R. voudra bien me faire la grace de m'acquitter de cette commission, envers Madame, que je n'ose prendre la liberté d'importuner d'une lettre pour cela seul. Comme V. A. R. verrâ la lettre que j'ay l'honneur d'ecrire au Roy, je ne la fatigueray de rien de ce quelle contient, et me contenteray de la suplier d'estre persuadé du profond respect avec lequel je suis
 Monseigneur
  de Votre Altesse Royalle
Le tres humble et tres obeissant serviteur.

Le Duc de St-Simon.

VII

AU CARDINAL DUBOIS[1]

A Bayonne, le 10 novembre 1721.

Il m'a paru que V. E. ne desaprouvoit pas que les matières fort differentes fussent traitées en differentes lettres, c'est pour cette raison que j'ay l'honneur de vous faire celle cy a part, pour avoir celuy de vous dire que j'ay trouvé icy public ce que M. le Duc d'Ossone, me dit en secret, a nôtre rencontre a Vivonne, sur tous les efforts qui se sont faits, et de France et de Paris même, pour retarder les mariages, et sa venüe sous pretexte de la peste. Comme j'eüs l'honneur, de vous

1. Volume 311.

rendre compte par ma lettre de Coué de ce que m'avoit dit ce Duc, je me contenteray d'ajoutter que j'ay appris de M. Dadoncourt icy quelques menus details la dessus qui ne donnent pas grande lumière, mais qu'il est informé seurement que M. Dossone scait les noms de ceux de nôtre cour, qui ont fait jouer les ressorts, dans le dessin de venir a bout de rompre les mariages après les avoir fait differer.

Je laisse aux reflections de V. E. la necessité de tirer, s'il est possible, de si importantes lumières du Duc d'Ossone, et les usages si essentiels a en faire, et j'ay fort exhorté Dadoncourt, a vous rendre compte de tout ce qu'il sçait, dont il avoit deja, a ce qu'il m'a dit, preparé une lettre. Cette cabale qui a aussy infecté quelques uns de la cour d'Espagne, une fois devoilée, decouvriroit beaucoup de commerce, qu'il seroit bien utile de ne pas ignorer. Tout est si bien, entre des mains aussi habiles que les votres, qu'il faut demeurer en grand repos apres vous avoir rendu compte de ce qu'on apprend.

Je conjure V. E. d'estre bien entierement persuadée de mon tres parfait devouement.

Le Duc de St-Simon.

P. S. — M⁻ˢ de cette ville m'ont donné un memoire sur tout ce qu'il leur arrive de facheux dans leur commerce de la part des Espagnols, que je n'ay pas encore eû le temps de voir : Je le liray en chemin et en enverray une copie a V. E. par le premier ordinaire, au cas qu'elle n'en eût pas receu d'eux un pareil, et qu'elle eût quelques ordres a donner la dessus, soit a moy, soit a d'autres personnes en Espagne.

VIII

AU DUC D'ORLÉANS[1]

De Bayonne, 10 novembre 1721.

Je ne puis Monseigneur quitter la terre de France sans avoir l'honneur de prendre congé de V. A. R. et de luy temoigner toutte ma reconnoissance infinie qui cepend' ne peut m'attacher a vous plus intimement que je le suis de toutte ma vie et la vostre. Mais a travers tant de bontés vous avez la malice de m'envoyer par ces delicieuses provinces dans une saison ou il n'y a plus de sardines, d'olonges, de figues, de melons muscats ny de ces petits oiseaux tant vantés, et ou les esturgeons ne paroissent pas encore; vous saurez pourtant que je me suis crevé d'huistres vertes parfaittes, que M. l'intendant de Bordeaux m'a gorgé de la plus exquise chère et que j'achève icy de me crever delicieusement aux depens du pauvre d'Adoncourt, de l'Evesque, de la Reyne Douarière pour soutenir mieux la sobrieté de la routte dicy a Madrid. Je considereray demain de tous les yeux d'un vray serviteur le lieu ou se consommera votre chef d'œuvre et ou se commencera le comble de

1. Volume 311. De la main du Duc.

grandeur ou vous avez sceu porté une je fille. Je vous conseille d'en embrasser trois fois par jour M. le C¹ du Bois, et je vous supplie de vous souvenir quelques fois de moy comme de l'homme du monde qui est attaché a V. A. R. avec le plus sincère et le plus profond respect.

Le Duc de St-Simon.

X

AU CARDINAL DUBOIS [1]

A Bayonne, le 10 novembre 1721.

V. Eminence verrâ par la lettre que j'ay l'honneur d'ecrire au Roy un detail plus exact du courrier que je receu en arrivant icy du Sr de Sartine, que ce que je pû avoir l'honneur de vous en mander le jour même. J'ay bien peur que cette première lettre d'affaire ne vous ait donné bien mauvaise opinion de moy, mais ayez la bonté, de vous en prendre à l'accablement de fatigue ou j'estois.

Je n'ay rien a ajouter, sur ce courrier, a ce que j'ay eû l'honneur d'ecrire au Roy; je me contenteray pour mon excuse particulière, de vous dire, que je suis parti, le jour que vous me l'avez prescrit, venû a Poitiers en 3 jours, séjourné seulement deux a Ruffec, et deux

1. Volume 311.

a la Cassine, comme il m'avoit esté permis ; un, au lieu de 2 a Blaye, quoique j'y eusse beaucoup d'affaires, et que la visite de la place et de ce qui en depend m'y ait fort occupé, par un tres mauvais temps; passé a Bordeaux par une marée, qui n'estoit pas de choix et sejourné un jour malgré moy, par l'impossibilité des postes de Bordeaux icy. J'ay employé depuis jeudi midi jusqu'au samedi 5 heures du soir, sans avoir cessé de marcher, la première nuit, et n'ayant arresté que 5 heures la seconde, et sans un roulier de bonne volonté que je rencontray par hasard, et dont les chevaux me menerent 15 lieues, je ne croy pas que je fusse encore arrivé a l'heure qu'il est. Je n'importuneray point V. E. de la mechanceté des maîtres de poste, de Coué, de Chateauneuf, et de Bordeaux, quoy que tres singulière sur tous les autres, n'y du desordre des postes des Landes, dont celuy de la Bouhaire, seul, en fournit 3 d'un costé et 4 de l'autre, qui sont demontés depuis longtemps et veut quitter, parcequ'il n'y peut plus resister ; n'y de beaucoup de choses concernant ce detail, mais il est certain, qu'il demande necessairement quelques moments de votre attention, pour que le service du Roy se fasse et que le public puisse voyager pour son argent.

J'ay esté obligé de courre a cheval souvent et de nuit et de jour, par un tres facheux temps, et tous ceux que j'ay menés, non seulement en berline mais en chaise, ont fait les uns plus, les autres moins, une partie du chemin a cheval.

Par ce détail qui me concerne V. E. voit au moins que j'ay fait tout ce qui a esté en moy, pour venir le plus diligeament que j'ay pû, et que je me suis tenû avec exactitude dans les limites qui m'ont esté prescrites pour mes sejours.

Je souhaite infiniment quelle soit contente de ma conduite, jusques icy, et quelle la puisse estre dans toutte la suitte ; faites moy la justice d'estre persuadé que jy donneray tous mes soins par mon empressement de plaire a S. A. R. et par le respectueux attachement, avec le quel je suis parfaittement devoué a Vôtre Eminence.

Le Duc de St-Simon.

Elle trouvera cy jointes une lettre au Roy deux autres lettres pour S. A. R. a cachet volant.

X

AU CARDINAL DUBOIS[1].

De Bayonne, 10 novembre 1721.

Si je suis comblé d'effets solides de l'ancienne et nouvelle amitié de V. E. je ne suis pas moins touché d'un soin flatteur qui la temoigne avec galanterie, celle que vous m'avez faitte du portrait du Roy est charmante sous un voile d'incertitude a m'en laisser prendre quelqu'un et d'oubli jusqu'a mon depart a m'en faire choisir.

---

1. Volume 311. De la main du Duc.

Il est parlant, tres bien peint, gracieux au possible, et n'en deplaise a M⁰ de St-Simon a qui je le mande, mieux cent fois a cet âge qu'en grave et majestueux habit royal. Je n'ay pu m'empescher de le depaqueter icy, et je l'ay trouvé si a mon gré, que je l'ay envoyé montrer a la Reyne Doüarriere d'Espagne. Ainsy une galanterie en produit une autre. Que ne puis-je vous en faire quelqu'une, a faute de pouvoir mieux, qui marque a mon gré a V. E. a quel point je suis sensible a tout ce qui me vient d'elle ou par elle et a quel point je luy suis fidélement attaché.

Le Duc de St-Simon.

XI

AU CARDINAL DUBOIS[1].

Madrid, ce 24 novembre 1721.

Je continue a rendre compte a V. E. de la suite de mon voyage, qui a esté accompagné de tous les inconvénients et de tous les accidents possibles pour le retarder, par la difficulté des chemins et plus encore par l'interruption du commerce de la frontière dans la crainte de la peste qui a tellement dérangées les commodites ord^{res} des mules que je n'en ay jamais pû avoir que de tres communes et de tres mauvaises qui m'ont tenû ordinairement 12 et 15 heures pour me faire 6 lieues, et forcé quelques

1. Volume 308.

fois par leur lassitude a en faire moins, et cependant j'en ai crevées et laissées plusieurs sur la route, encore que j'aye laissé ma berline a Bayonne pour passer plus vite et plus legèrement avec des chaises.

J'arrivay le 15 a Vittoria ou je trouvai un courrier de M. de Sartine par le quel il me mandoit que l'impatience de L. M. C. de me voir arriver estoit telle qu'il avoit cru m'establir des relais de 8 mules de 4 lieues en 4 lieues depuis Burgos jusque icy affin que j'arrivasse toujours pour prendre mes audiances sans rien de ce qui m'accompagne et sans avoir pu achever aucun des préparatifs que je faisois faire icy pour ces fonctions : je vis par la datte de cette lettre qu'elle m'estoit écrite avant la reception de ma reponse de Bayonne, qui detruisoit les raisons de cette impatience fondée sur l'opinion du retardement du passage de l'Infante en France, que mon arrivée pourtant ne pourroit avancer ; c'est ce qui me fit resoudre a remercier M. de Sartine de cette précaution, et a lui mander que ne douttant point que ma reponse de Bayonne n'eust démontré a L. M. C. combien peu cette précipitation pourroit hâter l'echange des princesses, qui dependoit uniquement du depart et du voyage de Mlle de Montpensier, je ne me servirois point des relays qu'il avoit préparé; que si neamoins m'a reponse de Bayonne ne faisoit pas l'effet que je m'en estoit promis et que toute raison démontroit quon en devoit attendre, je le priois de m'en avertir par un expres, et de me procurer en même temps les moyens les plus promps pour haster mon voyage, autant qu'il seroit possible ; et j'aitoy le lendemain 16 courant a Miranda d'Ebro.

Comme j'estois prest d'en partir a 5 heures du matin j'y reçu un courrier de M. de Sartine dépêché sur ma reponse de Bayonne par le quel il me mandoit que mes raisons bien que peremptoires, car ce fût son expression, n'avoient point ralenti l'impatience de L. M. C. et qu'encore quon ne pût rien repondre a ce que je luy avoit mandé de Bayonne, sur l'inutilité de mon arrivée plus ou moins prompte pour accellerer léchange des princesses, dont il avoit rendu compte a L. M. C. elles persistoient a désirer tellement de me voir afin de partir incontinent après pour Lerma a 6 lieues de Burgos que je leur ferois mieux ma cour par une extrème diligence que par toute la magnificence que j'aurois preparée. Le courrier qui estoit dépêché a Vittoria pour quelque chose qui regardoit la reine, et de l'occasion duquel M. de Sartine s'estoit servi ici continua sa route et repassa le soir a Bibriesca, ou il prit ma reponse que je ne voulus pas faire le matin affin de ne me pas retarder dans une si longue journée. Je marquay a M. de Sartine plus de regrets de m'estre trompé dans ma juste attente de l'effet de mes raisons écrites de Bayonne que du desordre que cette impatience alloit apporter à mon voyage et a mes preparatifs, que j'avois beaucoup de déplaisir de m'estre privé dans une conviction si raisonnable, quelle luy avoit parüe telle a luy meme, des relays quil avoit disposez, que je le priois de ne rien épargner de soins et de dépenses pour les retablir, et que cependant j'allois continuer ma route jusqua Burgos, avec toute la diligence que mes miserables mules pourroient promettre.

J'y arrivay le 18, et le 19 au matin comme j'y

estois fort occupé de l'inquiétude de mon fils ainé qui avoit la fièvre depuis 4 jours et dont l'estat n'avoit pourtant rallenti en rien la continuation de mon voyage, M. Pequet arrivâ, qui m'apprît que la cause de l'empressement de L. M. C. estoit celui de la Reine de quitter Madrid dont le séjour lui deplaist, et de ne perdre pas un moment du plaisir de la chasse à Lerma, ou on lui auroit assuré qu'il y auroit beaucoup de cerfs, que M. le M. Grimaldo avoit fait inutilement tout son possible pour rompre ou retarder du moins ce voyage, fixé au 25 ; que M. de Sartine ne s'y étoit pas épargné, en tout ce qu'il avoit pû, et que ce dessin et cette impatience avoient été fort excités par le chagrin et la jalousie de gens qui auroient dû prendre entièrement des sentiments opposés, et qui dans la douleur de voir venir un ambassadeur de dignité personnelle, auroient supporté plus patiament en cette qualité M. le Duc de Villeroy, M. le Duc de La Feuillade ou M. le P[ce] de Rohan.

L'unique raison qui m'engage de le mander franchement a V. E. est que je me crois obligé d'exposer a ses reflections une conduite, dont les motifs les merittent, d'autant que M. le P[ce] de Rohan n'estoit pas connu comme il l'est a présent par rapport a S. A. R. lorsque celui dont il s'agit a quitté Paris.

M. Pequet massurâ que les relays estoient restablis et je crus devoir me faire l'effort de quitter mon fils pour satisfaire l'impatience de L. M. C. et faire le service du Roy, en leur plaisant, jusques dans une chose qu'on pourroit appeller fantaisie, s'il s'agissoit de personnes moins respectables.

Je partis donc sur le champ et ne trouvay de relays

qu'a 3 lieues de Valladolid ou j'eûs peine de conduire ma chaise et ou je pris le carrosse du Corregidor, qui me mena, jusqu'a un lieu quon apelle Lespinarre, a 12 lieues d'icy que je ne pûs passer en voiture. J'y pris donc la poste a cheval et j'arrivay icy a 11 heures du soir, sans avoir seulement pensé a me coucher depuis Burgos, ce qui estoit venu avec moy en cette ville est arrivé en poste a cheval, tellement qu'a l'exception de ce que j'ay laissé auprès de mon fils et de quelques domestiques tombés malades que je supleray par des Espagnols je seray en estat de paroistre demain en la façon que je me l'estoit proposé, grâces aux soins de M. le Duc de Liria qui a bien voulu sy donner beaucoup et aux précautions que M. de Sartine a prises.

Tous les officiers de nos regiments, sont aussi arrivés avec leurs habits, et j'espère que je ne feray point de honte a l'honneur de mon employ, sur la manière de paroistre icy, ou je n'estois attendu que le lendemain samedi 22 par la supputation que M. Pequet en avoit faite et qu'il avoit rapportée icy.

Je vous ai fait tout ce detail pour vous faire voir que j'ay usé de toute la diligeance qu'il m'a été possible, et je puis avoir l'honneur de vous assurer aussy que si l'on peut compter sur ce qui me revient de toute part, et sur la reception dont jay esté honoré icy de L. M. C., elles en sont extrèmement satisfaites. Je désire infiniment que V. E. la soit aussy et qu'elle soit parfaitement persuadée de mon respectueux et très sincère attachement.

Le Duc de St-Simon.

XII

AU ROI[1].

Madrid, 24 novembre 1721.

Sire,

J'arrivay ici le 21 avec *toute la diligence* qui m'a esté possible, pour me conformer a l'impatience extrême que L. M. C. m'en ont fait témoigner par quatre courriers que jay reçu sur ma route, et le lendemain matin, M. le M. Grimaldo vint chez moi une demie heure après que je luy eût *donné part de mon arrivée.* Il me temoignâ la satisfaction de L. M. C., qui ne m'attendoient pour le plustost que le lendemain Il me donnâ le choix, de leur part pour avoir l'honneur de leur aller faire ma réverance, de cette matinée même ou du soir. Je *crus devoir y aller sur le champ,* avec M. le M. de Maulevrier et M. le M. Grimaldo. J'eus *l'honneur de saluer le Roy d'Espagne* au milieu d'une nombreuse cour. S. M. C. me demandâ des nouvelles de Votre Majesté, avec les termes de l'amitié la plus tendre et s'informa extremement de tout ce qui regarde sa personne, sur quoy jeûs un agréable et vaste champ à mestendre pour satisfaire toute sa tendresse. Le Roy d'Espagne me fit lhonneur de me parler sur sa joye du *futur mariage de V. M.*, sur le désir extrême qu'il en avoit toujours eû, sur les satisfactions infinies qu'il ressent de l'alliance qu'il a *choisie*

---

1. Volume 308.

pour le prince son fils, et sur la passion d'union intime entre Vos M^tés *avec beaucoup plus d'estindûe,* que je ne l'aurois crû, et après une conversation de plus d'un quart d'heure, il entra chez la Reine, ou incontinent il me fit appeler. Je fûs près d'une demie heure avec L. M. et M. le M. de Maulevrier, et je ne puis exprimer a V. M. la joye, les sentiments et les expressions de la Reine sur votre futur mariage, sur tout ce qui regarde la personne de V. M. et sur l'union des deux couronnes; elle me fit voir avec beaucoup d'empressement un fort beau *portrait de V. M.,* elle s'informa beaucoup si elle pouvoit compter, sur une parfaite ressemblance et reçut, avec surprise et grand plaisir, ce que j'eûs l'honneur de luy dire, que V. M. est encore beaucoup mieux.

L. M. C., après une demie heure de conversation, qui ne fut qu'un epanchement de tendrese pour V. M., m'ordonnèrent de les suivre dans l'appartement des Infants, et je vis la plus belle famille et la plus accomplie qu'il soit possible de souhaiter. Jeûs l'honneur ensuite *destre presenté a l'Infante* par L. M. C. et je ne puis exprimer a V M., ma surprise et ma joye extrème de l'avoir trouvée aussy accomplie.

Je ne luy dissimuleray point, que je navois pu croire tout ce qu'on a mandé d'une princesse de cet age par le plaisir de pouvoir assurer, en meme temps a V. M. que ce que jen ay vû, m'a parû beaucoup au dessus de ce qu'on en à écrit. La Reine voulut que *jeusse l'honneur de la voir dancer,* ce quelle fit avec beaucoup de grâce, et il est vray qu'on ne pourroit s'empecher d'admirer, jusque dans la fille d'un parti-

10

culier, une personne de cet age faitte de tous points, comme est cette princesse. La Reine me fit l'honneur de me dire, quelle *commençoit a apprendre assez bien le François*, et le Roy ajouta *quelle oubliroit bien tost l'Espagnol*; sur quoy la Reines écriâ quelle *souhaittait* quelle oubliast non seulement cette langue, mais l'Espagne et eux-mêmes, pour ne s'attacher et n'aimer que V. M. Après un assez longtemps je sortis de chez l'Infante a la suitte de L. M. C. et un moment ensuitte que je me fûs retiré dauprès d'elles, elles me firent rappeler *pour voir le prince des Asturies* que je trouvay *grand et parfaittement* bien fait. Il me demanda avec beaucoup d'empressement des nouvelles de V. M. et ensuitte de M{{lle}} de Montpensier et du temps de son arrivée. L. M. C. me firent la grâce de me temoigner beaucoup de satisfaction de la diligence que jay faitte et de me dire qu'ils auroient retardé leur voyage pour me donner le loisir, de me mettre en estat *davoir mes audiances*; elles me firent l'honneur de me demander quand tout seroit prest pour cela, et pousserent leur bonté, jusqu'a n'en vouloir pas determiner le jour. Je fus enfin obligé de proposer *mardy ce qui est demain 25 de ce mois* dans l'espérance que tout sera a peu de chose près en estat, et il me parût que cette promptitude leur fit beaucoup de plaisir.

Le Roy d'Espagne me dit, qu'une *seule audiance suffiroit pour demander et pour accorder l'Infante*, que les articles *pourront estre signés* la veille, et le contract le jour même de l'audiance, publique, et après avoir conféré un moment, avec la Reine *Il fixa son départ*, a jeudi prochain, 27 de ce mois et L. M. non seulement me permirent, mais me firent l'honneur de me convier, a *les suivre de pres* parce que l'incommodité des logements ne permet qu'a peine aux officiers les plus nécesaires de les accompagner dans la routte.

Lapres dinée je communiquay a M. le M. de Maulevrier le plein pouvoir, et l'instruction dont il a plust a V. M. de nous honnorer, et nous lusme ensemble les *articles et le contract*, apres quoy nous fusmes chez M. le M. de Grimaldo, pour nous expliquer, avec luy, sur une *difficulté de forme*.

Le préambule *du contract* s'explique de manière que ce n'est point le Roy et la Reine d'Espagne qui contractent, mais seulement des Com^res nommés par L. M. qui stipulent, en leurs noms, tant pour eux que pour l'Infante. Cela nous auroit engagé a nommer aussy des Commissaires, dont nous navons pas le pouvoir ; nous expliquasme cette difficulté a M. le M. Grimaldo, qui nous représentâ, que *telle estoit la coûtume d'Espagne*, que nos deux dernières Reines, ont esté mariées de la sorte, et que encore *que le feu Roy*, et le Roy d'Espagne Philippe IIII fussent en personne sur la frontière, au mariage de la Reine, le Roy d'Espagne, n'en avoit pourtant pas signé luy même le contract ; sur quoy il nous pressa fort de nous conformer à cet usage, et de donner des Commi^res pour signer avec nous ; nous lui objectasmes nôtre *déffaut* de pouvoir a cet egard, et nous insistasmes sur ce que V. M. comptoit si fort sur la signature de L. M. C. que cela même estoit précisement porté, dans nos instructions. Apres une conversation, fort polie, plustost qu'une dispute, M. le M. de Grimaldo, me dit que le Roy son maistre avoit tant le désir de complaire a V. M. et de voir la fin d'une affaire si desirée, qu'il espéroit qu'il voudroit bien passer par dessus la coûtume d'Espagne, et signer luy même, avec la Reine, qu'il lui en rendroit compte dans la journée et a nous réponse le lendemain.

Hier matin je fûs a l'*Audiance particuliere de L.M.C.* que je trouvay ensemble, a l'heure quelles m'avoient fait marquer, jeûs celuy de *leur rendre les lettres de la main de V. M.* quelles reçurent, avec les mesmes témoignage de joye et de tendresse pour elle, de satisfaction et *de desirs* d'une union *indissoluble*; elles nous firent l'honneur de nous parler assez longtemps la dessus a M. le M. de Maulevrier et a moy, apres quoy jeus celuy de leur presenter, M. le Comte de Lorges, M. le Comte de Cereste, M. l'abbé de Saint-Simon, et mon second fils, l'ainé estant demeuré malade a Burgos.

Jeus incontinent apres *audiance du Prince des Asturies*, a qui je remis la lettre de la main de V. M. et qui me chargeâ de l'en remercier, avec beaucoup de respect pour elle.

Nous fumes ensuite, M. de Maulevrier et moy, chez *M. le M. de Grimaldo;* il nous dit qu'il avoit rendu compte au Roy son maistre de nostre difficulté, et qu'il avoit consenti a la lever en signant luy même, avec la Reine; Dom Josephe Rodrigo, qui est le Secret[re] d'Estat, qui doit seul expédier le contract de mariage, proposâ qu'il y eût des temoins ; je repondis, que nous n'avions point d'ordres la dessus, et j'insistay fortement sur l'exemple du mariage de Mme la Princesse de Modène, au contract de laquelle toutte la maison Royalle, a signé, d'une part, et d'autre part le plénipotentiaire de Modène, *seul sans aucun temoin*, et sur ce que je n'en voyois point aux mariages de nos deux dernières Reines, qui est l'espece precise dont il s'agit. Ces Messieurs ne se contentèrent point de cette réponse et alleguerent qu'il falloit les mesmes formes pour tous les contracts de mariage, pour la validité de la chose en soy suivant la coustume des pays et des lieux, de quelque suréminente dignité que puissent estre les personnes contractantes ; qu'en Espagne, un seul notaire passe les contracts, avec la nécessité de la présence des temoins, et qu'ils ne pourroient se dispenser d'employer cette formalité.

Nous respliquasmes, que n'y ayant rien dans nos instructions, nous ne pourrions admettre une formalité, qui nous estoit inconnue, et qui ne nous paroissoit point avoir été pratiquée ; ils nous repondirent que le Roy d'Espagne faisoit bien davantage contre l'exemple formel des deux derniers contracts de mariage de nos deux Reines Infantes d'Espagne, et singulièrement, de la dernière, ou le Roy son père estoit présent, L. M. C. passoient outre a signer elles mêmes, quelles y avoient condescendû. Sur ce que nous représentions que cette signature, estoit expressement portée dans nos instructions, et que nous navions point de pouvoir de nommer des Comm^res pour signer avec ceux d'Espagne ; mais[1] qu'a legard des temoins qu'on auroit pas besoin de pouvoir ; cestoit une formalité a la quelle nous ne pourrions nous opposer, par aucune raison vallable. Ils nous demandèrent en meme temps s'il y avoit la dessus quelque chose de contraire expressement marqué dans

---

1. *Ils nous dirent* est probablement oublié.

nos instructions, et que si cela estoit, cela jetteroit l'affaire dans un grand embarras, et une grande longueur. Je repondis, que nos instructions ne pouvoient rien contenir, sur une formalité a la quelle on n'auroit pû penser, en France, puisqu'elle ny estoit point d'usage, en pareille occasion, mais que je croyois qu'il nous suffisoit, qu'il n'y eût rien, ny pour ny contre, pour nous renfermer a ce qu'elles contenoient, cest a dire a ne *point admettre de temoins*, que je ne ferois aucune difficulté qu'il y en eût de la part de l'Espagne, pourvû, qu'il ny en eût point de la nostre, comme avec la même condition, je n'en ferois pas même, pour des Comm^{rs} d'Espagne, si ces Messieurs trouvoient, qu'il y en pût avoir, le Roy et la Reine stipulant en personnes, et signant eux-mêmes le contract; mais que je les suplios de considérer que L. M. C. pouvoient agir a leur égards, en souverains chez eux sans que nous y puissions trouver a redire, au lieu que pour nous, nous étions bornés aux ordres que nous avons recus et aux termes de nôtre instruction sans pouvoir les outrepasser. Ils insistèrent toujours sur la complaisance de L. M. C. de signer eux mêmes contre la coûtume, sur la necessité des temoins, pour la validité de l'acte, par la coutume d'Espagne, sur ce que des temoins navoient aucun besoin de pouvoirs, sur ce que nous ne pourrions alleguer qu'il y eut rien de contraire de porté dans nos instructions, et que par conséquent, ce ne seroit point les outrepasser. Je continuay, a me deffendre, par mes précédentes raisons, et nous passames ensuitte a voir le changement a faire, dans la préface du contract de mariage, par rapport a la signature du Roy et de la Reine d'Espagne. Cette Conference, Sire, se passa avec beaucoup de politesse, et il me parut que le M. de Grimaldo ne respire que l'union intime, entre S. M. et le Roy son maistre, dont il est principal Ministre pour ne pas dire le seul, de sa confiance la plus particulière.

Il nous proposa ensuitte, la signature des articles pour cet après midi, dont M. le marquis de Bidmard et luy sont nommés Comm^res, et celle du contract de mariage pour demain après diné, l'un et l'autre, dans l'appartement de S. M. C. Nous eusmes ensuitte quelque conversation, de pure civilité, et nous prismes congé de luy.

Comme il me reconduisoit, il rappella M. de Maulevrier a qui il demanda les noms des personnes principales que j'ay amenées, et le pria de les luy envoyer le soir. Je ne scû a quel dessin, mais je soupçonnay qu'il n'estoit pas battû sur l'article des temoins; le soir tres tard M. de Maulevrier m'envoya dire par son Secretaire que M. de Grimaldo attendoit les noms et qu'il vouloit les voir absolument avant de se coucher tellement que je les fis écrire, et remettre a ce Secret^re; ce matin, Sire, comme je commençois d'avoir l'honneur d'écrire a V. M. jay reçu un paquet de M. de Grimaldo, contenant une lettre pour moy et 5 lettres pour MM. les Comtes de Lorges et de Cereste, M. de St Simon, et celuy de mes enfants qui est icy. J'ay l'honneur d'envoyer a V. M. la copie de la lettre qui est pour moy et de celle qui est pour mon fils, les 4 autres estan pareilles; jay récrit sur le champ, a M. le M. de Grimaldo, en reponse les ordres que jay reçus de V. M. pour ne point faire d'entrée, et que sur le reste, je le supliois que jeusse un moment d'entretien avec luy, dans la fin de la matinée. Jay envoyé, sur le champ, ce même paquet a M. de Maulevrier pour le lui communiquer, mais j'ay esté seul chez M. le M. de Grimaldo, pour m'expliquer, avec luy, de ce qu'il entendoit par ces lettres, M. de Maulevrier estant occupé a ses depêches, jay donc interrompu celle de V. M. pour faire cette visite de la quelle j'arrive tout présentement.

Il m'a dit nettement, que S. M. C. dans le desir, et dans l'empressement, de finir promptement cette affaire si desirée, ayant condescendû, de si bonne grâce, a signer elle-même avec la Reine le contract du futur mariage de V. M. avec l'Infante, contre la coûtume et l'usage des Roys ses prédécesseurs, il estoit juste aussy, que je condescendisse de ma part, non pas a une simple complaisance, mais a un point necessaire a la validité de l'acte, qui est celui des témoins, que, depuis nôtre conference d'hier, le Roy d'Espagne a cherché les moyens de concilier la dessus sa delicatesse avec nos difficultés, et qu'il a cru prendre l'expédient le plus convenable de convier, luy même, les cinq personnes susd^e a estre temoins, pour lever la difficulté que nous faisions d'en nommer, et qu'en cela, S. M. C. a prétendû joindre a une sureté necessaire dans l'occurence présente une marque de distinction pour moy, que je ne pouvois refuser, puisque, outre quelle n'est pas de mon choix, je ne pouvois alleguer quelle se trouvast, en rien contraire, aux termes de mon instruction. J'ay repondû a cet honneur inattendu et non desiré avec tout le respect possible sans m'engager a rien, que je n'eusse vû jusquou il voudroit porter l'usage de ces temoins, et s'il avoit dessin de leur faire signer le contract de mariage, mais il est convenu avec moi qu'ils nauraient point cet honneur, que S. M. C. se contenteroit qu'ils fussent présents, a la signature de notre part, comme de la leur, le Majordome major, le Somelier de corps, le grand Ecuyer, le grand Maistre de la Reine, et son grand Ecuyer qui est le prince de Castellamarre, y assisteroient de leur part, en pareilles fonctions, qui sera exprimée par un acte séparé, lequel sera seulement signé du même Secrét^{re} d'estat, tout seul qui recevra aussy le contract de mariage, en qualité de Not^{re} du Roy d'Espagne.

Javoue, Sire, que je suis demeuré fort embarrassé entre la resolution ferme que j'ay rencontré, et la crainte qu'en y cedant V. M. ne me soupçonnast un peu destre seduit, par cet honneur fait a des personnes presque toutes de ma famille, et que jaurois peut être disputé encore moins ce matin si j'avois eû icy d'autres personnes à leur substituer en cette occasion, pour la plus grande partie; mais jay considéré, qu'il s'agit en effet d'une formalité, a la quelle ils sont opiniatrément attachés, dans la circonstance singulière d'un mariage futur, et a la quelle je me suis apperçu enfin qu'ils ont sacrifié la signature de L. M. C. dans le contract pour faire passer ces deux choses lune pour lautre chacune contre nos usages respectifs, avec cette différence[1], appartient, a leur sens, a la validité de l'acte.

La qualité des temoins qu'ils choisissent de leur part, et qu'il ma en même temps nommés, si disproportionnée des nôtres par le poids de l'age et des charges, me confirme encore dans cette opinion, et ce qui a

---

1. Saint-Simon a sans doute omis *que la seconde.*

achevé de me faire rendre, outre l'impossibilité que jay vüe a résister sans nous exposer aux longueurs du retour d'un courier, qui auroit infiniment deplût et agité icy, cest que ces temoins ne signeront rien, qu'ils ne paroisteront que dans un acte séparé, qu'il nest question icy de rien de contraire a vos ordres, que la dignité de V. M. s'y trouve toutte entière, et qu'il paroit par les copies cy-jointes qu'il ny a rien de nôtre choix. Jespère, Sire, que par toutes les raisons que jay lhonneur de representer a V. M. elle me fera celuy d'approuver ma conduite, destre parfaittement convaincüe de mon attachement infini a l'exécution la plus ponctuelle de ses ordres.

En cet endroit de ma lettre je reçois un nouveau paquet de M. le M. de Grimaldo, sans autre lettre pour moy, et qui me surprend encore plus que le premier, il contient cinq lettres pour les mêmes personnes, touttes pareilles de l'une desquelles qui est pour mon fils je joins icy une copie : V. M. verrâ que ce n'est en soy que la même chose dont je viens davoir l'honneur de lui rendre compte et qu'ils se sont seulement prévalus de ce que je viens de cedder pour employer dans cette nouvelle lettre le terme de témoin qui leur est si prétieux, comme il l'auroit esté egalement dans l'acte séparé qui fera mention, de leur présence. Cette nouvelle lettre de plus ou de moins est forte indifférente, ainsy je ne voy pas qu'il y ait mattière a rien reclamer la dessus.

Je suis avec un tres profond respect, Sire

de Vôtre Majesté

Le tres humble, tres obéissant et tres fidèle serviteur et sujet

Le Duc de St-Simon.

XIII

AU ROI [1].

Madrid, 24 novembre 1721.

Sire,

J'employe le peu de temps qui reste d'icy au depart de l'ordinaire pour rendre compte a V. M., que je m'expliquay hier, que je pretendois, que les articles du contract de mariage de V. M. avec l'Infante, qui devoit être signé aujourdhuy par M. le M. de Maulevrier et moy, et par M. le M. de Bedmard et M. le M. Grimaldo, commissaires nommés par le Roy d'Espagne, d'autre part, le fussent chez moy, a moins que S. M. C. n'aimâ mieux que ce fut dans son appartement, ce que j'estimois encore plus convenable a la dignité de cette fonction, et une facilité aussy qui pourroit estre agréable, a S. M. C. C'est en effet ce dernier parti qui a esté choisy. Nous nous sommes rendus a cinq heures du soir, M. le M. de Maulevrier et moy au Pallais, ou nous avons trouvés M. le M. de Bedmard, et M. le M. de Grimaldo qui nous attendoient. Ils nous ont fait aussy tost passer dans le cabinet, ou se doit faire demain la signature du contract de mariage de V. M. Ils nous en ont faits les honneurs et nous avons pris la droitte, nous avons collationné, avec beaucoup d'exactitude, les deux Instruments que nous devions signer avec la copie des mêmes articles que nous avions apportés et, ensuitte, les ins-

1. Volume 308.

truments ont esté signé double, en la manière accoûtumee avec une joye inexprimable ; la dessus je ne puis rendre assez de temoignages a V. M. de celle des deux Commissaires Espagnols, et a la reconnaissance que M. le M. de Bedmard a marqué dans les termes les plus forts de touttes les graces qu'il a reçues par la protection du feu Roy, ny de toutes les expression de son respect et de son attachement pour V. M. et pour la France.

Je n'aurois pas différé, Sire, a l'heure qu'il est, a me donner l'honneur de rendre ce compte a V. M. sans une comédie Espagnole, qui a esté represenlée ce soir, en présence de L. M. C. a la quelle j'avois été invitté et dont je ne fais que de sortir.

Je suis avec un très profond respect
Sire

de Votre Majesté

Le très humble, tres obeissant et tres fidèle serviteur et sujet

Le Duc de St-Simon.

XIV

AU DUC D'ORLÉANS [1].

Madrid, le 24 novembre 1721

Monseigneur

J'arrivay icy le 21 et le 22 au matin jeûs l'honneur de faire ma réverance a L. M. C. Elles demanderent

---

1. Volume 308.

extrêmement des nouvelles de V. A. R. et de celles de Mademoiselle de Montpensier sur le depart de laquelle, elles me temoignerent un grand empressement ; elles s'informerent avec beaucoup de soin de la ressemblance de son portrait, quelles me firent l'honneur de me faire voir. Sur quoy je leur dis avec vérité quelle estoit beaucoup mieux, et avoit lair plus jeune ; la Reine repartit avec vivacité quelle se contentoit bien que Mademoiselle de Montpensier fût comme son portrait, quelle la trouvait a merveille, et extremement a son gré, a quoy le Roy d'Espagne applaudit beaucoup. Le Prince que je vis ensuitte, me demandâ aussy, avec empressement, de vos nouvelles, et me parla de sa Maîtresse en gallant empressé ; elle est attendue avec la dernière impatience, et au peu que je pus appercevoir dans les commencements, avec un grand desir de lier avec elle beaucoup d'amitié.

Jeûs hier ma première audiance particulière de L. M. C. aux quels je rendis les lettres de V. A. R. quelles reçurent l'un et l'autre, avec les plus grandes marques d'amitié, elles s'informèrent de vous, de vôtre santé et du depart de la princesse, que la Reine assura aimer deja beaucoup, et qu'il ne tiendroit qu'a elle quelle fut parfaitemement heureuse. Jeûs lhonneur de leur faire les compliments de Madame, de la santé de la quelle elles s'informerent aussy avec beaucoup d'amitié, et le Roy d'Espagne se souvint, avec reconnaissance, de toutte celle que Madame luy a temoignée dans sa jeunesse ; elles s'informèrent aussi de la santé de Madame la Duchesse d'Orléans, et me chargèrent de faire beaucoup de compliments, a Madame a V. A. R. et a Madame la

Duchesse d'Orléans, de tout quoy je me flatte que V. A. R. voudra bien m'acquitter envers ces princesses, pour leur épargner l'importunité d'une lettre.

Jeûs ensuitte audiance du Prince des Asturies au quel je remis la lettre de V. A. R. qu'il reçut avec beaucoup de compliments et d'empressement pour Mademoiselle de Montpensier ; javois donné la veille a M. le M. Grimaldo les copies de toutes les lettres de la main du Roy, et de la Vôtre, il me fit l'honesteté de ne les vouloir pas recevoir. La difficulté, qui se pouvoit rencontrer, sur le traitement que vous donnez au prince des Asturies me fit insister fortement pour luy faire accepter les copies, affin quon ne pust pas se plaindre dans la suitte la dessus. Il les garda donc a la fin, pliées touttes ensembles comme je les luy remis, et soit qu'il les ait lües, ou non, je n'en ay pas oüy parler depuis, tellement, que je presentay au prince des Asturies, celle de vos deux lettres qui le traite de frère, et jay l'honneur de renvoyer a V. A. R. avec beaucoup de satisfaction l'autre lettre, ou cette qualité est supprimée.

Je vous suplie de vouloir bien dire a Madame que la première visitte, que jay faite a Madrid a esté a Mad^e la Comtesse de Solre, pour lui faire les compliments dont elle mavoit fait l'honneur de me charger.

Je suis avec beaucoup de Respect
      Monseigneur
    de Vôtre Altesse Royale
Le tres humble et très obeissant serviteur

        Le Duc de St-Simon.

XV

AU CARDINAL DUBOIS [1].

Madrid, le 24 novembre 1721.

Je crois devoir avoir lhonneur de faire cette lettre a part a V. E. pour l'informer de la façon dont jay esté reçu icy, pour quelle le soit de la joye qui y éclatte du chef d'œuvre, que vous avez fait, et pour que ce qui s'est passé puisse être conservé pour ceux qui seront revestus du caractère dont je suis honoré. Ces deux raisons mont déterminé, a vous rendre ce compte par ce que je me flatte que vous n'avez pas assez mauvaise opinion de moy pour croire que je prenne sur mon compte aucun des honneurs que jay reçus. C'est ce qui me rend plus libre a vous en parler comme d'une chose, qui m'est tout a fait étrangère et qui a esté rendue au respect du nom du Roy et la satisfaction de ce que jay lhonneur de venir faire icy de sa part.

Des que je fus arrivé j'envoyay prier M. de Sartine de me venir voir le lendemain matin par ce qu'il estoit trop tard, et que jestois trop fatigué pour voir personne, le jour même. Il me confirma tout ce qu'il mavoit ecrit et mandé de bouche par M. Pequet, avec plus de détail et d'estendu et alla ensuitte chez M. le M. Grimaldo, accompagné pour la forme de mon Secretaire pour lui donner part de mon arrivée, et le suplier den

1. Volume 308.

vouloir informer le Roy, et savoir quand je pourrois faire la reverance a L. M. C. avec tous les compliments convenables pour ce ministre, auquel je fis demander aussy quand je pourrois laller voir, et jenvoyay cependant tous les messages quon a accoustumé quand on arrive. M. de Sartine revint peu de temps a pres me dire, que M. le M. Grimaldo avoit esté ravy et surpris de ma diligence, qu'il était allé sur le champ au Pallais en informer L. M. C. et que du Pallais il viendroit chez moy; je voulois, suivant la regle, luy rendre la première visitte, mais outre que je ne leusse pas trouvé chez luy, je nen eus pas le temps, il vint chez moy fort peu apres, et je supleay a ce devoir, au mieux qu'il me fut possible, en compliments.

Je ne chargeray point cette lettre de ce qui ne pourroit estre que répété de la depeche du Roy, et je my renfermeray dans la seule mattière que je me suis proposé dy traitter.

M. le M. de Maulevrier, venoit d'entrer dans ma chambre, et je ne puis m'empecher de vous faire observer, qu'encore que je luy eusse écrit et fait faire des divers compliments, c'est le premier signe de vie que jay reçu de luy; il na pas laissé de me dire qu'il avoit compté de venir audevant de moy a quelques lieues dicy, avec M. Robin. M. le Duc de Liria, qui me vint voir le moment d'apres, sestoit disposé a me faire le même honneur et de mener M. de Sartine avec luy. Ce même jour, outre laccueil que je recu au Pallais et ou les plus grands sempresserent, M. le M. de Villena Majordome Major, M. le M. de Montalegre Somelier du corps, M. le M. de Castelare, vinrent chez moy, avec quantité d'autres seigneurs et depuis M. le Duc D'Arcos grand ecuyer, M. le M. de Santa Cruz grand maître de la Reine, M. le grand Inquisiteur, M. LArcheveque de Tolede, M. le M. de Bedmard, M. le duc de Veraguas, et M. le Duc D'Arcos qui ont tous 3 le titre de Con^{er} d'estat, le President du Conseil des Indes, mont fait le même honneur et tous avant que jaye esté chez eux. De cette manière je n'ay pas eû le moindre embarras, avec personne, pour la première visitte, et je nay pu macquitter de ce devoir envers ceux même a qui il estoit dû. Je les rends à mesure autant qu'il m'est possible, et come je ne me mettray que demain en public, M. de Maulevrier, qui m'a toujours fait l'honneur de manger chez moy, ma fait celuy de me mener partout dans son carosse.

Comme jachevois cette lettre M. le President de Castille auquel je n'avois envoyé faire aucun compliment vient de men faire faire un, qui est une chose fort extraord^{re}. Je ne dois pas oublier que M. le Prince de Cellamare s'est extremement empressé tant au Pallais que chez moy à me temoigner sa joye des mariages et de l'union, son attachement pour la France et pour S. A. R., sa reconnoissance des bons traitements qu'il a reçû, ce qui ma surpris au dernier point; il a ajoutté qu'il vouloit écrire au Roy, a S. A. R. et V. E. et a M. le Mar^{al} de Villeroy duquel il s'est informé avec un soin et une amitié extrême, et m'a prié, qu'il m'envoya ses lettres pour les mettre dans mon paquet, même par un extraord^{re} en cas que jen envoyasse un. Comme il mest prescrit de vivre avec luy dans la politesse génerale, sans marquer de souvenir du passé, j'ay reçu ses compliments aussy bien que mon extrême surprise me la pû permettre et je nay point fait de difficulté de me charger de ses lettres que je mettray dans ce paquet, en cas quelles viennent à temps. M. le Duc de Popoli, me fit beaucoup dexcuses, chez le P^ce des Asturies, de ce que sa captivité auprès de lui lavoit empêché de me venir voir, et il ne se peut rien ajoutter aux distinctions qu'on sempresse de me faire.

Je suis traitté magnifiquement et tres delicatement a la Françoise a 2 grandes tables, aux depens du Roy avec tout l'accompagnement, et Dom Gaspard Giron un des Majordome du Roy m'en fait les honneurs soir et matin. Cela doit durer jusqua mercredi 26 inclus, et cette cour part le 27. Jay reçu aussy dans les provinces d'Espagne ou jay passé beaucoup d'honneurs et je ne puis m'empecher de prendre la liberté de représenter a V. E. que je croirois bien a propos que M. le Duc d'Ossone, se ressentît en France s'il en est encore temps, de quelque reciproque. Je la suplie de me faire la grace et la justice destre entierement persuadée, de mon inviolable attachement.

Le Duc de St-Simon.

XVI

AU CARDINAL DUBOIS [1].

Madrid, le 24 novembre 1721.

Je croy devoir avoir l'honneur d'informer V. E. qu'il ne se peut rien ajouster a l'impatience qu'on a icy dun

---

1. Vol. 308. De la main du Duc.

courrier de Paris tant pour avoir reponse de ce que M. de Maulevrier y a écrit par le dernier qu'il y a despéché que pour savoir des nouvelles certaines du depart de Mlle de Montpensier et de sa marche ou au moins du jour qu'elle a dû partir, sur lesquelles on puisse compter. Dans le premier quart d'heures que jeus lhonneur de voir le Roy d'Espagne il m'en parla et, comme jignorois cette attente, M. de Maulevrier repondit. S. M. C. fit un sourire amer et marqua par quelques légères expressions une impatience qui commençoit à se lasser, ce qui me surprit au dernier point parceque je vous avoueray franchement que je ne me l'estois point figuré succeptible de ces mouvements. Comme cela se passa au milieu d'une nombreuse cour qui l'environnoit à la Françaisc, j'aimay mieux hazarder quelque chose que de le laisser la dessus, et je pris la liberté de lui parler de chasse dans l'instant et du gros habit qu'il portoit pour y aller, ce qui réussit comme je le desirois. La Reyne que nous vismes une demie heure après en parla aussy a M. de Maulevrier avec le même empressement, et encore le lendemain a l'audience particulière, tellement que j'ay maintenant plus d'impatience de ce courrier qu'eux mesme pour faire cesser la leur. Je ne suis pas assez dans la confidence de M. de Maulevrier pour devoir compter d'apprendre ce que son courrier vous a porté mais l'ardeur extrême du depart de la princesse peut suffire pour produire une si vive impatience. J'en ay un peu aussy de recevoir la lettre du Roy pour l'Infante et dans l'embarras ou je suis la dessus jay consulté M. de Sartine dans la pensée ou j'estois de dire a M. de Grimaldo que je l'avois perdüe et de le prier de m'aider a sortir de ce mauvais pas. Mais M. de Sartine que je vois en intimité avec M. de Grimaldo et en qui depuis trois ou quatre jours que je suis icy je remarque beaucoup d'esprit, de connoissance et d'attachement pour S. A. R. et pour V. E., me representa qu'il faudroit donc aussy en avoir perdu la copie puisque je dois, selon l'usage, donner a M. de Grimaldo touttes celles des lettres de la main du Roy et de S. A. R. et que le peu de vraissemblance de cette aventure donneroit icy de fascheux soupçons ou on est très sujet a en prendre des moindres choses.

Cela m'a donc fait prendre le parti de voir M. de Grimaldo et de lui accuser vos commis.

Je lui dis que je ne m'estois apperçu que cette lettre me manquoit que le matin de mon départ, que j'avois eu lhonneur de vous le mander en montant en carosse, et que celui que je vous avois envoyé m'avoit mandé en chemin que je recevrois incessamment ce que je vous demandois.

M. de Grimaldo m'a paru sensible a cette confidence, en peine pourtant si je recevrois bientost cette lettre.

Je l'ai assuré que le premier ordinaire ou courrier qui arriveroit l'apporteroit seurement, et il m'a promis de faire en sorte qu'on ne s'en apperoevra pas icy.

On y est aussy extremement en peine de n'avoir point de nouvelles de Paris de la dispense, ny de Rome quelle ait esté demandée. Je ne scay pas si cette inquiétude est venue dans l'esprit de L. M. C. mais elle agite beaucoup celuy de M. de Grimaldo a ce que j'ay appris de M. de Sartine.

Je fus hier avec luy, a faute de M. de Maulevrier, chez M. de Grimaldo qui entend tres bien le François mais qui n'en veut pas dire un mot, sur l'affaire des témoins.

Quand elle fut finie je crus ne devoir pas differer a macquitter des ordres de S. A. R. et des vostres sur M. Lollés.

Je connus a la manière dont cet office fut receu qu'ils sont icy tres contents de luy, tres aises que vous le soyez a Paris, et qu'ils embrasseront avec joye cette occasion pour marquer leur consideration à la recommandation de S. A. R. et a la vostre personnelle en luy faisant du bien, à quoy deux mesmes ils sont portés.

Nous convinsmes que j'aurois l'honneur de faire le mesme office aupres du Roy d'Espagne, et je m'en acquitteray apres demain, parce que je croy convenable de prendre une audience particulière après mon audience publique et la signature du contract qui seront demain, et avant son depart qui sera jeudi, parce quon ne le voit que par audiences.

Je n'ay point entendu parler du Duc d'Ormond a qui aussy je n'ay pas donné signe de vie. Je le vis hier pour la première fois au Palais mais je n'approchay point de luy adroittement ny luy de moy.

J'oubliois de dire a V. E. que dans la visite que je fis a M. de Grimaldo avec M. de Sartine je dis à ce Ministre de la part de S. A. R. et de la vostre tout ce qui le put flatter davantage et il me sembla y avoir bien reussy.

Il ne se peut rien ajouster aux temoignages d'attachements et de reconnoissances de joye des deux mariages et de l'union et il me dit qu'on pouvoit compter seurement que toutte impression estoit effacee de l'esprit de S. M. C. sur S. A. R. et tous les nuages dissipés puisqu'elle s'estoit portée au mariage de Mlle de Montpensier. Je vous avoüeray en confidence que quelque plaisir que cela me fasse je nose trop l'écrire a S. A. R. dans la crainte ou je suis que croyant tout fait il ne se livrast a croire aussy qu'il ne reste plus rien a faire pour confirmer et profiter de ces inesperables dispositions qui sont un chef d'œuvre de vostre main.

Quoy que mon affaire icy ne soit que fonctions de ceremonie je suis si neuf au mestier que j'ay une frayeur infinie de mal faire.

Je vous supplie d'excuser avec bonté les fautes que je pourray faire parce quelles seront au moins sans presomptions, et de me mander avec franchise ce que vous trouverrés a reprendre et a corriger dans ma conduitte si le peu de temps que vous m'avez fait la grâce de me promettre que vous me laisserez en ce païs cy vous en donne le loisir. Je puis assurer V. E. que je n'en auray pas moins de reconnaissance que des autres choses plus grandes et si principales pour moy qui seront a jamais gravées dans mon cœur avec un devouement tel que je ne vous le puis exprimer.

Le Duc de St-Simon.

XVII

AU DUC D'ORLÉANS[1].

Madrid, le 24 novembre 1721.

C'est seulement, Monseigneur, pour ne me laisser pas oublier personnellement a V. A. R. et n'estre pas etouffé dans son esprit sous le poids de l'Ambassade et me donner lhonneur de lui escrire autrement qu'en Ambassadeur.

C'est a ce titre de particulier et de serviteur que j'auray l'honneur de dire a V. A. R. quelle se peut vanter d'avoir choisi au Roy la plus jolie maitresse de l'Europe et quelle doit prendre pour vray tout ce quelle verra de l'Infante dans ma depesche a S. M.

A vous parler net ce voyage de Lerma me desespère mais il faut faire bonne mine a mauvais jeu. J'en tirerai au moins ce parti qu'ayant 17 jours a ne pouvoir approcher de L. M. C. qui seront tout ce temps en routte avec une très legère suite par la difficulté extrême des logements, je me donneray carrière a satisfaire icy ma curiosité ou je n'ay encore vu chose quelconque, aux maisons Royales voisines, a Tolede, a l'Escurial. Je seray a Lerma pour l'arrivée de la cour; n'y laissés pas s'il vous plaist ny morfondre la teste ny après pourrir vostre serviteur qui vous aime mieux que tous les oignons d'Espagne et qui pour parler plus serieuse-

---

1. Vol. 308. De la main du Duc.

ments est a V. A. R. avec le respect et le devouement le plus entier.

Le Duc de St-Simon.

XVIII

AU MARQUIS DE GRIMALDO[1].

De Madrid, ce 24 novembre 1721.

Monsieur,

Je reçois, monsieur, avec beaucoup de reconnaissance, l'honneur infini qu'il plaist à L. M. C. faire à mon fils et aux autres 4 pour lesquels V. E. me fait la grâce de m'envoyer des lettres[2]. Quelque flatté que j'en

---

1. Volume 299. Minute conservée par Saint-Simon.
2. Les 4 dont Saint-Simon parle ici étaient les quatre témoins français désignés pour le mariage et dont il est question déjà dans une lettre précédente. Cette lettre est la réponse à une lettre du marquis de Grimaldo dont Saint-Simon avait gardé dans ces papiers l'original et la traduction littérale.

23 novembre 1720.

« Excellentissime seigneur,

Ayant plu au Roy mon maistre de nommer M. le marquis de Ruffec fils de V. E. et les autres 4 cavaliers mentionnés dans les lettres ci-jointes pour concourir et être présens à la fonction du contrat de mariage de S. M^{té} T. Chrest. avec la serenissime infante qui sera fait avec solemnité mardy 25 du courant au soir en présence de leurs Majestés, j'ai cru estre obligé d'en donner avis à V. E. afin qu'elle en soit informée et que ces mess^{rs} en reçoivent l'avis des mains de V. E.

Le Roy mon maitre désirerait scavoir comment il plaira à V. E. et comment elle a résolu de faire mardy son entrée publique si c'est à cheval ou en carrosse afin qu'en conformité S. M. puisse donner des ordres convenables. Je demeure au surplus aux ordres de V. E. avec

sois, V. E. me permettra un moment d'entretien la dessus avec elle dans la fin de la matinée et je la supplie en attendant d'etre persuadée de toute ma reconnaissance pour elle et de mettre aux pieds de S. M. C. toute ma gratitude et mon très profond respect.

A l'egard de l'entrée on a compté en France que jen serois dispensé comme ayant l'honneur d'etre ambassadeur d'un roy de même maison et famille que S. M. C. et qu'elle trouveroit bon que j'eusse seulement une audience publique et solennelle à laquelle je serois conduit en carosse. Je rends à V. E. mil très humbles graces de ses bontés avec impatience de le pouvoir faire librement en particulier et de l'assurer qu'on ne peut l'honnorer plus que je fais ny estre plus parfaittement

Monsieur,

Votre très humble et très obéissant serviteur.

XIX

AU MARQUIS DE GRIMALDO[1].

Madrid, 29 novembre 1721.

M. le marquis de Maulevrier et M. Robin m'ont apporté aujourdui la lettre de M. le cardinal Dubois au

---

la passion la plus dévouée. Dieu la conserve V. E. plusieurs années comme je le désire : Au palais le 23 novembre 1721.

Excellentissime seigneur baise les mains de S. E. son plus dévoué serviteur,

Le marquis DE GRIMALDO.

1. Volume 299. Minute conservée par Saint-Simon.

premier de ces deux que V. E. allégua hier à la signature du contract le mariage et dont elle me fit ensuite l'honneur de me parler chez elle ; je l'ai trouvée en tout si conforme à ce que V. E. m'a fait l'honneur de m'expliquer que je me contente entierement de ce qu'elle m'a fait celle de me proposer sans rien dire au dela ; c'est dire d'un des deux instruments en Espagnol qui ont été signés et d'une copie d'iceluy transcrite en Français certifiee et signee de D. Josephe Rodrigue. Je supplie V. E. d'en vouloir bien rendre compte au Roy d'Espagne, de porter à ses pieds mes très humbles actions de grâce de la facilité et de la franchise pleine de bonté avec laquelle elle avoit bien voulu etre disposée à m'en accorder d'avantage, et que V. E. veuille recevoir ma très humble reconnaissance d'en avoir bien voulu etre elle-même un si digne instrument.

Leur Majesté Catholique ont tantôt rencontré en chemin un courrier de ma livrée, elle ont eu cette extrême bonté de le faire arrêter, de s'informer à luy des nouvelles de mon fils et de luy faire ordonner de me témoigner leur joye des bonnes nouvelles qu'elles en ont apprises ; si la discrétion n'arrêtoit ma reconnaissance je partirois à l'heure même pour aller mettre à leur pied mes actions de graces les plus respectueuses, les plus sensibles et les plus empressées ; je conjure V. E. de me faire la grâce de vouloir bien les y porter à mon défaut et d'etre persuadé de toute la gratitude avec laquelle je recevray cet office.

Comme mon fils est absolument sans fièvre depuis quatre jours et que mon inquiétude cesse, je reprens le dessein que javais quité de voir Toleda, Arancoués et l'Escurial pendant le cours du voyage de Leur Majesté Catholique vers Lerma ou je me rendray bien surement à leur arrivée avoir l'honneur de leur faire ma cour à la descente de leur carrosse; c'est un compte que je crois devoir rendre à V. E. pour qu'elle sache ce que je deviens, en cas qu'elle eut quelque ordre à me donner que j'exécuteray toujours avec tout l'empressement possible de luy plaire.

Nous avons été tantôt, M. le marquis de Maulevrier et moy, pour avoir l'honneur de prendre congé de V. E. J'ai une vraie douleur de n'avoir pu avoir l'honneur de l'embrasser, de luy témoigner combien je la revère et que personne au monde n'est plus parfaitement que je suis,

Monsieur,
de V. E.
le très humble serviteur.

XX

AU ROI.

Madrid, ce 27 novembre 1721.

Sire,

J'eus lhonneur d'avoir le 25 de ce mois mon audiance publique de L. M. C. et des princes leurs enfants, J'y fus conduit avec M. le M. de Maulevrier en la manière, et avec les honneurs accoutumez aux audiances

1. Volume 308.

les plus solennelles, et je trouvay au bas de l'escalier le Duc de Liria, M. de Chalais et M. de Valouse qui me dirent qu'ils me rendoient le devoir en qualité de Français. Lorsque je fus prest d'être introduit dans la salle d'audiance, le Sr de la Roche, vint a moy et me dit, en particulier, que le Roy d'Espagne luy avoit ordonné de m'instruire de sa part d'un usage qu'il avoit accoutumé d'observer, de n'ôter point son chapeau a la seconde reverence, mais seulement a la première et a la dernière, pour que je n'en fusse pas surpris, et que je fusse persuadé au contraire, qu'il vouloit rendre aux Ambassadeurs de V. M. tout ce que la regle pouvoit permettre. Arrivé en sa présence jeus l'honneur de m'acquitter des ordres dont a plû a V. M. m'honnorer pour la demande de l'Infante, et d'exprimer de mon mieux le desir de V. M. de la posseder et de la faire élever en France sous ses yeux, son affection pour S. M. C. et son desir ardent d'une union indissoluble entre vos deux couronnes et de toute vôtre auguste maison.

La joye du Roy d'Espagne eclattoit cependant sur son visage et sur toute sa personne et toutes ses reponses furent si remplies d'effusion de cœur pour V. M. et de souhaits passionèz d'une union indivisible que je ne puis assez les exprimer a V. M. Jeus lhonneur de luy faire ensuitte son remerciement de ce qu'il accordoit l'Infante a V. M. et du consentement qu'il donnoit a son prochain depart vers elle, et j'y ajouttay apres mon compliment et son remerciement sur le mariage de M. le Prince des Asturies avec Mlle de Montpensier que V. M. veut bien regarder et marier comme sa propre fille, et sur tous les avantages comuns qui seront les heureux fruits de cette double union.

Le Roy d'Espagne se repandit encore en tendresse pour la personne de V. M. et ensuitte en estime et en amitié pour M. le Duc d'Orleans en ajoutant qu'il ne luy en pouvoit donner une plus sensible et plus veritable marque, qu'en se liant personnellement a luy par des liens aussi étroits. Son discours, qui ne fut point abregé, fut accompagné des marques les plus sensibles de sincerité et de joye et des expressions les plus remplies de justesse et de majesté.

Je crus qu'il m'étoit permis de luy témoigner mon contentement extrême de ces alliances qui reunissent si intime[mt] toute vôtre auguste maison, et qui font si justement espérer une union inalterable et si desirée entre vos couronnes et de l'honneur infini qu'il a plû a V. M. de me faire de me choisir pour m'acquitter de sa part d'une telle fonction ; a quoy S. M. C. voulut bien me faire lhonneur de me repondre, avec une extrême bonté. Je finis par lui presenter tous les officiers de vos troupes qui m'ont accompagné icy et il les receut avec beaucoup de bonté ; je me retiray ensuitte et je passay dans l'appartement de la Reyne.

J'avois été averti que le Sr de Magni l'un des trois majors domes de la Reyne se trouvoit de semaine et par conséquent en fonction de me recevoir a l'entrée de son appartement et de me conduire a son audiance. J'avois fait parler a M. le M. de Grimaldo des ordres que j'ay receus de V. M. sur les François qui sont passez icy contre leur devoir, et je l'avois fait prier de demander a L. M. C. de me faire grace de nommer un autre major dome en sa place, elles s'y porterent avec tant de considération pour V. M. que j'obtins beaucoup plus que je n'avois demandé; non seulement je fus introduit par un autre major dome mais le Sr de Magni qui avant mon arrivée avoit été nommé du voyage de Lerma a receu deffense de se trouver en quelque lieu ou je puisse être; M. le M. de Grimaldo me l'a dit luy même, et que cette deffense ait été etendüe a tous les autres, ou qu'ils l'ayent craint, ils ont evité jusqu'a tous ceux qui sont ici avec moy.

La Reine reçût ce que jeus lhonneur de luy exposer des ordres de V. M. avec un tel transport de joye quelle en fut un peu embarrassée, et quelle a pris plaisir depuis a avouer cet embarras; elle ne laissa pas de le surmonter dans les reponses quelle me fit l'honneur de me faire, et temoigna tant de passion pour la personne de V. M., tant d'estime et d'amitié pour M. le Duc d'Orleans et tant d'ardeur pour une union indissoluble entre V. M. et le Roy son oncle, et vos couronnes, qu'il m'est impossible de vous le representer, non plus que l'esprit et la grace qui brillerent dans tout son discours. Je finis côme en ma précedente audiance, par luy presenter les officiers qui sont venus ici avec moy; elle les vit avec beaucoup de satisfaction.

Je fus immédiatement après chez Mgr le Prince des Asturies a qui je fis les compliments de V. M. et qui les reçût avec beaucoup de graces et m'y répondit avec une grande joye et un grand respect pour V. M. Je passay dela chez l'Infante; sa gouvernante vint audevant de moy pour me dire quelle dormoit (mais nous y fumes receus et reconduits a la porte exterieure de l'antichambre par M. le D. de Popoli qui se repandit beaucoup en joye de l'union et en respect pour V. M.) quelle l'alloit eveiller si je le desirois; je la supliay de sen bien garder et je lui dis que V. M. prenoit déja trop de part en elle, pour que je ne craignisse pas de vous mal faire ma cour en troublant son repos, qu'il me suffisoit de m'être presenté chez elle pour executer les ordres de V. M. aupres d'elle, et luy rendre la lettre dont j'etois chargé de sa part; que je ne manquerois pas d'y retourner dans un moment plus favorable.

Je vis ensuitte tous les Infants chez eux excepté le dernier qui dormoit aussi; je leur presentay pareillement en me retirant tous ceux qui m'avoient accompagnez, et je fus reconduit côme j'avois été receu.

Sur les quatre heures après midy nous retournâmes au Palais M. de Maulevrier et moy, et je m'y rendis avec le même cortege qui m'avoit accompagné le matin et dans le même carosse du Roy d'Espagne avec le même Major dome. Le cabinet ou les articles avoient été signés la veille ayant été jugé trop petit, on nous introduisit dans le Sallon des grands qui y est contigû, ou tous ceux qui sont icy de cette dignité, avoient été mandez par écrit, et qui tous s'y trouverent avec le President de Castille et les deux Secretaires d'Etât sans qu'aucun autre y fut admis; on y fit aussi entrer avec nous les cinq témoins François et les portes furent fermées. Un moment après L. M. C., Mgr le Prince des Asturies, l'Infante et les Infants y arriverent sans aucunes dames que la gouvernante de l'Infante; et aussitôt après ils se placèrent devant une table disposée au milieu du Sallon, ayant des fauteuils derrière eux, avec leurs grands officiers en leur place et les Grands d'Espagne faisant un cercle tout autour; le Nonce étoit au bout de la table a droitte, mais comme il sagissoit d'une fonction particulière je crus me devoir placer tout aupres du Roy, joignant le Major dome major et M. de Maulevrier.

En suitte, D. Joseph Rodrigue lut le contract de mariage en Espagnol et fit ensuite la lecture d'un double du même contract et en même langue, après quoy il fit lecture aussi en Espagnol de l'acte separé ou il fut fait mention des noms et qualités des dix temoins, et en outre de la presence de tous ceux des Grands d'Espagne qui y assisterent, sans que nous nous fussions attendus a cette dernière formalité, mais comme elle fut de leur part sans y rien contribuer de la nôtre, je ne crus pas a propos de la relever; elle montre combien le Roy d'Espagne a voulu apporter de précautions et de solemnité à la signature de cet acte, et combien nous aurions peu reussi, en refusant d'admettre des temoins, puisqu'il leur ont ajouté en la manière qu'il lont peu tout ce qui s'est trouvé icy de Grands d'Espagne. Après que le Roy et la Reyne eurent signés, avec les demonstrations d'allegresse, que toute leur cour sempressa aussi de donner, la Reyne aida l'Infante a mettre sa signature et Mgr le Prince des Asturies qui depuis la celebration de votre mariage luy cede partout, signâ après elle, puis les autres Infants; aussitot après nous fumes conduits M. de Maulevrier et moy, par D. Joseph Rodrigue a une autre table, placée a fort peu de distance de la première, ou le Roy et la Reyne se trouverent aussitot que nous, et qui nous commanderent dans l'exces de leur joye de signer en leur présence; la mienne étoit si grande que je ne pûs m'excuser longtemps, et j'eus l'honneur de faire devant eux la plus glorieuse signature qui puisse être commise a un sujêt, et dont l'effet me combla du plaisir le plus sensible, en voyant renaître pour jamais une union et si utile et si nécessaire, et que j'ay toujours si passionnement souhaitée.

V. M. recevra donc par ce courrier un des deux contracts originaux, dont l'autre demeure au Roy d'Espagne, et en même temps la traduction Françoise de cet original certifiée et signée du même Secretaire d'Estat, D. Joseph Rodrigue, qui a reçu le contract de mariage; je joins aussi l'original François des articles que nous eumes l'honneur de signer avant hier, avec la copie certifiée du plein pouvoir a cet effet des deux commissaires d'Espagne qui les ont signez avec nous.

Je ne finirois point, Sire, a rendre compte à V. M. de tout ce que le Roy et la Reyne d'Espagne m'ont fait l'honneur de me dire et ont temoigné a tout le monde de satisfaction d'empressement et de joye, toutes les fois que j'ay eut l'honneur de les approcher ou quelles se sont montrées a leur cour; elle ne peut rien imaginer au dela de ce qui en paroit et il me suffira de rendre compte a V. M. des demonstrations publiques qui en ont été faites, pour ne m'arrêter pas a tout moment en repetitions inutiles.

A la nuit la place du Palais fut magnifiquement illuminée et on y tira un feu d'artifice après un million de fusées que j'oserois assurer n'avoir pas été moins beau que le dernier qui a été tiré devant vous; le nom de V. M. et celuy de l'Infante, étoit en feu au haut de la Piramide et ce feu qui dura le dernier éteignit tous les autres.

Après soupé il y eut un bal magnifique dans la même Sale des Grands, superbem^t eclairée, les habits des dames très galants et aussi magnifiques que la rigueur de l'interruption du comerce avec la France l'à pû permettre, et quoy qu'il ny eut que des Grands et un tres petit nombre d'autres personnes privilegiées par leur charges, tout ce que j'ay amené avec moy y fut non seulement admis, mais invitté, et y eut toutes les distractions et toutes les préférences. M. de Maulevrier et moi y recûmes un honneur que nous n'avions pas demandé et qui est icy tout a fait contre l'usage : c'est qu'on mit pour nous deux sieges plyants dans l'embrasure d'une porte feinte un peu en arrière de leurs Majestéz, mais sans qu'il y eut ni jalousies ni personne devant nous. L'usage est ici qu'aux spectacles et au bal nul ne soit assis, devant le Roy ni la Reyne d'Espagne que les dames, excepté les trois ou quatre charges, qui s'assoyent derrière eux, et le Major dome major, qui se place a côté.

Le bal fut mêlé de plusieurs contredances et dura jusqu'a deux heures après minuit, L. M. C. y parurent prendre beaucoup de plaisir. Je fus surpris que le Roy d'Espagne eut si peu oublié l'ancienne dance de nos bals, et de voir la Reyne avec tant de grace, d'aisance et de majesté egaller pour le moins ce qui a le plus brillé aux bals de Versailles et de Marli; Mgr le Prince des Asturies y fit aussi des merveilles et comme il est parfaitement bien fait, il gagne beaucoup en dançant; L. M. C. et luy furent souvent sur le bal et ne manquerent aucune contredance. Je n'oserois dire que la Reyne voulut absolument que je dançasse, et qu'il n'y eut pas moyen de s'en defendre dans un jour d'une si grande allegresse.

Je crus devoir prendre au matin une audiance particulière de L. M. C. pour leur faire les remerciements de V. M. d'une manière encore plus marquée, et pour leur temoigner combien j'etois penetré de joye de celle dont ils ne cessent de faire tant de demonstrations, et pour leur rendre de très humbles graces pour moy même de toutes les bontés dont elles me font l'honneur de me combler depuis mon arrivée; elles sont telles que me trouvant a la signature du contract tout auprès du Roy d'Espagne, je crus pouvoir prendre la liberté de luy demander cette audiance moi même, il eut la bonté de me temoigner quelle luy estoit agreable et de me l'accorder pour hier midi. Je l'eus seul de L. M. C., et ce seroit toujours a recommancer que de vouloir rendre a V. M. toutes les effusions de leur joye, de leur passion pour vôtre personne, de leur estime, de leur affection pour M. le Duc d'Orléans, de leurs desirs et de leur ferme espérance de l'union entre Vos M[tés] la plus intime et la plus inaltérable; sous la protection du nom auguste de V. M. elles me firent l'honneur de me commander de ne point craindre d'enfraindre les étiquettes et d'approcher de leurs personnes avec toute la liberté que je voudrois.

Sur les 5 heures du soir, le Roy et la Reyne d'Espagne furent en public, c'est a dire en pompe a Nôtre Dame d'Atocha, assister a un *Te deum* solennel, ou tous les grands avoient étés mandez, et j'avois cru convenable que, M. de Maulevrier et moy, nous nous trouvassions a des actions de graces rendües a l'occasion de la conclusion du futur mariage de V. M. Mais M. le M. de Maulevrier, craignant qu'il n'y eut quelques difficultéez, fit consulter la dessus le Marq^s de Montalegre Somelier du corps, qu'il m'assura être instruit des choses de ceremonie, et qui fut d'avis que nous nous abstinssions de celle là, tellement que je me contentay d'y faire paroitre tout ceux que j'ay amené avec moy.

Ce soir L. M. C. retournerent au Palaix traverserent la Place major extremement grande et presque parfaitement quarrée, dont les cinq étages qui sont tous de niveau se trouverent éclairés de prez de deux mil gros flambeaux de cire blanche. Il y a dans cette place une maison qui appartient au Roy d'Espagne et d'ou les Roys ses predecesseurs avoient accoutumez de voir les fettes de taureaux; elle fut reservée pour M. de Maulevrier et pour moy, et pour tout ce qui voudroit nous y accompagner; ce fut de la que je vis cette illumination la plus belle et la plus surprenante qu'il soit possible de faire pour l'ordre et pour la magnificence.

Je crus, Sire, qu'il convenait d'éclairer ces deux soirs là toute ma maison par dehors et par dedans et celles qui ont été marquées pour ceux qui m'accompagnent; je le fis donc exécutter de la sorte, et j'y ajoutay les deux soirs le plus beau feu d'artifice que l'on pût faire; beaucoup de Seig^{rs} distinguéz firent aussi des illuminations chez eux, mais sans feu, et toute la grande rüe N^{tre} Dame d'Attocha fut éclairée.

Comme j'achevois cette dépêche le courrier de V. M. est [arrivé] avec celles du 18 de ce mois et l'agreable nouvelle du départ de Mlle de Montpensier de ce même jour, dont l'avis étoit attendu par L. M. C. avec la plus vive impatience. M. le M. de Maulevrier m'a fait l'honneur de me venir communiquer ce qu'il venoit de recevoir et j'ay veu avec beaucoup de satisfaction que mon arrivée icy a prevenu de 7 jours l'attente de V. M. Nous sommes alléz incontinent au Palaix, ou n'ayant point trouvé M. le M. de Grimaldo a cause du depart du Roy qui avoit dejà rompu tous les bureaux, j'ay crû devoir l'aller chercher chez luy; mais M. de Maulevrier a jugé plus a propos d'aller tirer L. M. C. de leur impatience, tellement que nous sommes montés a leur appartement ou nous avons fait demander a avoir l'honneur de leur parler. A l'instant même elles nous ont mandé quelles étoient encore au lit, mais que nous étions les maitres d'entrer, ce qui est de toutes les distinctions la plus singulière et qui est icy la plus inusitée.

La joye que leur a dabord causé l'arrivée du courrier se pourroit dire extreme si elle ne s'etoit encore acrüe a la lecture des depêches que M. de Maulevrier leur a présenté; la suitte Royale de Mlle de Montpensier les a charmés, et elles ont été extremement touchées des honneurs singuliers que M. le Duc d'Ossone a receus, et qu'a cette occasion V. M. ait visitée Mad^{elle} de Montpensier, honnoré pour la première fois l'Opera de vôtre présence et bien voulu dancer au bal; je puis même avoir l'honneur de vous dire que le Roy et la Reyne d'Espagne ont remarqué avec complaisance l'honneur que M. le Duc d'Orléans a receu de V. M. en cette occasion et que je n'avois point encore senti si distinctement un intherest veritable que L. M. C. recommencent de prendre personnellement en ce Prince ; la distinction du logem^t et defrayement de M. le D. d'Ossone, pendant tout son séjour a Paris, les a extremement grattifié et sur qu'elles ont vu que la ville de Paris avoit été par votre ordre saluer cet Ambassadeur, la ville de Madrid dont je n'avois pas encore ouï parler m'est venüe complimenter dez cette après diné ; mais, a l'egard du defrayment, la longueur du voyage du Roy d'Espagne et le grand nombre de ceux qui m'accompagnent ne le pourroit aisément permettre, Je le congediay hier au soir ; il a été en tout de la dernière magnificence et D. Gaspard de Giron un des Major dome du Roy et de même maison que M. le D. d'Ossone m'en a fait les honneurs avec une assiduité infinie et une politesse peu commune.

Nous avons été prez d'une heure auprez du lit du Roy et de la Reyne d'Espagne ; aprez quoy nous avons été rendre a M. le Prince des Asturies les lettres que le courrier avoit apportées pour luy ; nous avons eu l'honneur d'aller prendre congé de l'Infante, qui nous a receus avec des graces fort au dessus de son âge, et au prez de la quelle toute la maison de la future Princesse des Asturies a commancé ce matin d'entrer en fonction. Elle est partie incontinent après pour Alcala, ou cette cour doit coucher ce soir pour continuer sa route vers Lerma, et L. M. C. l'ont suivie ; sur les 3 heures après midi, je me suis trouvé dans leur antichambre avec tout ce qui est ici avec moy ; le Roy et la Reyne d'Espagne ont eu la bonté de me parler en passant et de m'inviter a me rendre promptement auprès d'eux. J'ay eu l'honneur de leur dire que je ne manquerois pas d'avoir celuy de me trouver a Lerma a la descente de leur carosse.

La ville et le petit peuple même ont disputéz de joye avec la cour, et les aclamations et les benedictions que nous avons receues, en allant et en revenant de l'audiance publique et de la signature du contract, ont été presque continuelles, ainsi que les temoignages de respect pour V. M. et de la plus grande joye, l'ont été de la part de tout ce qu'il y a de plus grand et de plus considerable qui m'ont fait l'honneur de venir en foule chez moy, et qui me les ont réiteres toutes les fois que je les ay rencontrés au Palaix

Je suis avec un tres profond respect

Sire

de Vôtre Majesté

Le tres humble, tres obeissant et tres fidelle serviteur et sujet

Le Duc de St-Simon.

XXI

AU CARDINAL DUBOIS [1].

Madrid, le 28 novembre 1721.

Je commenceray par avoir l'honneur de dire a V. E. que c'est avec un veritable deplaisir que je me trouve forcé a luy rendre compte, de deux inconvenients qui sont arrivés a M. le M. de Maulevrier, et que je sup-

---

1. Volume 308.

primerois entierement si mon silence a cet egard pouvoit s'accorder avec mon devoir et je vous suplie tres instament d'estre effectivement persuadé de la sincerité de ce deplaisir.

Le premier de ces inconvénients est leger quant au fond de la chose, mais il a été extremement remarqué, c'est qu'étant sur le point d'aller ensemble a l'audiance, et m'ayant fait la question s'il demanderoit aussi l'Infante, il poussâ apparament la conséquence qu'il tirât de ma reponse, qui fut que je devois porter la parole tout seul.

Comme je fus en présence du Roy d'Espagne l'occupation de mon discours m'empechâ de faire attention a aucune autre chose, et je n'appris, qu'a mon retour chez moy, qu'il etoit demeuré aux audiances quelques pas derriere moy et qu'il ne s'estoit point couvert, sans que, par la même attention a ce que j'avois a dire, je l'eusse remarqué a pas une de ces audiances, ny avoit pas même fait aucun semblant de le faire.

Véritablement, il ne m'estoit pas entré dans l'esprit qu'il eut besoin d'estre averti la dessus, et l'ayant traitté d'ambassadeur dèz le premier moment que je lay vû et pour le ceremonial et pour la communication de nôtre plein pouvoir, et de nos instructions communes et pour le concert de toute notre conduitte, javoue que quand jy aurois songé jen aurois rejetté la pensée et cru faire une tres grande grossièreté, de l'avertir de se couvrir. Je n'ay pu cependant m'empecher de luy en parler aprez et de luy dire ingenuement qu'en cent ans, il ne me seroit venu dans l'esprit de convenir de ce qu'il devoit faire, dans une fonction qui parloit si clairement d'elle même, a quoy il m'a uniquement repondû qu'il en estoit bien faché mais qu'il n'avoit pas cru le devoir faire, et qu'il se trouveroit d'autres occasions a reparer ce manquement.

Celuy dont il va être question est beaucoup plus desagréable, et j'avoue que je n'entends pas bien comment il a pû arriver, il vous montrera mon ignorance mais il faut que V. E. sache tout au depens de moy même; il ny a point eû de mal néanmoins et il n'a servi qu'a faire voir dans le Roy d'Espagne et dans M. le M. de Grimaldo une facilitté a tout ce qui ne touche rien d'absolument essentiel, a leurs sens, qu'on ne peut assez estimer et reconnoistre.

L'instrument des articles qui a été signé double en François et en Espagnol, m'avoit persuadé qu'il devoit estre de même, de celuy du contract de mariage.

J'en parlay de la sorte a M. de Maulevrier qui n'en douta non plus que moy, et le mal a esté que M. Robin ne se trouvâ pas présent alors et *quaft comi*[1] par M. de Maulevrier je n'ay pas songé a lui en rien dire dans le tourbillon de nos occupations. Luy et M. le M. de Maulevrier, qui s'estoient chargés du changement de la preface du contract de mariage par rapport a la signature de L. M. C. qui y devoit estre apposée au lieu de celles des commissaires de leur part, en convinrent avec M. le M. de Grimaldo et, comme ce n'estoit qu'une affaire de stile que ce changement, je me contentay de savoir d'eux qu'il estoit fait, qu'ils le trouvoient bon et que ce ministre en estoit convenu; mais ils m'en promirent une copie, en François et je convins avec M. de Maulevrier qu'il en porteroit une, en Espagnol, a la signature

---

1. Mot illisible. Probablement *endormi*.

du Contract, avec cette preface changée, pour la colationner luy même en la lisant tout bas, a mesure que D^m Joseph Rodrigo liroit tout haut l'original, et qu'il en auroit pareillement une en François, pour que je fisse la même chose tandis que D^m Joseph Rodrigo liroit l'original François que nous nous attendions qui seroit fait et signé. Nous ne revinsmes qu'a deux heures et demie de l'Audiance; tandis que nous dinions, il envoya deux fois chercher ces copies, et nous partimes enfin sans les avoir, esperant vainement quon les luy apporteroit au Palais.

Lorsque nous fusmes en place pour la lecture du contract, je luy dis, qu'encore que je ne doutasse point de la fidelité des Espagnols, je ne laissois pas d'avoir beaucoup de peine qu'il n'eut point de copie, en Espagnol, pour collationner le contract a mesure qu'il seroit lu, que je le supliois au moins d'apporter une grande attention a cette lecture qui rouloit toute sur luy puisque S. A. R. et V. E. n'ignoriez pas que je ne scay pas un mot d'Espagnol. La longueur de la lecture ayant obligé la Reyne a s'asseoir et l'ayant assez ennuyée pour demander si cela dureroit encore longtemps, parcequ'elle s'attendoit elle même qu'il y auroit deux instruments en François, j'en pris occasion pour luy dire que pour le François on pouvoit passer la preface qui ne contient rien de substantiel, dans la pensée de cacher que cette preface nous manquoit; M. de Maulevrier n'en avoit aucune copie sur luy, et je n'avois dans ma poche que celle que j'ay apporté de Paris.

Touttes les lectures Espagnoles estant achevées, Dom Joseph Rodrigo, se rapprocha de la table pour presenter la plume a L. M. C. Le Roy d'Espagne proposâ de faire touttes les lectures de suitte, s'il en restoit encore quelques uns. D^m Joseph Rodrigo, dit qu'il ny en avoit plus ; sur quoy je représentay a demi bas que je croyois qu'il y avoit un instrument en François ; Dom Rodrigo, a qui le Roy d'Espagne repetâ ce que j'avois dit, repondit qu'il ne le croyoit pas, et qu'en tout cas il n'en avoit point apporté. Sur quoy M. de Maulevrier qui jusque la estoit demeuré dans le silence repondit qu'il l'alloit envoyer chercher, et sortit de la place pour le faire. Dans cet intervale, le Roy d'Espagne me fit l'honneur de me dire qu'apparament il n'en falloit point puisqu'on n'en avoit point apporté, j'eûs celuy de luy proposer, pour toutte reponse d'avoir agréable d'appeller M. de Grimaldo, qui n'estant qu'en fonction d'auditeur, ne s'estoit pas mis des premiers dans le cercle ; le Roy d'Espagne le fit chercher, il vint un moment aprèz, et dit qu'il ne falloit point d'instruments en François ; je luy objectay ce qui s'estoit passé à la signature des articles, et il repondit que ce n'estoit pas la même chose. Je n'entendis que cela parceque S. M. C., qui prenoit la peine de servir d'interprete entre nous deux, ne m'en expliqua pas davantage ; je luy repliquay modestement qu'il sembloit que la dignité des deux couronnes demandoit que chacune eut un instrument, signé en sa langue, et a ce moment M. de Maulevrier revint auprès de moy. M. le M. de Grimaldo me repliqua, avec beaucoup de politesse, qu'il ne croyoit pas que cela pût faire de difficulté, d'autant qu'il avoit vû une lettre de V. E. a M. le M. de Maulevrier qui le portoit expressement.

Je vous avoue, qu'a ce mot, je pensay tomber a la renverse d'autant que je m'estois figuré un Instrument et contract en François et qu'il me l'avoit été dit de la sorte ; au point que je dis à M. de Grimaldo, devant le Roy, que j'avois cette idée la, que je tacherois de me rappeller.

Je regarday M. de Maulevrier, qui me dit d'un air fort embarrassé, qu'il y avoit effectivement quelque chose de cela dans une de ces lettres : il m'eut extremement obligé de me l'avoir dit une heure plustot, mais a tout ce qui se passa de sa part a cette occasion, je ne puis doutter que cette lettre ne fut parfaitement sortie de sa memoire. Je pris donc le parti sur le champ de dire au Roy d'Espagne et a la Reyne, que je ferois, aveuglement tout ce qu'ils me commanderoient, ce que j'assaisonnay, de tout ce que je pûs, sur l'amitié, la candeur et la joye qu'ils faisoient paraitre dans toutte cette action, et qui ne me permettoient des representations que sur la forme, quoy qu'au fond, à vous parler vray, le defaut de collation de la lecture Espagnole m'eûst interrieurement refroidi a desirer la signature d'un instrument en François. J'ajoutay que j'esperois, que s'il se trouvoit par l'evénement qu'il en fallut un en cette langue, L. M. C. voudroient bien ne pas faire de difficulté de le signer après coup en leur particulier; en même temps, je me mis comme en devoir d'approcher du Roy d'Espagne le contract de mariage, qui estoit sur la table, pour marquer mon empressement de le luy faire signer, et de le signer aprez, la famille Royalle, sans neanmoins y toucher parceque cette fonction appartenoit au Secrétaire d'Estat.

Il parut a quelques discours et a l'air du Roy et de la Reyne d'Espagne, que ce que je fis leur fut extremement agreable. Ils signerent tous a l'instant, et, cette signature se passa, avec un redoublement de guayeté et de joye.

Comme je me mis en devoir de signer a costé du dernier des Infants, ainsy que vous me l'aviez prescrit, D^m Joseph Rodrigo, qui estoit a coté de moy, m'arresta et me montrâ a coté du penultième, j'en fis quelque difficulté, mais il me fit expliquer qu'il falloit que M. le M. de Maulevrier signât a coté du dernier, et je me rendis a cette raison d'autant que cette manière de signer, plus honorable, venoit d'eux et non de moy.

V. E. doit prendre pour exactement vray tout ce qui est exprimé de joye dans ma depeche au Roy, si ce n'est ce qui regarde l'intérêt personnel de L. M. C. de S. A. R. que j'ay crûs ne point mal faire de grossir un peu dans une depeche, qui sera apparement lüe, en nombreuse compagnie, mais ce qui est exactement vray, c'est qu'ils se sont exprimez, sur elle, en toutte occasion de la manière du monde la plus remplie d'attention, de considération, et de politesse, et de desir d'union et d'amitié.

Pour revenir a la signature, nous fusmes hier au soir chez M. le M. de Grimaldo, M. de Maulevrier et moy, a qui je m'estois plains tres legerement, avec beaucoup de mesures, de ne m'avoir pas informé de votre lettre, que ce Ministre, avoit alleguée ; il ne repondit rien sinon, qu'il me la feroit chercher. M. le M. de Grimaldo, maintint avec beaucoup de politesse ce qu'il avoit soutenû a la signature, et ajoutâ qu'il n'y avoit qu'a se conformer a ce qui se passeroit a Paris, sur le contract de mariage de Mgr le Prince des Asturies, et qu'encore qu'il arrivâ, qu'il n'y fut point signé d'instruments en Espagnol, le Roy d'Espagne le venoit de charger de m'assurer qu'il ne feroit aucune difficulté de signer un instrument en François du contract de mariage du Roy, si je perseverois, ce non obstant, a le desirer, et c'est un des points dont je remercieay le plus ce ministre, et hiér matin le Roy d'Espagne, dans l'Audiance particulière que j'en eûs, vers lequel je me garday bien de m'excuser aux depens de M. de Maulevrier, quoi qu'il ne fut pas avec moy a l'audiance, parce que, outre que je veux croire que ça esté un pur oubli de sa part, je ne crois rien de si indecent et de si prejudiciable que de montrer le plus leger manquement de concert, avec son collegue, et je m'asseure que la conduitte que j'observeray avec M. le M. de Maulevrier ne pourra pas estre soupçonnée de ce défaut, par qui que ce pusse estre.

Voila donc ma confession, et la sienne, comme il arrive, quelque fois, aux maris de faire celle de leurs femmes portant leurs pechés aux pieds de leur confesseur : j'ay pris V. E. pour le mien, et comme elle n'est pas jeanseniste, je me flatte qu'elle voudra bien l'estre, avec toutte la bonté et l'indulgence dont j'ay besoin, et je l'en supplie tres serieusement.

Ce matin M. le M. de Maulevrier, qui est venu icy avec M. Robin, sur l'arrivée de son courrier, m'a apporté la lettre en question de V. E. Elle marque nettement, a l'egard du contract de mariage, qu'il est de regle qu'il n'y en ait qu'un instrument, signé en la langue du

Pays de la princesse ou l'on contracte et qu'il suffit d'en faire expedier une copie translatée, en l'autre langue certifiée et signée du même Secretaire d'Estat, qui a receu le contract; c'estoit precisement ce que M. le M. de Grimaldo nous avoit dit, hier au soir, et ce qui me fit demeurer d'accord avec luy de differer, jusqu'a Lerma, a voir de quoy je pourrois me contenter.

Je suis donc entierement battû sur cet article par vôtre lettre a M. de Maulevrier, dont je voudrois, pour beaucoup, quil se fut souvenû a temps et qu'il m'en eût informé.

J'ay a ecrire ce soir a M. le M. de Grimaldo pour le prier de faire mes tres humbles remerciements a L. M. C. qui ont eû la bonté de faire arrester le courrier de ma livrée, quelles ont rencontré en chemin, pour luy demander des nouvelles de mon fils, et quelles ont eû celle de luy faire ordonner de me temoigner leur joye des bonnes nouvelles quelles en ont apprises par luy.

Dans cette même lettre je luy vay marquer que M. le M. de Maulevrier m'a montré la vôtre, et que je suis parfaittement content sans rien demander davantage, et plein de reconnoissance de la facilité que L. M. C. et luy m'ont fait la grace de me temoigner dans cette affaire.

Vous remarquerez, s'il vous plaît, que vous en avez plus que vous n'en prescrivez par cette lettre, en ce qu'il a esté signé deux instruments, en Espagnol, dont vous recevrez l'un par ce courrier et cela s'est fait sans que nous l'ayons demandé. V. E. doit estre parfaitement asseurée que les temoins n'ont signés quoy que ce soit comme, par capitulation, il avoit été convenû.

Conformement à ce que j'ay eu l'honneur de vous mander, par le dernier ord^{re}, que nous estions convenus M. de Grimaldo et moy, sur M. Laules, j'eû l'honneur d'en parler hier au Roy d'Espagne qui reçut avec beaucoup de satisfaction les temoignages de celle du Roy et de S. A. R. ; la Reine d'Espagne surtout y applaudit beaucoup. Je vis qu'elle a envie de lui procurer des marques de bonté du Roy, son mary, qui m'y parroit aussy fort porté.

Je crus aussi ne devoir pas differer le leger office qui m'a esté promis, à la prière de M. le M. de Brancas. Je m'en acquittay donc, en la façon qui m'a esté prescritte, a la fin de mon audiance qui dura assez longtemps en conversation et en épanchement de satisfaction et de joye, et je supliay le Roy d'Espagne que j'en avais fait prevenir auparavant par M. le M. de Grimaldo de permettre à M. le Comte de Cereste de présenter à sa M. C. la lettre que S. A. R. a permis a M. son frère d'avoir l'honneur de luy ecrire ; elle fut receue beaucoup mieux que je ne me l'estois imaginé et je dois vous avertir que j'ay remarqué beaucoup de chaleur dans M. le M. de Grimaldo, pour M. le M. de Brancas, non seulement en présence de M. son frère, et il nous a dit que le Roy d'Espagne l'honnoreroit d'une reponse.

Dans cette même audiance le Roy d'Espagne me demanda, de luy même, si je n'enverrois pas un courrier. Je luy dis que je ferois ce que S. M. C. m'ordonneroit et l'envie qu'il me parut en avoir, et la Reyne avec luy, à travers toutte la mesure possible, me détermina a l'asseurer que j'en envoyerois un ; comme il sera maintenant chargé d'un original, signé, du contract de mariage du Roy et de plusieurs autres pièces importantes ce concernant. Je proposay a M. Pequet d'en estre le porteur ; il me parut avoir quelque dessein de s'arrester encore un peu icy, mais pour exécuter plus ponctuellement jusqu'aux moindres de vos inclinations, je le priay d'y faire ses réflections jusqu'au temps que je le depécherois et de me dire ensuitte son dernier mot la dessus : la fievre, qui le prit hier, a malheureusement fait sa reponse. En sorte que je suis determiné, a charger de ce paquet un garçon de condition, de beaucoup de valleur et de merite, que son peu de biens retient lieutenant au Regiment d'infanterie de St-Simon depuis quinze ou seize ans, avec l'estime et le desir de tout le corps de le voir avancer; si cette commission luy pouvoit procurer quelque petite gratiffication, et une commission de cap^{ne}, j'en aurois a V. E. la dernière obligation.

M. le M. de Maulevrier prevoyant bien que je pourrois envoyer un courrier de quelque distinction pour porter le contract de mariage, me proposâ, il y a deux jours, de donner cette commission a M. Robin, qu'il me dit avoir la maladie du pays, parceque tout son bien est en l'air, dans l'incertitude des papiers. Je luy aurois volontiers fait ce plaisir, M. Pequet se trouvant hors d'estat d'aller, mais je consideray qu'il se trouvoit icy par vos ordres; ainsi je n'ay pas osé prendre sur moy de l'envoyer a Paris dans l'incertitude si V. E. l'approuveroit, et depuis hier, que la fievre de M. Pequet m'a décidé d'en envoyer un autre que luy, l'aventure de la signature du contract, qui ne seroit pas arrivée, si je m'estois adressé a luy plustôt qu'a M. de Maulevrier, m'a encore mieux fait comprendre qu'il n'estoit pas a propos de l'éloigner de M. le M. de Maulevrier.

V. E. verra dans une de mes lettres a S. A. R. cy-jointe a cachet volant, ce qui regarde les jésuites, pour l'infante; sur quoy, elle aura agréable de faire ses réflections, et ce qui regarde aussy l'affaire du sieur Boucher; elle peut compter que, proportion gardée, je vois bien, qu'a travers touttes leurs mesures, L. M. C. ont ces deux points fort a cœur.

Le Courrier de V. E. ne pouvoit arriver plus a propos; l'impatience de L. M. C. estoit parvenue au comble, jusque la que le Roy d'Espagne me laissa, hier matin, echapper quelques plaintes de son retardement, aux quelles, vous croyez bien, que je ne demeuray pas sans reponses, qui ont été justifiées par la lenteur etrange, avec la quelle ce courrier est venu depuis Burgos faute de chevaux; aussy la joye a t'elle este inexprimable de tout ce qu'il a apporté, comme vous le verrez par ma depèche au Roy.

Je suis ravy que mon arrivée icy ait prevenu de 5 ou 6 jours l'opinion de V. E. et que ces 5 ou 6 jours y ayent terminé tout ce dont j'étois chargé à l'exception de l'assistance au mariage de Mlle de Montpensier. Je ne puis assez vous temoigner ma très sensible et très sincère reconnaissance de l'employ si honorable, et si agréable, que vous m'avez procuré, en y concourrant avec autant de franchise que d'efficace, quoique j'aye l'honneur de vous la témoigner, parmi les glorieuses fonctions qui en sont l'essence : accordez moy la justice de bien compter que l'impression n'en viellirâ, ny ne s'en emousserâ point dans mon cœur.

J'ay aussi les plus sensibles graces a vous rendre de ce que vous me faites l'honneur de me mander par celuy de vôtre lettre du 18 nov^bre tant sur l'adresse du courrier à M. de Maulevrier, que sur les copies, que vous me faittes la grace de m'envoyer, de ce qu'il luy porte. Rien n'echappe a votre bonté et, en vérité, rien n'est perdu dans mon cœur.

Je suis veritablement aise, de ce qui s'est passé a Vienne sur les titres de Grandesse par la sensibilité infinie de S. M. C. sur cet article, elle a esté telle, qu'au premier mot de cette depeche, le Roy d'Espagne, s'est atteré au point que j'ay crû necessaire de lui dire vittement, qu'il seroit tres content de ce quelle contenoit, comme il le doit estre, et comme il l'a esté en effet, au dela de tout ce que je vous en puis dire, et la Reine d'Espagne pour le moins autant. Je n'ay pas laissé, par parentaize, d'estre assez surpris de cette communication de depeche, dont vous connoissez mieux que moy touttes la conséquence.

Lorsque le Roy d'Espagne a lû le nom du marquis de Rialp auteur du conseil de ces Grandesses, il m'a regardé d'un air piqué, en me disant : c'est un Catalan; a quoy j'ay repondu : Sire, rien de plus mauvais que les transfuges, et ils font pis que tous les autres ; sur cela la Reyne d'Espagne s'est prit a rire, et j'ay bien connû quelle entendoit a merveille que je tombois sur nos transfuges françois qui sont icy, quoique je n'aye dit que ce seul mot, et il est vray que je l'ay dit a dessin. Je suis ravy aussy que M. de Puzzobono ait enfin fait ce qui auroit du l'estre, il y a longtemps, et que cet obstacle soit levé pour commencer a bon essient un ouvrage aussy necessaire que celuy qui se meditte a Cambray.

Ce qui regarde le depart et l'accompagnement de Mlle de Montpensier et la reception de M. le duc d'Ossone estant traitté dans ma dépeche au Roy, je me renfermeray icy a vous asseurer, que je suis dans tout le meritte de la delicatesse ce que V. E. veut bien me mander sur le choix de M. le Prince de Rohan pour faire l'échange des Princesses. Encore qu'il y ait bien quelques petites raisons, que vous pouvez deviner et qui tres vraysemblablement se trouveront ecrittes dans les actes de cet echange, pour les quelles un autre auroit esté aussy convenable; il l'est tellement, par Mme la duchesse de Vantadour, qu'il ne sen pourroit franchement prendre d'autre; le personnel et l'accidentel se trouvent en luy si parfaittement propre a remplir cette grande fonction qu'il faut donc passer guayement carrière a cet égard.

Outre l'evidence de la raison je vous avoueray que je me trouve honnoré et flatté des demarches vers moy, des deux freres, et beaucoup plus encore de vous y avoir trouvé derrière le rideau; mais voila finir trop guayement pour avoir debuté par une lourdise, il faut mettre un post-script de *mea culpa*, et attendre votre absolution en penitence. Je vais la faire, par un silence de 15 jours, que le voyage de cette cour m'en separera, a moins qu'il ne survienne des choses de vôtre part ou d'icy que je ne puis prevoir, tellement que, si je n'ay rien a avoir l'honneur de vous mander, je ne feray point l'important, en vous faisant perdre un temps precieux, en vous donnant a lire des bagatelles, quelque plaisir que je me fasse d'asseurer souvent V. E. de mon inviolable attachement et de mon devoüement le plus sincere.

Le Duc de St-Simon.

XXII

AU DUC D'ORLÉANS[1].

Madrid, 28 novembre 1721.

Monseigneur,

La depéche du Roy, et le compte que M. le Card^l Dubois ne manquera pas de vous rendre de la sienne, vous justifieront si au long des choses publiques et particulières qui se sont passées icy depuis ma dernière lettre a V. A. R. que celle cy jointe doit estre uniquement consacrée a luy renouveller les plus vifs sentiments de ma reconnoissance au sortir des glorieuses fonctions pour les quelles il a plust aux amenités et perseverantes bontés de V. A. R. de me choisir. C'est au caractère dont il vous a plû de me revestir, dans une occasion si rare, et si singulièrement agreable en cette cour, que je dois touttes les distinctions personnelles dont je suis comblé de la manière la plus etendüe; faites-moy donc la justice d'estre bien per-

1. Volume 308.

suadé, Monseigneur, que rien n'égale la gratitude dont je suis penetré, mon attachement inviolable, et le profond respect avec le quel je suis

Monseigneur

de Vostre Altesse Royale

le tres humble, tres obeissant et tres fidele serviteur.

Le Duc de St-Simon.

XXIII

AU DUC D'ORLÉANS[1].

Madrid, 28 novembre 1721.

Monseigneur,

Dans l'audiance particulière, que j'eûs hier seul de S. M. C., le Roy d'Espagne me dit tout d'un coup, sans quil y en eût aucune occasion, qu'il desiroit que l'Infante fut mise sous la conduitte d'un jesuitte pour former sa conscience, et lui apprendre la religion, qu'il avoit eu toute sa vie confiance aux peres de cette compagnie, et qu'il me prioit de le mander de sa part a V. A. R.; je repondis que j'executerois avec beaucoup d'exactitude et de respect le commandement qu'il me faisoit, et que je ne douttois pas que V. A. R. ne cherchâ a luy complaire, dans touttes les choses qui n'auroient aucun veritable inconvenient; je remarquay qu'il

1. Volume 308.

prolongea cette proposition, qui pouvoit estre plus courte, et qu'il me regardoit cependant tres fixément, comme cherchant a voir ce que j'en pensois moy même. Ce desir me parut en luy d'autant plus affectionné, que la Reine d'Espagne, qui entre toujours dans tout ce qu'il dit et qui l'appuye, ne dit presque rien en cette occasion, et que le peu qu'elle dit fut tres foible, le Roy d'Espagne poussant toujours sa pointe. V. A. R. en fera s'il luy plaist ses reflections, aux quelles il ne m'appartient pas d'ajouter les miennes de si loin delle.

M. Scotti, qui ne m'a pu trouver chez moy que sur le pas de ma porte, comme je montois en carosse, et qui ne m'a point rencontré ailleurs, chargeâ le Sr de Sartine de me donner les deux memoires cy-joints de la part de la Reine d'Espagne. Je crus hier ne pouvoir me dispenser de lui en dire un mot : elle me fit l'honneur de me demander si cela estoit bien difficile, et je lui repondis que dans la situation, ou j'avois laissé les choses a Paris, et que je ne croyois pas changée, je ne connoissois rien qui le fut davantage, elle me repliquâ, par un assez long propos, dont la politesse me deffendoit d'en ecrire, a V. A. R. et dont le desir, même ardent, qui surnageoit, me prescrivoit de le faire, tout de mon mieux. Il me paroist donc, qu'accorder la demande de ce Memoire feroit a S. M. C. un plaisir tres sensible, et s'il m'est permis de vous dire mon sentiment, qu'il seroit heureux et peut être utile que cela se put accorder, dans une conjoncture comme celle cy, parce que V. A. R. n'ignore pas combien les choses de cette nature, et qui sont ardament desirées et qu'on fait tant que de demander, peuvent influer en matières importantes.

Je suis avec un tres profond respect
Monseigneur
de Vostre Altesse Royalle
le tres humble, tres obeissant et tres fidèle serviteur.

Le Duc de St-Simon.

XXIV

AU DUC D'ORLÉANS[1].

Madrid, 28 novembre 1721.

Je ne puis laisser partir ce courrier, Monseigneur, sans vous importuner de mon griffonnage et dire à V. A. R. que je croy qu'elle eust esté passablement aise de voir son Excellence *trepudiante* disputer les menuets a chaque fois et bien plus encore les contredanses et estre tourné, reviré comme un balon. Mais le Roy d'Espagne et la Reyne surtout le vouloient ainsi sur les beaux contes de Me de Robec; eh que ne fait-on pas pour plaire et pour se mettre a l'abri des Rheumes une bonne fois pour touttes jusqu'à s'exposer a la pleuresie avec trois cent livres de dorures sur le corps?

J'auray l'honneur de vous dire que je suis presque mort de courses, de compliments, de veilles, d'attentions et d'escritures et que si vous ne me guerissez bien tost

---

[1]. Volume 308. De la main du Duc.

et ne me rappelliéz incontinent après, V. A. R. perdera un serviteur tres fidèle et le decan de ses serviteurs. J'ay eu une étrange inquietude de mon fils qui a esté mal. Dieu mercy, il est sans fievre depuis quelques jours mais je ne l'appris que par un expres qui en arriva hier au soir. Je ne laisseray pas cependant d'abreger mes curiosités pour le voir un peu avant l'arrivée de cette cour à Lerma. Vos bontés Monseigneur pardonneront ce détail à l'homme du monde qui vous est le plus respectueusement et s'il l'osoit dire le plus [*eperdument rayé*] attaché.

Le Duc de St-Simon.

XXV

AU CARDINAL DUBOIS[1].

De Madrid, 28 novembre 1721.

Je ne puis assez remercier V. E. de l'attentive continuation de ses bontés pour ce qui regarde icy l'objet particulier de mon voyage; vous me faittes la grace de m'en parler le premier et avant que j'aye eu le temps de me reconnoître. Pour abreger et ne point retarder l'expedition du courrier qui n'attend que les reponses de cette cour a ce que celuy d'hier apporta de la nostre, j'auray lhonneur de vous dire avec sincerité que j'ay tout lieu de me flatter qu'on est icy tres content de

1. Volume 308. De la main du Duc.

moy et, qu'encore que jy doive les honneurs et les prevenances sans nombre et sans exemple que j'y reçois au caractère et a la commission dont je suis honoré, je ne laisse pas de remarquer tres distinctement que j'ay eu le bonheur de m'en acquitter au gré de L. M. C. Outre ce qui est rendu au pérsonnage, je vois dans le Roy et la Reyne d'Espagne une attention de bonté suivie qui tiendroit un volume a vous en marquer touttes les distinctions personnelles. Je me contenteray de vous faire remarquer qu'ils ne me voyent jamais aux rares moments de cour sans me parler, que la Reyne m'ordonna avant hier, sur une honnesteté que je luy fis à l'occasion d'une audiance de l'Ambass^r de Malthe, de la voir quand je voudrois sans m'arrester aux usages et de ne pas craindre d'abuser de cette liberté ; quelle, n'y le Roy, ne m'ont point veu sans me demander avec un air naturel d'empressement et d'inquietude des nouvelles de mon fils et entrer dans tous les details, jusque la qu'hier, au milieu de sa joye et de la lecture des lettres que le courrier avoit apportées et dont il estoit uniquement question, elle s'interrompit tout a coup pour me demander de ses nouvelles et demeura assez de temps sur ce propos avec un air d'agitation et d'inquiétude. Ils arresterent hier un courrier de ma livrée sur leur chemin pour en savoir des nouvelles et me firent renseigner par luy leur joye de ce qu'il m'en apportoit de bonnes.

Elle s'est informée avec empressement si j'estois content d'eux et a mis des gens en campagne pour le scavoir, enfin un air de bonté, de sincerité, de familiarité, d'estre à l'aise avec moy de suitte, des prevenances, des façons si je l'ose dire d'amitié de l'un et de l'autre me repondent qu'ils seront tres aises d'avoir a obliger S. A. R. en me faisant les graces en question et qui sont icy attendües pour le moins autant qu'a Paris sans qu'il y ait un mot de vérité a ce qui a été mandé la dessus a V. E. avant mon depart et qu'elle voulut bien avoir la confience de me monstrer.

Je dois ajoutter qu'outre la p^{re} visitte que personne sans exception n'a refusé de me rendre ce qui va au personnage quoy qu'inusité pour plusieurs, et les p^{rs} compliments au Palais, je n'y puis paroistre un instant que je n'y sois aussy tost environné de ce qu'il y a de plus grand avec un empressement qui est toujours le mesme, que les visites redoublent, que la santé de mon fils a fait l'occupation de tout le monde, que M. le Duc d'Arcos m'envoya avant hier une bouteille d'un remede pretieux sans que j'y eusse pensé et qu'il est vray qu'il ne se peut rien ajouster à mes attentions pour plaire n'y aux marques que reçois que j'ay le bonheur d'y reussir.

J'en dirois davantage a V. E., surtout, a l'égard de M. le M. de Grimaldo et d'une autre personne qu'elle aime mais qui m'a précisement demandé de ne le point nommer dans mes lettres et que vous saurez bien deviner, si je ne me souvenois d'un conte ridicule de feu M. de Senlis qui disoit que M. le Prince estoit le meilleur homme du monde, qu'il lui faisoit mille amitiés, qu'il le venoit voir et cela pour lui mesme sans que ce fust a cause de son frère. Je crains donc de tomber dans ce mesme ridicule ; mais je vois par l'honneur de vostre lettre que les bontés de S. A. R. attendent un véhicule d'icy pour m'y faire ressentir l'effet si principal pour moy dont il luy a plu de m'asseurer de sa part et aux vostres d'y mettre le sceau.

Je dois donc vous rendre compte de ce qui se passe icy a mon egard, et, dans une circonstance pareille, je ne dois pas moins la vérité a moy mesme qu'a V. E.

J'ose donc me promettre par l'exterieur que je vois que les dépesches de cette cour ne contiendront rien qui empeche un prompt effet de l'amitié de S. A. R. et de la vostre ; je n'ay point l'honneur de luy escrire que en badinerie legère ; je compte entièrement et franchement sur vous et je m'attends avec une ferme confiance que vous ne commencéz point aussy parfaittement un ouvrage pour ne le pas achever, de mesme que vous n'ignorés point le qui *cito dat bis dat,* et que ne trouvant icy rien moins que des obstacles personnels, une conjuncture aussy unique, des graces deja repandües sur M. de Maulevrier, je ne tarderay pas a eprouver les vostres que je recevray de la main de V. E. avec une double joye et une reconnaissance sans borne ; je la conjure d'y compter absolument et elle me connoist d'assèz longue main pour ne pas doutter qu'elle ne le puisse, ainsy que sur mon attachement le plus inviolable et le plus respectueux

Le Duc de St-Simon.

J'oubliois deux choses : l'une que la Reine a temoigné souhaitter que dans le choix qui me seroit donné dans le voisinage de Lerma je prisse le lieu le plus proche sans égard au plus commode pour que je pusse les voir plus souvent mais sans vouloir que cela parust venir d'elle pour ne me pas gener ni incommoder, et a esté ravie d'apprendre que des auparavant j'avois deja preferé la proximité a toutte autre condition

L'autre : que deux seigneurs se sont tres spécialement distingués icy en cette occasion, M. de Bedmar par des effusions de joye et de reconnoissance pour la France et d'attachement pour elle, M. de Popoli par beaucoup de reserve. Il est l'unique qui se soit contenté de m'envoyer un compliment sous pretexte d'assiduité pres du Prince; j'en ay usé de mesme avec luy.

Ce 29 a 10 heures du soir.

Les expeditions que V. E. trouvera cy-jointes ne font que de m'arriver, ce aussy tost je ferme le paquet : j'envoye le courrier qui vous le porte par le lieu ou est cette cour affin qu'il se puisse charger de ce que M. le M. Grimaldo voudra vous écrire et des reponses qui seront peut être faites a ce que votre courrier a apporté.

M. de La Farre arriva hier, et a disné avec moy, aujourd'huy M. de Liria me la enlevé icy; je m'en remettray en possession a Lerma.

Mil tres humbles et tres sinceres respects.

XXVI

AU CARDINAL DUBOIS [1].

De Madrid, 30 novembre 1721.

M. le M. de Maulevrier prit hier la peine de me venir apporter tout tard le contract original et les autres expeditions ce concernant et me pressa de faire partir le courrier. Je voulus attendre que j'eusse receu de M. le M. de Grimaldo les reponses a ce que le dernier courrier de V. E. a apporté, mais il me dit que ce ministre s'attendoit que le mien passeroit ou il se trouveroit a la suitte du Roy d'Espagne pour prendre de lui mesme les dittes reponses et qu'il le lui avoit ecrit ainsy le matin mesme, a luy M. de Maulevrier.

Je despechay donc mon courrier aussy tost avec ordre d'aller trouver M. de Grimaldo et de ne pas passer outre avant qu'il n'eust receu les siens. Actuellement je reçois une lettre de M. Grimaldo qui ne m'en dit pas un mot et qui m'envoye les reponses a ce que vostre d[r] courrier a porté icy et me prie de les joindre a mon pacquet pour les envoyer par mon courrier; ce contre temps le retardera de 24 heures, car je ne puis autre chose qu'esperer que M. Grimaldo recevant mon courrier despéché cette nuit verra par la lettre dont je l'ay chargé pour luy que je compte qu'il l'attend pour luy donner ses despeches et fondé sur quoy j'y compte

---

1. Volume 308. De la main du Duc.

et que sachant qu'il ne les a point il le retiendra, s'attendant bien que je les luy vais renvoyer comme je fais sur le champ.

M. de Maulevrier qui est entré dans ma chambre comme je prenois la plume convient du fait ainsy ; V. E. est suppliée de s'en prendre au mal entendu et d'estre parfaittement persuadée de mon parfait attachement.

Le Duc de St-Simon.

M. de Maulevrier vient de lire cette lettre. M. de Grimaldo m'avertit par la sienne qu'il n'y a point de lettre du Roy d'Espagne pour S. A. R. parce que le courrier dr n'en a point apporté d'elle pour S. M. C.

XXVII

AU MARQUIS DE GRIMALDO [1].

Le 1er décembre 1721.

Monsieur

M. le M. de la Farre capitaine des gardes de Monseigneur le duc d'Orléans, a esté, comme vous sçavez, depêché icy, par ce prince, vers L. M. C. pour avoir l'honneur de leur faire les compliments de sa part sur les occurences présentes, suivant l'usage appartenant a

---

1. Volume 299. Minute conservée en double et avec force ratures par Saint-Simon qui paraît s'être donné beaucoup de mal pour écrire une lettre qui ne voulût rien dire.

son rang, et plus encore pour temoigner l'extrême et respectueuse gratitude de l'honneur qu'il a plû a L. M. C. faire a la Princesse sa fille de la choisir pour épouse de Monseigneur le Prince des Asturies ; c'est ce qui a engagé Mgr le Regent a desirer, que cette reconnaissance se produise au dehors par des actions de graces publiques de sa part.

Il a l'honneur d'estre de la même maison et famille que S. M. C. et d'avoir esté, a ce titre, traitté comme Infant d'Espagne quand il y est venû.

La qualité de frère qu'il a l'honneur de donner aux héritiers présomptifs de couronnes, qui la reçoivent de luy sans difficulté, est une distinction si singulière, et si relevée, qu'il ne s'en peut une plus grande dans un prince qui n'est pas Roy.

Touttes ces raisons me font esperer que le Roy d'Espagne voudrâ bien recevoir publiquement M. le M. de la Farre, non pas avec les honneurs des Ambassadeurs des testes couronnées, qu'il ne peut pretendre, mais bien avec ceux que V. E. jugera les plus convenables dans l'occurrence presente.

C'est a l'affection que V. E. a fait paroistre pour porter l'union presente au point ou nous avons la joye de la voir, a son respect pour l'Auguste Maison du Roy son maistre, et a tout ce que meritte un prince qui a maintenant l'honneur d'estre admis dans celuy des bonnes graces et de l'alliance si intime de S. M. C., que j'espère que V. E. voudra bien accommoder son experience sur le cérémonial pour que la reception reponde a la conjoncture présente. Les intentions de V. E. sont si pures en tout, sa delicatesse si exacte et ses vûes si justes, qu'en si abandonnant, on ne peut jamais manquer, et je le fais avec d'autant plus de confiance que, celle du Roy d'Espagne ne pouvant estre plus hautement marquée pour M. le Duc d'Orleans par l'alliance qu'il luy fait l'honneur de prendre avec luy, V. E. ne sera point détournée par le service de S. M. C. de le faire honorer par elle en tout ce qui sera possible ; je croys même me pouvoir flatter que le Roy et la Reine d'Espagne voudront bien s'y porter d'eux-même, et par amitié personnelle et la confusion de leurs ennemis communs, et par la grandeur de Maisons qui sçavent entendre et sentir avec tant de justesse et de dignité. Je crois pouvoir asseurer V. E. qu'en même temps que rien n'est plus grand pour S. A. R. que l'honneur de cette alliance, si directe avec L. M. C., rien aussy ne luy sera plus doux que d'en éprouver des suittes si sensibles, et que Mgr le Regent sçaurâ un gré infini a l'adresse des expédients que vous sçauriez bien proposer, et aura une reconn^{ce} proportionnée à la bonté du Roy d'Espagne a les vouloir bien prendre.

Après avoir eû l'honneur de m'expliquer ainsy confidament a V. E. comme au plus digne instrument de cette union, qui fait toutte notre joye commune comme elle sera nôtre commune grandeur, j'abandonne tous les details de l'exécution, avec cette même confiance, a la bonté de L. M. C. et a la sagesse et aux bonnes intentions de V. E. Après de telles vües, je n'ay garde de me flatter, qu'un regard jetté sur moy put y aider de quelque chose, n'y avoir assez meritte auprès d'elle pour qu'elle put se representer, a cette occasion, a quel point elle me touche personnellement, par mon attachement, si particulier a S. A. R. et par la nouvelle et infin^{ie} reconnaissance que je luy dois, de l'employ, si flatteur en tout genre, dont elle m'a fait honnorer icy par le Roy mon Maistre, et qui m'y rendra temoin presque occulaire de la reception de l'envoyé de S. A. R. pour lequel l'ordre que V. E. a envoyé, a M. le M. de la Farre, de joindre et de suivre la cour m'est d'un très bon augure.

Je supplie V. E. de trouver bon que je commence deja a luy faire icy mes tres humbles remerciments de cet empressem^t de voir M. le M. de la Farre, d'en vouloir bien porter ma reconnaissance avec mon tres profond respect aux pieds de L. M. C. et d'estre entierement persuadé des sentiments avec les quels je vous honnore et suis parfaitement, Mgr, de V. E., etc.

Le Duc de St-Simon.

XXVIII

AU CARDINAL DUBOIS[1].

Madrid, 1er décembre 1721.

J'ay receu au sortir de la table un courrier de M. le M. de Grimaldo, dont je n'ay l'honneur d'ecrire a V. E. que par occasion : il me mande qu'il m'a envoyé, ce matin, les reponses à ce que nôtre courrier avoit apporté, pour les mettre dans mon paquet pour vous, et

1. Volume 308.

que le mien lestant allé trouver, sans estre chargé de ses reponses, il me prie de les luy renvoyer, et la retenû en attendant pour l'en charger : cest ce que j'aurois esperé qu'il feroit, comme je le luy avois mandé ce matin, en luy renvoyant les d^{res} depesches aussy tost que je les ay eu receües et que je les aurois attendües, pour despecher le courrier, sans M. le M. de Maulevrier, ainsy que je luy ay expliqué par ma lettre de ce matin, et a V. E. par celle que j'ay jointe pour elle. Je me suis donc contenté de luy renvoyer son homme, et de luy mander que j'ay prevenû des le matin ses desirs.

M. le M. de Farre, m'a temoigné ce soir des pretentions que je desirerois fort qui pussent avoir lieu, et que j'aurois essayé de facilliter par des *Mezzotermine*, si j'avois pû le mener moy-même a L. M. C. Mais cela est impossible parce que la difficulté des logements les a empêché de me permettre de les suivre dans leur voyage, et que M. de la Farre a reçu ordre aujourd'hui de les aller joindre, pour le continer a leur suitte.

Dans la difficulté de demander rien de positif j'ecris pour luy, a M. le M. de Grimaldo, la lettre dont je joins icy la copie, ou vous ne reconnoistrez pas le serviteur le plus zelé pour la grandeur de S. A. R. et ou j'ay neanmoins evité de l'engager formellement en rien. Je ne sçay point precisement quels ordres il a apportées la dessus, mais il m'a parlé d'audiance publique et d'honneurs, que n'ont point eüs ceux que feu Monsieur a envoyés dans les cours etrangères, à ce qu'il m'a dit luy même; mais la passion que j'ay de pouvoir contribuer a quelque chose d'agreable a S. A. R. dans l'employ que je tiens d'elle me fait essayer d'user de la faveur et de la conjoncture presente en evittant aussy de luy deplaire par en abuser, c'est, au moins, ce que je me propose de faire, et je souhaitte extremement que vous approuviez ce que j'ay tenté.

Je n'ay point oublié les ordres possitifs que j'ay receues sur ce qui regarde M. le Duc de Berwik. Mais M. son fils, qui m'a parû avoir bien de l'esprit et du sens, m'a engagé d'en differer l'exécution jusqu'a Lermâ, et m'a instruit de la manière de m'en mieux acquitter; ce court détail entrerâ dans le compte que j'auray a vous rendre lors de l'exécution que je projette pour les premiers jours que j'auroy rejoint cette cour.

Le Duc de Liria, me paroist, icy, universellement aimé et estimé, fort meslé avec tout le monde et lié avec ce qu'il y a de meilleur; il est ami intime de M. le M. de Grimaldo, qui s'est bien souvenû qu'il l'a toujours cultivé, quand tout le monde l'abandonnoit du temps de M. le C^l Alberoni et toutes les informations que le peu de loisir, que j'ay eu depuis que je suis icy m'a permis d'en prendre, et que j'ay pourtant recherché, m'ont fait naitre la pensée que son âge fort meuri par les differents pays qu'il a vûs, et la bonne conduitte qu'il a eû partout, ne seroit point un obstacle a en faire un tres bon ambassadeur; car je n'y en sçay point d'autres, et le peu de sujets qui sont icy propres a ce me confirme encore dans cette pensée, quelque convenable qu'il me parût d'avoir a Paris un Espagnol naturel; on ne pourroit avoir d'Ambassadeur plus affectionné a l'union, et il me paroit glorieux a S. A. R. que l'on choisit icy pour cet employ le fils de M. de Berwik, après ce qui s'est passé. V. E. juge bien que c'est d'elle a moy, que j'expose cette idée, dans celle que M. le Duc d'Ossone n'a pas plus d'envie de rester a Paris, un jour après ses fonctions achevées, que j'ay de demeurer en Espagne, du moment que Mlle de Montpensier sera mariée, et qu'il paroit pourtant fort à propos qu'il vienne bientôt un Ambassadeur d'Espagne a Paris. V. E. y fera ses reflections, si elle juge que cela les merite.

J'ay eû l'honneur de vous mander que je n'avois point oüy parler de M. le Duc D'Ormond et que je l'avois rencontré, une seule fois au Pallais, sans nous estre mesme approchés. Je le trouvay le jour ou cette cour partit d'icy comme tout le monde attendoit a voir le Roy et la Reyne d'Espagne; en sortant, il s'approchâ de moy parmi le nombre des gens considérables qui me firent en même temps cet honneur, et me parla de choses indifferentes, comme les autres, ce que j'abregeay, civilement, en prenant occasion de m'aller promener dans un sállon joignant.

Il me vint voir hier pour la 1re fois et ne me trouvâ pas, je luy rendray tantost sa visitte, a l'heure ou je croiray ne le pas trouver; et comme je pars demain, et qu'il ne vient point a Lerma, nous nous sommes apparament vûs luy et moy pour le reste de nôtre vie.

Il faut que j'aye rendû plus de 80 visittes que j'ay receües, parce qu'on a le bonheur de trouver assez peu les gens, et qu'on en expedie ainsy beaucoup, aussy est on tres content de mon attention, a ce qu'il me revient, et j'ay l'honneur de vous rendre compte de cet article de M. le Duc d'Ormond et de celuy de la politesse pour vous faire remarquer que je n'oublie pas ce que vous me recommandés; quant a celuy de la constitution, et de Rome, le nom de la premiere n'a pas esté prononcé icy depuis que j'y suis, ny rien qui en approche par moy ni par personne; il n'a pas esté plus question de l'autorité du Pape et j'ay rendû et receü touttes sortes de civilités de M. le Nonce.

Je n'ay point l'honneur d'écrire par cet ordinaire, au Roy ni a S. A. R. a cause de l'expedition du Courrier d'hier et je vous suplie de me faire la justice d'estre de plus en plus ersuadé, de mon parfait attachement pour V. E.

Le Duc de St-Simon.

XXIX

AU DUC D'ORLÉANS [1].

Villalmanzo, 6 janvier 1722.

Monseigneur,

Je ne puis encore tesmoigner a V. A. R. toutte ma reconnoissance qu'en un mot. Je la conjure au moins d'estre persuadée que j'en ay le cœur pénétré, et que j'ay presque de la peine qu'il ne se puisse rien ajouter en moy aux anciens sentiments d'attachement et de respect avec lesquels je suis

    Monseigneur
        de Votre Altesse Royale
Le très humble et très obeissant serviteur

Le Duc de St-Simon.

1. Volume 324. De la main du Duc.

XXX

AU CARDINAL DUBOIS[1].

De Villalmanzo, 6 janvier 1722.

J'offre à V. E. les premices d'une main encore tremblante parce qu'ils luy sont dûs en tant de façons, que les paroles me manquent pour luy temoigner ma reconnoissance. Je scais touttes vos singulières et perseverantes bontés pour me faire trouver du secours dans les embarras pecuniaires et mon courrier vient de m'apporter le comble que vous mettez à mes désirs; mais, quelques grandes que soient ces obligations de fortune, vous avez sceu encore les relever par d'autres tellement immédiates au cœur et pour moy et pour M^e de St-Simon a l'occasion de ma petite vérole, que je proteste a V. E. que je ne voudrois pas ne pas l'avoir eü par le plus de plaisir d'éprouver de telles marques de l'honneur de son amitié; la mienne vous est consacrée à la mort et à la vie, et mon cœur brûle de trouver les occasions de vous en convaincre aussy pleinement que d'aussy sensibles effets et aussy grands que ceux que je reçois de vous me montrent avec tant d'évidence que je ne puis compter sur personne aussy solidement que sur V. E. Faittes moy donc la grace après tant d'autres de compter aussy parfaittement sur moy, et agréez l'hommage sincère du cœur en échange des services

1. Volume 324. De la main du Duc.

audessus desquels vous estes et que mon impuissance et votre estat vous mettent hors de portée de recevoir.

Il faut que j'ajouste ce mot pour mettre vos bontés hors d'incertitude et vous rendre compte aussy de la conduitte que je médite dans l'esperance que vous l'approuverez. Le Roy et la Reyne d'Espagne m'ont fait écrire par trois différentes fois, la p^{re} par la voye de leur p^r Médecin qui est auprès de moy et les deux autres par M. le M. de Grimaldo, que les taches de mon visage ne les empescheront point de me voir sans aucune peine et qu'ils en ont impatience dès le lendemain de la quarantaine, qu'ils ont suputé qu'elle sera achevée pour le mariage, et qu'ainsy ils comptent et veulent que j'y assiste.

Ce redoublement de trois fois est arrivé sur ce que je m'en suis défendu les deux premières par touttes les raisons que vous pouvez bien penser, et je ne me suis rendu qu'a la dernière, faisant mander a M. de Grimaldo, par M. l'abbé de St-Simon, que je considérois cette prévenance de leur part comme un ordre; aussi prends-je un soin de mon visage comme feroit une fille de 15 ans et il paroist qu'il sera alors en estat de ne faire aucune peine.

Le mariage fait, qui sera aparament suivi de la grace que vous avez sceu menager avec tant d'art et de force, on retourne a Madrid. Quelque désir que j'aye de profiter de la liberté que vous me laissez de retourner d'icy en France et quelqu'occasion que m'en présente la fin de ma mission par la celebration du mariage, j'avoue qu'il me repugne de couper ainsy tout court a l'instant que j'auray receu une telle grace, après une autre aussi singulière que celle de se priver pour moy pendant 40 jours d'un p^r médecin auquel le Roy d'Espagne est également attaché par ses frayeurs continuelles sur sa santé, et par estime et preuve de son habileté qui veritablement, par sa reputation et par ce que j'en viens d'éprouver, a peu de pareilles. De plus je n'ay veu L. M. C. que 7 jours à Madrid pendant les quels j'en ai été comblé au dela de tout ce que je puis vous dire et continuellement durant ma maladie. J'ay l'honneur de vous appuyer cet article bien plus ferme et plus librement a cette heure que cela ne peut plus me servir a vous persuader de faire ce que vous venez d'exécuter avec tant de bonté. Par touttes ces raisons je me determine a retourner à Madrid en suivant vostre conseil sur la suitte et la depense d'y estre une 15e en courtisan reconnaissant et de m'en aller ensuitte par la route de Pampelune qui est la plus courte. Voila une longue lettre pour mon estat, mais j'ay le cœur si plein que je voudrois le repandre sur des rames en attendant l'honneur et le plaisir de vous embrasser de tout mon cœur et de repeter mil fois à V. E. qu'elle n'eut jamais de serviteur plus reconnaissant, plus fidèle, ny plus inviolablement attaché.

Le Duc de St-Simon.

Je considère trop l'abbé de St-Simon comme un 3 fils pour n'estre pas sensible au dernier point aux bontés que vous luy faites l'honneur de luy temoigner.

XXXI

AU CARDINAL DUBOIS [1].

A Villalmanzo, ce 13 janvier 1722.

J'obtiens enfin de M. Huygins la permission de repondre aux differentes depèches dont V. E. m'a honoré; j'y trouve, par les bontés infinies dont elles sont remplies, le beaume le plus propre a retablir entièrement mes forces loin de les epuyser.

Les bornes d'une lettre ne me permettent pas de repandre, avec toutte l'effusion que je desirerois, l'epanchement de ma reconnoissance ; je me contenteray de luy dire que ce que je luy dois est infini, et demeurerâ eternellement gravé dans mon cœur.

Je ne puis assez rendre grâce a V. E. des louanges qu'elle veut bien donner a la façon dont je me suis conduit icy ; elles relevent infiniment le prix de ce que j'ay taché de faire, pour soutenir l'honneur d'un si grand employ, et reconnaitre les bontés de S. A. R. que vous avez seu rendre si efficaces. Je suis ravy que vous approuviez ma conduitte sur des personnes, avec les quelles je n'ay nulle peine de la garder telle, et que je tacheray de continuer jusqu'au bout, quoy qu'il arrive.

J'ay compris ce que V. E. me fait l'honneur de me mander, a l'egard de la signature du contract de mariage, sur une table séparée et c'est la même raison, qui m'a

1. Volume 324.

engagé a ne faire aucune difficulté, de rendre a L. M. C. un respect qui ne tire a aucune conséquence et qui auroit été compensé, par le lieu de la signature des articles.

Je vous suplie d'ètre persuadé, que je ne fis aucune attention a moy, lorsque je me mis en estat de signer a coté du dernier Infant : je le fis uniquement, pour suivre de point en point ce que V. E. m'avoit dit et sans aucune reflection sur la signature de M. le M. de Maulevrier qui devoit suivre, si bien, que je ne repondis a l'avis de D^n Rodrigo, que par hausser ma main pour signer a côté du penultieme Infant. Il en est exactement de même de la difficulté que je fis sur les temoins qui ne vint uniquement que de ce qu'il n'y en avoit rien dans mon instruction et de l'ignorance ou j'etois sur cet article, et par cette raison je ne pû me resoudre a y consentir, que moyennant l'acte separé; et quant a l'avantage de signer seul le contract de mariage avec M. de Maulevrier, je vous supplie d'estre persuadé que par mon choix jeusse de beaucoup préféré l'incertion du nom des temoins, et leurs signatures dans le contract, ou mon fils et deux de mes parents, de mon nom, se seroient trouvés figurer dans leur première jeunesse avec des grands d'Espagne, revestûs des plus grandes et des premières charges de cet estat, et fort avancés en âge.

Ce quelle veut bien me mander sur la confidence faitte a M. Laulés est une suitte de ses bontés sans fin dont je ne puis assez luy rendre de graces.

Je ne manqueray pas d'executer ce que V. E. me prescrit a l'égard du Sr de Magny et luy rendray un compte exact de la reponse qui me sera faitte ; j'en juge deja par la façon dont je vois que l'on pense icy sur tous ces fugitifs : ils ont peu ou point de consideration, mais ils sont fort a charge tant par rapport aux pensions qu'aux employs ; je crois que L. M. C. seroient ravies d'en estre debarrassées, en obtenant pour eux une amnistie ; je dois même vous dire, quelles m'ont sur cela fait faire des insinuations assez marquées, pour avoir l'honneur de vous en rendre compte. Quelque soit mon sentiment sur cet article, je me conformeray, volontiers, aux ordres de S. A. R. et de V. E. et au desir de L. M. C.

Je feray mon possible pour découvrir la raison de M. de Montalegre, sur le conseil de nous abstenir du *Te deum*, mais V. E. se souviendrâ, que ce fut, M. le M. de Maulevrier et non pas moy, qui fit difficulté d'y aller sans information prealable, et que ce fut luy aussy qui la prit de M. de Montalegre.

M. l'abbé de St-Simon a eû l'honneur de rendre a V. E. un compte si fidèle et si exact de ce qui s'est passé entre le R. Père Daubenton (qui ne veut estre nommé dans aucune de mes depeches) et moy, et avec M. le M. de Grimaldo, par rapport aux graces que je puis esperer, que je ne crois pas pouvoir y rien ajoutter, que ce qui s'est passé depuis vostre dernière depèche. M. de Sartine a qui j'envoyay sur le champ vôtre paquet, manda a M. l'abbé de St-Simon, qu'il seroit bien aise de le voir incognito sur le chemin de Lerma icy ; ils s'y trouverent ensemble, et là M. de Sartine conferâ avec luy, sur l'usage qu'il devoit faire des excellentes lettres que V. E. luy avoit adressées et conclut, que si j'étois de cet avis, il falloit en suspendre l'usage jusqu'a de nouveaux ordres de V. E. ; M. l'abbé de St-Simon m'en rapporta la raison que je n'ay pu desaprouver ; quoy que j'eusse esté fort flatté de montrer icy les temoignages si authentiques des bontés infinies dont m'honore S. A. R. et de l'amitié si efficace de V. E.

M. de Sartine vous rend compte des raisons qu'il a eüs, celles aux quelles je n'ay pû me refuser est le menagement convenable aux demarches de S. A. R. ; or il pretend, et cela me paroit aussy, que les canaux souterrains dont V. E. s'est servie, ont esté si efficaces, qu'ils ont determiné entièrement les graces en question, que M. de Sartine croit devoir être déclarées, même avant la célebration du mariage ; il craint d'ailleurs que la lettre de S. A. R. qui ne diminue en rien la grandeur de la grace qui en est l'objet, ne fasse faire a L. M. C. des reflections contraires aux idées que M. le M. de Grimaldo a taché de leur inspirer ; pour diminuer le meritte et l'importance de la Grandesse, il leur a insinué, que cette dignité pour moy n'estoit pas une grace, puisque par les conventions les ducs et les grands estoient au même niveau, que toutte la grace se reduisoit a me permettre de passer sur la teste de mon second fils, la Grandesse, dont j'ay icy naturellement les honneurs. Cette idée, de la solidité de la quelle je laisse le jug^t a V. E., a produit tout l'effet que desiroit M. le M. de Grimaldo, aupres du Roy d'Espagne, qui l'a luy même autorisée par citter a la Reine et a M. le M. de Grimaldo l'exemple de M. le Duc de Berwik, et a dit qu'il étoit vray, quelle estoit beaucoup moins considerable, pour moy que pour un autre. J'ay cru devoir sacrifier, a touttes ces raisons, l'honneur et le plaisir, que je me proposois, en faisant usage des lettres pleines d'adresse et de force que V. E. m'a bien voulu procurer.

Les reflections de M. de Sartine m'auroient fait naitre, un scrupule, sur l'acceptation des graces de cette cour, au cas, comme je l'espère, qu'il y en ait plusieurs, mais je crois cette difficulté bien levée par ce que me fait l'honneur de me mander S. A. R. dans sa lettre du 16 x^{bre}; elle veut bien m'y marquer le desir quelle a que je recueille le premier fruit de l'union qui vient de se former, et qu'elle sera tres sensible si je reçois des marques publiques et indubitables de la satisfaction du Roy d'Espagne. J'ay eû l'honneur de m'expliquer si formellement avec S. A. R. et avec V. E. sur la multiplicité des graces, et d'en recevoir des reponses si favorables, que je ne crois plus ce scrupule fondé, et que je ne dois avoir aucune difficulté, d'accepter, pour moy et pour mes enfants, les grâces qu'il plaira a L. M. C. de m'accorder qui partent si directement de S. A. R. et de V. E.

Le contretemps facheux qui m'est arrivé a beaucoup derange l'objet que M. Pequet s'est proposé en envoyant icy M. son fils; il n'a appris, depuis 6 semaines, qu'a donner a un malade les soins les plus assidus et a l'amuser infinim^t par l'esprit et les connaissances, fort au dessus de son âge, dont il est rempli.

Je ne puis m'empecher de reiterer a V. E. les remerciments, que M. l'abbé de St-Simon luy a deja faits, de l'attention si effective qu'elle a bien voulu avoir pour l'officier que je luy ay depèché.

Tout ce que je dois a V. E. et mon desir de luy en

marquer, ma reconnaissance, dans les moindres occasions, luy doivent estre caution de tout ce qui dependra de moy, pour procurer a M. de Chavigny, les facilités et l'agrément qu'il pourra desirer; je scay par moy même ce qu'il vaut, qui est infinim^t relevé auprès de moy par la recommendation de V. E.

J'exécutteray avec tout l'empres^t possible vos ordres sur les 3 mémoires que vous m'envoyez; tout ce qui appartient a S. A. R. m'est trop prétieux, et j'ay en particulier trop de consideration pour M. Coche, pour ne pas faire de mon mieux sur ce qui le regarde.

M. le Chev^r de Saintot, est si honnête homme et s'acquitte si dignement des fonctions de sa charge, que je seray ravi de m'employer pour le service de sa parente; la personne de M. le Comte de Rottembourg et la chose qui l'interresse meritent trop de considération pour ne me pas appliquer tout entier a lui procurer la satisfaction qu'il desire et par dessus tout le plaisir d'obeir aux moindres recommandations de V. E.

M. l'Abbé de St-Simon a regardé ce que vous m'avez fait l'honneur de me mander à l'egard de M. de Cheverni, comme une affaire provisoire. L'interruption du commerce avec la cour la obligé de s'adresser à M. de Sartine pour prevenir M. le M. de Grimaldo sur la demande qui pouvoit être faitte par cette dame; il s'est servi des armes que V. E. me mettoit en main, je veux dire, l'observation exacte de la regle prescrite de ne laisser suivre M^e la Princesse des Asturies par aucuns François; il n'en est rien revenu à M. de Sartine. Il y a apparence que cette dame s'est desistée des prétentions, quelle a eües, ou qu'on luy a attribuées; on ne peut être plus touché que je le suis du motif de l'avis, que vous avez voulu me donner sur ce point.

La Princesse, qui fut échangée le 9, n'arrivera a Lerma que le 25 ou le 26. Cette cour y sera de retour après demain. Comme il y aura deja 8 jours, que je seray en usage d'aller tous les jours a Lerma, je compte aller audevant de la Princesse, à sa dernière couchée, pour luy rendre tous les respects que je dois, encore plus a la fille de S. A. R. qu'a la future princesse des Asturies. Ils doivent tous partir pour Madrid les derniers jours de ce mois, ou on prépare beaucoup de festes, et entre autres un tournois qui se doit trouver prest en arrivant, dont M. le Duc de Larco serâ le chef, en la place du duc de Medina Cœli, qui s'en est excusé à cause de la dépense. Ces suittes de la solemnité du mariage me sont une nouvelle raison d'accompagner L. M. C. a Madrid, ainsy que j'ay deja eü l'honneur de le mander a V. E. dans l'espérance de son approbation, elle peut bien croire, que mon séjour y sera court, dans l'impatience extrême ou je suis de me retrouver a portée de temoigner moy-même toutte ma gratitude a S. A. R. et de vous voüer une reconnaissance et un attachement éternels; je ne puis en effet cesser de vous rapporter la grandeur solide et la decoration extérieure de ma maison, et de me baigner, puisqu'il faut vous le dire, dans ce comble d'amitié a qui rien de grand, ni de petit n'échape. Tout ce que vous avez fait auprès de S. A. R. pour me procurer des secours, et tout ce que vous n'avez pas dedaigné de faire auprès des particuliers qu'on a crû qui m'en pourroient fournir, jusqu'a vouloir y engager du Vôtre; mais plus que tout cela encore vôtre sensibilité sur ma santé, vos soins et vôtre inquiétude pour calmer celle de Mme de St-Simon, la bonté avec laquelle vous avez quitté vos plus importantes affaires pour aller vous-même chez M. le Duc d'Humières, et les details ou vous avez bien voulu entrer pour empecher les lettres de l'ord^ro de se repandre et le courrier de M. Laulés de parler, jusqu'a ce que Mme de St-Simon put estre informée, avec les précautions qui luy estoient si necessaires; touttes ces choses ensemble, et chacune d'elle en particulier, me penetrent si vivement le cœur, que les expressions me manquent pour vous en rien exprimer, si non que je suis a V. E. a la mort et à la vie, et que je me flatte quelle me connoit assez pour y compter parfaitement, et sur tout le respect que vous meritez.

Le Duc de St-Simon.

XXXII

AU ROI[1].

A Villalmanzo, ce 22 janvier 1722.

Sire,

J'eus l'honneur d'aller saluer L. M. C. a Lerma le 19 de ce mois, elles avoient envoyé des ordres reiterées a la Princesse d'arriver en diligence, et augmenté les relais sur sa route, autant qu'il avoit été possible

1. Volume 313.

en sorte que le même chemin que l'Infante a fait en trente cinq jours, la Princesse n'y a mis que dix et arrivera le même jour 19 a Cogollos a 4 lieues de Lerma ; le Roy d'Espagne y envoya le même jour 19 le Duc de Larcos son grand ecuyer pour la complimenter, et se deroba luy même avec la Reyne d'Esp^e et Mgr le Prince des Asturies, sans que personne de leur cour, en eut connaissance, dans l'impatience de voir eux mêmes la Princesse; ils entrerent chez elle un moment après que le Duc de Larcos eut fait son compliment, et qu'il en eut demandé la permission à la princesse, comme pour des gens de sa suite qui avoient la curiosité de la voir ; personne de ceux qui etoient a Cogollos n'avoit part a la confidence, mais aucun n'osa faire semblant de rien. Fort peu de temps après que L. M. C. furent entrées, M. le duc de Larcos dit à la Princesse, que ses domestiques etoient devenus ses maitres, et cette galanterie, ne deconcerta point la Princesse que le Roy, et surtout la Reyne, embrasserent très tendrement, et a plusieurs reprises; leur visite dura une heure debout en présence de tout le monde; apres quoy le Roy, et la Reyne d'Espagne et Mgr le Prince des Asturies revinrent a Lerma ; la Princesse y arriva le 20, sur les deux heures après midy et fut reçüe par le Roy et la Reyne d'Espagne, et par le prince, au bout de la cour qu'ils traverserent pour aller au devant d'elle et la menerent dans l'appartement quy luy estoit preparé, avec la plus grande marque de joye peinte sur leur visage. La Reyne m'ayant apperceu me dit avec transport de joye qu'elle tenoit maintenant la princesse, qu'elle estoit presentement a eux, qu'elle n'estoit plus a nous, et qu'ils la sceauroient

bien garder; ils furent plus d'une heure tous quatre
ensemble et, quelque temps après s'estre separés, la
Reyne luy envoya un beau collier de pierreries, des
boucles et des pendants d'oreille de grand prix, dix
montres d'or avec des chaines enrichies de diamants,
18 tabatières en or, plusieurs étuis d'or de différentes
façon avec des diamants, et quantité d'autres bijoux.
Apres quelque repos, le Prince et la Princesse furent
mariés en presence du Roy et de la Reyne d'Espagne et
de tout le monde, par M. le Cardinal de Borgia, et ce fut
au moment que le mariage venoit d'estre achevé, et
dans le lieu même, que le Roy d'Espagne voulut marquer
la satisfaction extrême, qu'il ressent d'une union intime
avec Votre Majesté en me comblant de ses graces, que
V. M. m'a fait celle de me permettre d'accepter et que
je luy dois toutes entières comme a leur source. Un
moment après le Roy d'Espagne donna aussi la
toison d'or a M. de la Fare, pour montrer, en toute manière, qu'elle estoit son infinie satisfaction. L. M. C. et
le Prince, rammenerent la Princesse dans son appartement, où ils furent plus de deux heures tous quatre ensemble. Le Roy et la Reyne d'Espagne souperent ensemble a leur ordinaire, et le Prince et la Princesse
chacun separement; a 9 heures il y eut un grand bal,
ou jamais L. M. C. n'ont fait paroitre tant de gayeté.
Un peu apres minuit on fut du bal dans l'appartement
de la Princesse qui fut deshabillée et mise au lit, en
presence de la Reyne d'Esp^e et des Dames; le Prince se
deshabilla cependant dans la piece voisine, en presence
du Roy d'Espagne, et de toute la cour, et de tous ceux
qui voulurent entrer; le Roy paroissoit transporté de

joye et parloit a tout le monde; et la Reyne fit plusieurs allées et venües d'une chambre a l'autre, hors d'elle même de contentement. Lorsque la Princesse fut au lit on appella le Prince, et dès qu'il y fut luy-même, le Roy et la Reyne d'Espᵉ firent entrer tout ce qui se presenta a portes ouvertes.

Ils voulurent que chacun s'avançât autour du lit, dont tous les rideaux estoient absolument ouverts, et après un temps qui fut même considerable, le Roy et la Reyne d'Espagne, qui parloient cependant a tout le monde, dirent qu'il falloit se retirer, et sortirent des premiers en souhaitant mille benedictions a ces augustes mariés.

Hier 21. Les cérémonies ordinaires du mariage ont été suppleés, a la manière de ce pays cy, par la ceremonie qui s'appelle *Velation*, et qui se fait avant et pendant la messe; M. le Cardinal de Borgia a fait toutes ces fonctions et a dit la messe, pendant et après laquelle la joye a continuée d'eclater sur le visage de L. M. C. et du Prince. Il y avoit des divertissements et un bal ordonnés pour le même soir, mais la Princesse s'étant trouvée extremement fatiguée et devant partir ce matin, il a été jugé a propos de la laisser reposer et de ne se point divertir sans elle. Le Roy et la Reyne d'Espᵉ sont partis sur les deux heures après midy, le Prince et la Princesse faisant les memes journées, pour arriver tous a Madrid le 26 ou on prepare quantité de festes. J'ay eu soin, Sire, suivant les Commandements de V. M., de me conserver le premier lieu, en toutes ces fonctions, en quoy je n'ay pas trouvé la moindre difficulté, ni temoigné non plus la moindre affectation.

M. le M. de Maulevrier et moy estions l'un auprès de l'autre a la celebration du mariage, mais, comme il prit le lendemain les devans pour Madrid, j'étois seul a la ceremonie de la Velation. Je ne puis dire a V. M. avec quelle tendresse le Roy et la Reyne d'Espagne ont embrassé la Princesse, et aprés la celebration et en quelques autres occasions de son mariage, et même devant le monde qui en a été veritablement touché ; ni combien aussy la Princesse paroit dèja accoutumée et reçoit avec respect et avec graces infinies toutes les marques d'affection.

Je compte de me rendre aussi dans 5 jours a Madrid et de partir demain.

Je suis avec un tres profond respect
Sire
de Vôtre Majesté
Le tres humble, tres obeissant et tres fidele serviteur et sujet.

Le Duc de St-Simon.

XXXIII

AU ROI [1].

A Villalmanzo ce 22 janvier 1722.

Sire,

Le nom de V. M. est tout puissant, et par sa permission, j'en ressens les plus grands effets ; je ne puis

1. Volume 313.

assez exprimer à V. M. l'excès de ma reconnaissance ; je la suplie, au moins, de daigner etre persuadée qu'il n'est personne au monde, qui soit avec un attachement plus entier, ni plus inviolable pour sa personne sacrée, des desirs plus ardents de pouvoir avoir le bonheur de la servir a son gré que moy, ni avec un plus profond respect,

Sire,

de Votre Majesté,

Le tres humble, tres obeissant et tres fidèle serviteur et sujet,

Le Duc de St-Simon

XXXIV

AU DUC D'ORLÉANS [1].

A Villalmanzo ce 22 janvier 1722.

Monseigneur,

V. A. R. verra dans la depêche du Roy tout ce qui vient de se passer icy a l'occasion du glorieux mariage qu'elle a scu conclure ; il ne se peut rien ajouter aux expressions ni aux marques d'empressement et de tendresse de L. M. C. pour la Princesse, et si elle étoit la propre fille de la Reyne, je ne scay si elle la traiteroit aussi bien ; elle a charmé toute sa suite par la bonté de son cœur, temperée par une prudence fort au dessus

1. Volume 313.

de son âge; elle s'est accoutumée et même fort amusée avec eux durant la route; sa défférence extrème pour sa Camera mayor les a tous surpris, mais beaucoup d'avantage son esprit et ses reparties. Je ne puis m'empêcher de vous en citer deux, qui vous feront juger du reste ; en revenant du *Te deum* qui fut chanté le lendemain de l'échange dans le lieu ou elle coucha, elle vit quelques grands se couvrir en sa présence, elle en fut extremement surprise, et après quelques moments, elle se mit a regarder le temps qu'il fesoit, qui estoit fort beau, et demanda aux personnes qui étoient proches d'elle avec un air de douceur et de finesse s'il pleuvoit, ils la comprirent et luy expliquèrent ce qu'elle avait curiosité d'apprendre.

Je crois que V. A. R. ne sera pas peu touchée de l'empressement et de la galanterie de la visite du Roy et de la Reyne d'Esp° à Cogollos, mais elle ne le sera pas moins de ce que je vay avoir l'honneur de lui dire.

Le Prince ne cessa de regarder la Princese, ce quelle soutint avec une grande modestie; sur la fin de la visite, la Reyne luy demanda ce que luy sembloit du Prince, et comme elle la pressoit sans qu'elle voulut s'expliquer, elle repondit enfin, avec un sourire; qu'elle ne le pouvoit pas pour ce jour la, mais quelle lui dirait le lendemain. Vous conviendrez, Monseigneur, qu'on ne sen peut tirer avec plus de finesse et d'esprit, et cette reponse a aussy charmé tous les Espagnols ; elle a eu grand soin de donner et de faire donner sur sa route; et des qu'elle eut receu avant hier les presents de la Reyne, elle distribua plusieurs tabatières aux dames, et manda à la Duchesse de Monteliano, qui ne se trouva pas pour lors présente, que la tabatière qu'elle luy envoyoit, n'était pas un present digne d'elle, mais qu'elle la prioit de la donner de sa part a son fils.

Vous jugez bien, Monseigneur, que j'ay eu tout le temps, pendant les 40 jours que j'ay été separé du monde, de causer avec M. Higins, premier medecin du Roy d'Espagne ; je scûs de luy qu'il étoit resolu que le mariage ne se consommeroit a cause de l'extrème delicatesse et de la jeunesse du Prince, et j'avoueray a V. A. R. que je ne pus pas m'empecher de l'approuver, et pour la raison visible de la chose en soy, et par l'interet que vous avez de vous conserver un tel gendre, mais dans le même temps je sentis tout le danger d'un mariage non consommé, et qui ne paroitroit point l'avoir été, parce que en Espagne la coutume est que les mariés se couchent en particlier et que qui que se soit ne les voye au lit, je me resolus donc de gagner M. Higins sur ce point, à quoy je parvins sans difficulté, et de le traitter à Lerma du moment que je pourrois y aller. C'est ce que j'executay le 29 avec M. le M. de Grimaldo, qui y entra autant que V. A. R. l'eut pû souhaitter elle même, et a qui j'expliquay ce qui s'étoit passé au mariage de feu Monseigneur le dernier Dauphin ; j'eus l'honneur ensuite d'être admis à l'audiance du Roy et de la Reyne ensemble, aux quels dans l'entre deux ce Ministre n'avoit pu parler parce que L. M. C. avoient fait leurs devotions ce jour la, ce qui m'empêcha aussi de pouvoir prevenir le Pere D'Aubenton la dessus. Je fus receu du Roy et de la Reyne d'Espagne, avec les plus grandes marques de bonté ; je leur rendis ensuite les agréables reponses de V. A. R. sur les instructions de l'Infante pour ce qui regarde la religion, sur les recommandations que la Reyne d'Esp[e] vous a fait en faveur de celuy qui est chargé de ses commissions à Paris, et je leurs lûs les endroits des lettres de V. A. R. et de M. le Cardinal Dubois qui les pouvoient flater d'avantage; ensuite, je pris la liberté d'entrer avec eux en propos de la resolution qu'ils avoient prise sur le delay de la consommation du mariage, et après avoir loüé cette sage précaution, je me hazarday a leur faire la proposition que j'avois meditée; je trouvay encore une facilité surprenante, fondée sur le desir de vous plaire, et sur une veritable bonne foy dans tout ce qui se passe; ils me dirent l'un et l'autre, qu'ils m'attendoient pour savoir de moy comment les choses s'étoient passées au mariage de feu Mgr le Duc de Berry, car ils ne se trouvèrent a rien le soir, parce qu'ils étoient trop petits.

J'eus donc l'honneur de leur expliquer comment la chose s'etoit passée, laquelle ils me dirent qu'ils vouloient imiter et qui a été en effet de point en point le modèle de ce qui s'est passé icy ce soir des noces; j'y fus seulement surpris que le Roy d'Espagne ne donna point la chemise a Mgr le Prince des Asturies; j'avois obmis de leur dire que le feu Roy avoit fait ces honneurs a Mgr son petit fils, mais cela n'importe a la sureté ni a la solidité du mariage pour les quelles j'ay crû essentiel cette ceremonie du coucher en public, et c'est ce qui m'a obligé, de la proposer contre tout usage d'Espagne, quoique V. A. R. ne m'eut rien écrit la dessus. Cette nouveauté a extremement surpris icy et en a même scandalisé quelques uns; plusieurs m'en ont parlé, comme en étant même un peu peinés, je leur ay repondu simplement que c'étoit une coutume de la maison de France, qui y avoit toujours été observée, qu'on avoit crû devoir d'autant plus observer en cette occasion, que le Prince et la Princesse etoient tous deux de cette maison; cette reponse les a autant satisfait qu'ils ont pu l'être d'une chose, a leur sens indécente et contre leurs usages; elle leur a honnetement fermé la bouche; je n'ay eu garde de leur laisser entendre, qu'il pût y avoir d'autres raisons plus solides dans un mariage non consommé.

Je n'ay pas manqué de faire a L. M. C. les remerciements de Madame et de Mad^e la Duchesse d'Orleans, aux compliments qu'elles en ont receus.

Je ne puis exprimer a V. A. R. combien je ressens toutes les bontés des quelles sont remplies les lettres dont elle m'honnore, mais je le puis beaucoup moins encore pour les effets si grands pour moy et pour ma maison qu'elles viennent de me procurer; je n'ay d'espérance qu'en ces mêmes bontés, pour supléer a mon impuissance, et a la justice que je scay qu'elle ne me refusera pas d'être persuadé que mon attachement et mon devouement pour elle sont au comble, ainsy que le respect avec lequel je suis

    Monseigneur
        de Vôtre Altesse Royale
    Le tres humble et très obeissant serviteur.

Le Duc de St-Simon.

XXXV

AU CARDINAL DUBOIS [1].

A Villalmanzo ce 22 janvier 1722.

V. E. verrâ par les depeches cy-jointes au Roy et a S. A. R. ce qui vient de se passer icy, aux noces que son habileté a sceû procurer, et dont les agrêments de ce coté cy sont inexprimables.

Je souhaitte extremement que vous approuviez le coucher en public, dont je me suis avisé, et les raisons qui m'ont engagé a le procurer. J'ay maintenant l'honneur de vous rendre compte de ce qui ne se trouve point dans les d. depêches.

Je me suis informé a M. le M. de Grimaldo, suivant que vous m'en aviez chargé, du traittement que le Roy d'Espagne donne au Czar : il comprit aussy tôt que c'estoit par rapport, à la pretention de ce prince au titre d'Empereur, dont vous m'avez fait l'honneur de me parler ; il me repondit nettement que c'etoit une qualité, qu'ils ignoraient entièrement, dans le Czar, qu'il étoit vray que le Roy d'Espagne n'avoit point eû d'occasion de luy donner ou de lui retirer aucun traittement, mais qu'en dernier lieu, a l'occasion des mariages, que V. E. vient de conclure, le Roy d'Espagne en avoit donné part au Czar, et s'etoit pour cela servi du protocol ancien des Roys ses predecesseurs, sans luy

1. Volume 313.

donner aucun nouveau titre, n'y par conséquent celuy d'Empereur. M. le M. de Grimaldo, me parut éloigné de l'admettre, et me promit fort obligeament, sans que je le luy le demandasse, la copie du protocole des Roys d'Espagne pour le Czar, dont le Roy d'Espagne, d'aujourd'huy, vient de se servir, tout a l'heure. J'auray l'honneur de vous l'envoyer dès que je l'auray receue.

Je luy parlay aussy de la Toscane a l'occasion de la santé du grand duc qui a l'apparence de se retablir et de la suspension de la marche des troupes impériales de ce coté la. Il me repondit avec grande affection sur ce point qu'il me dit être la partie la plus sensible du Roy et de la Reyne d'Espagne, que L. M. C. se confioient entièrement en la protection de l'amitié de S. A. R. la dessus, qu'ils y avoient mis toutte leur confiance, et qu'ils comptoient, asseurement, quelle ne seroit pas trompée, tant en consideration de l'union personnelle avec luy et de Couronne a Couronne avec la France, que parcequ'elle est trop clairvoyante, et V. E. aussi, pour ne pas bien sentir l'interet de la France a empescher l'Empereur de se rendre maitre de l'Italie, ce qui ne se peut evitter que par l'établissement de l'Infant d^n Carlos. M. de Grimaldo me toucha, a ce propos, un mot de l'Angleterre, a laquelle il pretend qu'il ne faut avoir aucune confience ni aucune espérance, en cette affaire d'Italie, par l'interet du Roy d'Angleterre comme prince de l'Empire a ne blesser point effectivement l'Empereur dans un point si sensible, et parce qu'il ne veut pas non plus fortifier la branche d'Espagne d'un tel établissement, dans la volonté qu'a ce prince de se concerver la possession de Gibraltar et du Port-Mahon. V. E. fera sur ce dernier point d'Angleterre les sages reflections que ses lumières luy fourniront, elle me permettra seulement de luy dire, qu'a ne considerer que ce raisonnement tout seul, il me paroit bien fondé; ce qui me plût de ma conversation avec M. de Grimaldo sur ce chapitre c'est qu'il n'y fut rien dit qui tendit a aucun engagement, mais seulement une grande confiance, sur cette affaire, en S. A. R. sur laquelle on s'en veut reposer entièrement icy et un extrême desir que cet établissement ne leur echappe pas.

J'ay dit un mot legèrèrement, comme par conversation, de cette même affaire de la Toscane au Roy et a la Reyne d'Esp^e dans l'audiance que j'en eus le 19. Ils me dirent en substance touttes les mêmes choses que M. le M. de Grimaldo, et me parurent sensibles a ce point, au de la de tout ce que je puis representer, jusque la que Reyne me parla en gros des tyrannies de l'Empereur en Italie, de celles que son père en avoit essuyées en particulier, de l'amertume involontaire que cela luy donnoit contre l'Empereur joint a tout ce qui s'étoit passé a l'égard de l'Espagne qu'elle toucha neanmoins beaucoup plus legèrement. Ces propos animés la conduisirent a parler, avec une sorte de peine, de la préséance de l'Empereur sur les Roys et differents propos la dessus inutiles a grossir cette lettre, les quels me menerent bien naturellement a executter, ce que V. E. m'a ordonné a l'egard de M. le Duc de Lorraine. Le Roy d'Espagne me parut vivement piqué du procédé de ce prince et beaucoup plus que de la promotion de la toison d'or, que l'empereur vient de faire, quoy qu'il le soit extrêmement; aussy il me parut que cette toison, que le Prince de Lorraine a receüe de l'Empereur, éloignera extrèmement le duc son père d'estre admis par l'Espagne dans la 4^{ple} alliance; et au peu que S. M. C. a coutume de s'expliquer, je compris aisèment qu'elle n'epargnera pas les mortifications a ce prince, si elle en trouve les occasions. A ce propos le Roy d'Espagne me demanda avec amertume ce que je disois d'un fils de l'électeur de Bavière, et son cousin germain (m'ajouta-t-il) qui avoit aussy pris une toison de l'Empereur dans cette mesme promotion. Je ne pus pas m'empecher de desaprouver dans l'un ce que je venois de blamer dans l'autre; mais je l'escusay aussitot apres en disant a L. M. C. que l'interest et la passion de l'Électeur de Bavière du mariage d'une Archiduchesse luy avoit sans doutte arraché cette complaisance et je remarquay que cette raison que le Roy et la Reine d'Espagne repettèrent l'un et l'autre les adoucit extremement sur cette demarche du Prince de Bavière. L'Électeur son père a essuyé tant de mauvaise fortune, pour sa fidelité aux interets, du feu Roy, que j'ay cru devoir excuser de mon mieux ce qui vient de deplaire de luy au Roy d'Espagne, d'autant que je n'ay pas ouï dire qu'on eut cessé d'être content de ce prince, et que même dans l'incertitude, si j'y avois esté, il me semble qu'il faut toujours pancher a emousser les aigreurs; mais je prevois et je dois en avertir V. E. que ce *Punto*, de donner la toison, ne sera pas une des moindres difficultés, entre l'Empereur et le Roy d'Espagne. Je me servis aupres de S. M. C. assez heureusement, à ce qu'il me semblâ, de la comparaison, que vous m'avez fournie, de ce Seigneur qui se fit donner le cordon bleu par son curé, et ce qui me fit plaisir de toute cette conversation comme de celle que je venois d'avoir avec M. de Grimaldo, c'est qu'il n'y eut rien qui tendit a aucun engagement.

Je ne puis assez vous repetter a combien de reprises, et avec quel air sensible de vérité, le Roy et la Reine d'Espagne me parlèrent de leurs desirs extrêmes d'étraindre l'union, de plus en plus, et ne rien faire qui y puisse porter la moindre altération, ainsy que leurs désirs d'etre bien avec S. A. R. et de se porter a tout ce qui pourra luy convenir.

Je trouve dans M. le M. de Grimaldo et dans le père d'Aubenton, les mesmes demonstrations qui me paroissent de vrays dispositions sur les quelles je suplie V. E. de bien considérer, que les instruments dont elle se servira icy influeront beaucoup.

Je receu hier a dix heures du matin vôtre courrier, et l'honneur de vôtre depêche du 13 de ce mois, qui roule toutte sur la nommination de M. le Duc de Bournonville a l'Ambassade de France, et sur tous les inconvenients de ce choix. Dès que j'ay esté en état d'apprendre ce qui se passoit dans le monde, je priay M. l'abbé de St-Simon de temoigner a V. E., ne pouvant encore le faire moy même, mon extrême deplaisir de la précipitation de ce choix. J'ay eû depuis l'honneur de vous en écrire, si amplement, que je me flatte que mes excuses auront esté admises par V. E. et qu'elle aura vû combien cet envoy m'etoit personnellement desagréable par plus d'une raison; je n'ay donc rien a ajoutter à ce que j'ay eû l'honneur de vous en mander, d'autant plus, qu'en arrivant hier matin a Lerma, j'y ay trouvé public, que M. le Duc de Bournonville, ne va plus Ambassadeur en France et que M. le Duc d'Ossone y demeure en cette qualité ; cela m'a engagé a en parler un peu plus librement a M. le M. de Grimaldo, chez lequel je m'allay chauffer, en attendant la cérémonie de la Velation, et dont le bureau est contigu au lieu accommodé en chapelle ou elle s'est faitte, et qui (pour le dire en passant pour la singularité) est aussy le même, ou le bal fut donné la veille. M. de Grimaldo m'avouâ, franchement, que les bruits qui courroient étoient vrays, et que le changement de cette disposition était fondé sur ce qu'on avoit sçu que M. le Duc de Bournonville étoit extremement desagreable en France, sans neanmoins m'expliquer de quelle façon ces sentiments de notre cour avoient été si promptement connus et suivis ; il s'est etendû sur la complaisance du Roy d'Espagne pour S. A. R. dont ce changement étoit une grande et singulière preuve; il ajousta que pour peu que l'on eût sçu quelque chose icy, auparavant, il n'auroit jamais été nommé et qu'il étoit si essentiel de traitter, de part et d'autre, par des Ministres agréables pour confirmer et serrer de plus en plus une union si necessaire et si desirable[1] porteroit toujours le Roy d'Espagne a exclure pour ses employs toutte personne qui seroit non seulement peu agreable a son S. A. R. mais encore a V. E.; il me nia très bien que M. le Duc de St-Aignan eut jamais donné aucune exclusion a M. le Duc de Bournonville, n'y qu'on eut jamais sondé cette cour cy sur les Ministres que la notre y destinoit, et nommément

---

1. Probablement Saint-Simon a omis *que cette pensée.*

M. de Maulevrier, dont ils n'apprirent le choix que par la Gazette. Je dois rendre un fidèle compte de touttes ces choses a V. E. et la suplie d'observer que la retractation de l'envoy de M. le Duc de Bournonville, dont il est public que notre cour n'a point voulû, est d'un éclat, qui méritte des retours et singulierement que vous ayez agréable de leur faire part, icy, de celuy que vous y destinerez, si vous en retirez M. le M. de Maulevrier, et qu'avant de l'envoyer vous sachiez s'il sera agréable.

Je me flatte que V. E. ne trouvera pas mauvais, ce que je prends la liberté de luy en dire, et qu'elle me fera la justice d'être persuadée de mon attachement pour elle, le plus veritable, le plus reconnoissant et le plus respectueux.

Le Duc de St-Simon.

J'oublie de dire a V. E. que le matin que la princesse fut mariée le soir a Lerma nous allasmes, M. de Maulevrier et de la Fare, et tout ce qui est icy avec moy, luy rendre nos respects a Cogollos, ou elle avoit couchée, mais ce qui est meilleur a ne pas supprimer, c'est que le Roy et la Reine d'Espagne, le Prince et toutte cette cour ne se purent lasser de se plaindre de l'injure que luy a fait le portrait qu'on en avoit envoyé.

XXXVI

AU CARDINAL DUBOIS [1].

Villalmanzo, 22 janvier 1722.

Que dire de nouveau a V. E. Je ne puis estre plus entièrement a elle après l'accomplissement de ses bontés que lorsque je les ay veües touttes, et bien que l'effet des graces soit tout autre que l'espérance la plus certaine, le cœur qui sent autrement que l'esprit se remplit si fort de ce qui luy est propre, d'abord qu'il luy est présenté avec toutte l'abondance que vous avez fait au mien, que rien de nouveau n'y peut plus entrer, comme rien aussy n'en peut plus jamais sortir. Cest l'état ou m'ont mis pour le reste de ma vie les bontés sans nombre de V. E. à mon egard, et cette amitié si agissante et si singulière qui rassemble toutte la force de l'ancienne et touttes les graces de la nouvelle et qui s'est transformée et multipliée en tant de façons différentes touttes plus touchantes et plus entraînantes les unes que les autres.

Ma maison sera a jamais redevable de cette grandeur à la volonté de S. A. R. et a l'activité de V. E. dans la quelle mes enfants et moy vont trouver tout l'agrement de notre vie. Sentez donc et goustez donc tout ce que vous avez fait pour moy, et usez de nous comme du vôtre, c'est en cela que consistera la volupté la plus

---

1. Volume 313. De la main du Duc.

sensible de ma joye et la grace la plus homogène à mon cœur qu'il soit capable de recevoir. J'oseray néanmoins vous en demander encore une. C'est que V. E. ait agréable de m'obtenir en reponse de cette lettre une lettre de remerciement de S. A. R. au Roy d'Espagne, et de m'en envoyer en même temps deux de vous pour M. le M. de Grimaldo et pour le P. D'Aubanton qui ont fait merveille, car encore que j'aye eu l'honneur de vous rendre compte des raisons qui m'ont entrainé malgré moy a ne point rendre celle de S. A. R. au Roy d'Espagne et de V. E. a M. de Grimaldo qui demandoient ces graces, il est vray que ce n'a esté que figure de retorique, que S. M. C. et son ministre ont sceu ce quelles contenaient, que ce sont ces lettres qui ont achevé de determiner ce que l'opinion des bontés de S. A. R. et de l'honneur de vôtre amitié pour moy avoit fait resoudre, et que ce qui y donna le d^r coup pour l'exécution fut une lettre de S. A. R. en reponse de ce que le Roy d'Espagne m'avait chargé de luy demander pour l'instruction de l'Infante dans la Religion et qui estoit pleine de bontés et de desirs pour ces grâces.

Je ne leus au Roy d'Espagne que l'article concernant l'Infante; aprés quoy je le fus montrer au P. D'Aubanton, qui y trouvant le reste, la voulu faire lire au Roy d'Espagne, à quoy je consentis parce quelle ne contenoit que cela et l'article de l'Infante. Il le fit le lendemain avec l'effet qui suivit le jour mesme de si pres. Je ne pourrois donc estre a mon aise, n'y jouir honorablement de ces graces sans ces remerciements de qui je les tiens primordialement et en entier et sans qui je n'eusse jamais pu songer a y atteindre, et je conjure étroittement V. E. de me combler sans delay d'une grace qui m'est si prétieuse.

V. E. trouvera cy-joint, outre la lettre ord^re au Roy, une autre particulière et de pur remercîment à S. M. Vous scavez mieux que moy qu'il lui faut tout rapporter et les malins usages qui seraient faits contre moy d'une telle omission si je la commettois. Je vous suplie donc que cette lettre particulière soit leüe au conseil tout de suitte avec l'autre, tant a cause de tous ceux qui y entrent et du public qu'a cause du Roy mesme, et je me flatte que vous ne trouverez point cette précaution inutile et que S. A. R. en voudra bien porter le mesme jugement.

Le P. D'Aubanton doit m'envoyer une lettre pour S. A. R. C'est ce qui fait que je le nomme dans celle-cy.

Il ne me reste qu'a rendre compte a V. E. du delay de l'expedition de ce courrier. Je n'eus pas un instant a moy le jour du mariage et je ne revins icy qu'après une heure après minuit. Il fallut retourner hier matin à Lerma ou M. le Duc de Larcos m'avoit prié de disner avec les principaux de ceux qui sont avec moy. Il y eut musique et grand nombre de personnes de cette cour en sorte qu'il estoit six heures quand je revins. Il faut après dependre d'un secretaire pour mettre en chiffres les reponses aux articles qui sont en chiffres dans les depeches de V. E. Comme ce courrier est plustost de bienseance que pour vous rien apprendre sur quoy il faille des ordres, j'espère que vous en recevrez mieux cette excuse et cette nécessité.

Le disner cy dessus me fait souvenir d'avoir l'honneur de vous dire qu'il faut un parrain pour la Grandesse et pour la toison dans la ceremonie que le Roy d'Espagne fait toujours pour conferer l'une et l'autre et les raisons de mon choix. J'ay prié le Duc de Larco pour mon second fils parceque ce Duc a été fait grand par le Roy d'Espagne et qu'il a touttes les graces et touttes les marques de favori, qu'il m'a paru a Paris agréable a S. A. R. et que ses manières, depuis que je l'ay veu et oui parler de luy icy, luy font meriter de l'estre ; pour la toison j'ay prié le Duc de Liria dont j'ay reçeu plus d'honnestetés que je ne puis l'exprimer et qui se professe tout François, mais encore plus comme fils de M. de Berwick duquel S. A. R. m'a expressement ordonné de parler au Roy d'Espagne, ce que j'exécuteray en arrivant a Madrid. Je desire infiniment que S. A. R. et V. E. approuvent ces choix et leurs motifs.

M. de la Farre, qui eut la toison aussy a l'instant du mariage et qui desireroit mieux, en quoy je serois ravi qu'il eust satisfaction et d'y pouvoir contribuer, m'a prié de lui laisser le courrier du cabinet qui arriva hier matin. Je l'ay fait d'autant plus volontiers que ce courrier a esté retardé en chemin par la fièvre et qu'il a apporté de vos depeches pour M. le M. de Maulevrier qui partit hier matin sans avoir paru du tout a Lerma pour la ceremonie de la Velation, et qui aura peut être a vous repondre par ce courrier mesme. Celuy que je depesche à V. E. est un homme de condition de la Franche Comté, des P^{rs} Cap^{es} en pied du Reg^t de mon fils ainé, et j'ay cru aussy plus convenable de charger un homme de distinction d'une nouvelle si interessante pour S. A. R. et de l'heureux accomplissement de vostre grand et sçavant ouvrage qu'un courrier ordinaire. Si celuy cy, par la protection de V. E., peut se ressentir en son avancement et en son traittement de l'agrément de ce qu'il porte, je puis asseurer qu'il en est entiérement digne et que je vous en auray une obligation tres particulière.

Pardonnez la transposition. Le Duc de Liria est en peine de ne pas avoir receu de réponse d'une lettre qu'il a ecrite a V. E. et que je luy ay envoyée de Madrid dans mon paquet; je scay de reste qu'elle a autre chose a faire de plus pressé, mais si d'aventure il y avoit quelque raison sur la manière dont il vous a écrit, je dois vous rendre compte que je ne me serois chargé de la lettre s'il ne m'avoit asseuré quelle estoit telle que tous les Cardinaux les recoivent sans difficulté des Grands d'Espagne.

Je finis par ou j'ay commencé, c'est a dire par l'effusion de cœur la plus tendre, la plus fidèle et la plus respectueuse pour V. E. et par les protestations les plus ardentes d'une reconnoissance et d'un attachement qui ne finiront jamais.

Le Duc de St-Simon.

XXXVII

AU DUC D'ORLÉANS [1].

Villalmanzo, 22 janvier 1722.

Mgr. — Vous ne serez pas plus remercié de l'accomplissement de vos bontés infinies, sur moy et sur ma maison, que de leur volonté parceque vouloir et faire sont la même chose pour V. A. R. et, comme j'ay deja eu l'honneur de luy mander, je ne vous en seray pas plus devoué, parce que mon attachement pour elle ne peut plus augmenter. Plaisez-vous donc de grace, Mgr, dans des bienfaits si grands et si gratuits, c'est la plus touchante que je puisse recevoir pour comble de tant d'autres; daignez aimer de plus en plus votre ouvrage et souffrir, malgré toutte la disproportion, qu'il ose vous aimer de tout son cœur, puisque rien ne peut affoiblir le profond respect avec lequel je suis, Mgr, de V. A. R. le tres humble etc.

1. Volume 299. Minute conservée par Saint-Simon.

XXXVIII

AU DUC D'ORLÉANS [1].

A Madrid, ce 2 février 1722.

Monseigneur,

Je ne puis exprimer a V. A. R. tout ce que j'ay ressenti sur la maladie de M. le Duc de Chartres, ny toutte ma joye de sa convalescence, et je me flatte quelle est assez persuadée de mon attachement pour n'en pas pas doutter : ce danger a été tres sensible a cette cour, qui a été aussy plus alarmée que de raison de la maladie de la Princesse, sur la quelle je ne m'estandray pas, parce que vous trouverez ci-joint une relation des medecins, qui la traitent; je ne puis dire a V. A. R. combien L. M. C. se louent de sa douceur, de sa patience et de sa docilité, dans cette occasion, combien la Reyne est touchée de toutte la confiance qu'elle luy marque, ni quels en sont leurs retours de tendresse et de soins, ils ont été jusqu'a luy presenter plusieurs fois ses bouillons, elle même, a la ranger dans son lit, et en user en tout avec elle comme la meilleure mère envers la fille la plus chérie. L. M. C. ont voulû absolument, que j'eusse l'honneur de la voir tous les jours, et quoy que je n'y aye été que des moments, j'y ay remarqué un interet et une complaisance dans ses dames, qui m'a fait un sensible plaisir.

1. Volume 314.

La Grandesse, dont mon second fils prit hier possession, étant le plus signalé bienfait de S. A. R. j'auray l'honneur de luy dire, qu'elle auroit pû être flatté de son ouvrage, par l'applaudissement unanime qu'il a receu, tant a Lerma qu'icy.

Je suplie V. A. R. de ne se point lasser des remerciments redoublés que je ne puis refuser a ma reconnaissance et d'être parfaittement persuadée du profond respect avec le quel je suis

Monseigneur

De Votre Altesse Royale

le tres humble et tres obeissant serviteur

Le Duc de St-Simon.

XXXIX

AU DUC D'ORLÉANS [1].

Madrid, ce 2 février 1722.

Je croy, Monseigneur, vous devoir rendre compte du veritable sujet *d'inquiétude sur la Princesse* que le Roy et la Reyne d'Espagne me firent l'honneur de me dire en secret le lendemain de mon arrivée icy, qui fut le 27, et qu'ils ont autant de crainte qui ne se repande icy comme il leur fait de peine. C'est quelle a au col *vers l'oreille deux glandes assez grosses* et que ce qui est arrivé a la feue Reyne excitte les reflections.

1. Volume 314. De la main du Duc.

Ils sont aussy peinnés de ce qu'estant reiglée depuis onze mois quoy que peu, cela n'a point servi d'écoulement a ces glandes, et de ce quelle a dit avoir eu assez souvent l'éresipelle dont elle est presentement incommodée. Quoy que je ne sois pas medecin j'ay essayé de les remettre par la consideration de l'aage de la Princesse auquel ces glandes ne sont rien en comparaison d'un aage plus avancé, et qui mesme sont assez frequentes dans une grande jeunesse. Je leur fis encore remarquer que lorsqu'elle sera plus avancée et plus reiglée la nature pourra mieux les dissiper par cette voie. Mais il est vray que leur inquiétude est encore plus grande la dessus qu'ils ne me l'ont temoignée, bien qu'ils ne s'en soient pas cachés a moy. Il est vray aussy que tout le sang qu'on luy a *tiré est pourri* et qu'il est besoin de travailler doucement et assiduement a le restablir. Je dois tout dire a V. A. R. Ce sang est tel que je crus devoir prevenir des causes d'allarmes qu'on estoit peut être embarrassé a me dire, et ce que j'ay tesmoigné sur vôtre santé et sur celle de Madame la Duchesse d'Orleans qui, en ces cas la despend de la vostre, n'a eu aucune peine a trouver toutte confiance, et mesme avec des politesses sur V. A. R. quelle me pardonnera bien si je luy dis qu'elle n'a pas toujours meritées en ce genre. Mais quoy qu'il en soit ils sont entièrement en repos sur ce soubçon que j'avois appréhendé et qu'ils asseurent ne leur estre jamais venu. Ce qui doit autant vous faire plaisir, Monseigneur, c'est que rien ne retombe sur la Princesse, quoy que sa maladie ait fort fasché, et qu'outre le solide, elle ait interrompu les plaisirs préparés qui ne sont pas indifferents à la

Reyne. Ainsy V. A. R. peut parfaittement compter a cet égard sur ce qu'elle verra dans l'autre lettre que j'ay l'honneur de luy écrire.

Puisque je suis en medecine et en train de tout dire, je ne puis m'empescher de vous representer que si vous laissés continuer M. le Duc *de Chartres de boire, manger, etc., comme il fait,* il est du tout impossible que vous le conserviés. La tendresse et l'interest vous doivent souvent et vivement presser la dessus, et quand vous luy en devriés mal faire ma cour, de quoy V. A. R. est tres capable, je ne saurois me taire a V. A. R. sur une si interessante matière par tout le respect et tout l'attachement que je luy dois et que je lui ay si fidelement voüé.

Le Duc de St-Simon.

XL

AU CARDINAL DUBOIS [1].

Madrid, ce 2 février 1722.

Ce mot a part est pour avoir l'honneur de dire a V. E. que M. le M. de Grimaldo m'a expressement et instamment prié de vous recommander les interets pécuniaires de M. de Sartine en France qui s'y trouvent fort en presse par le malheur public du papier dont il a 215 actions. Je scay qu'il n'est pas aisé de bien faire dans une telle occasion, mais M. de Grimaldo

1. Volume 314. De la main du Duc.

s'en sentira d'autant plus etroittement obligé a V. E. que la chose est difficile et que l'amour propre est flatté de faire sentir le prix de sa protection.

Je dois dire a V. E. que je vois en ce ministre estime, confiance et amitié grande pour M. de Sartine, qu'il est accessible pour luy, quand il n'est visible pour personne, qu'il s'ouvre avec luy de tout ce qu'il se croit permis et que vous l'obligerez en sa partie sensible si cette recommandation réussit.

Je vous supplie de prendre cecy pour exactement vray sans melange du mien pour M. de Sartine, quelque sentiment d'estime et d'amitié que je luy doive depuis que je l'ay connu.

V. E. sera s'il luy plaist persuadée qu'il ne se peut rien ajouter à mes sentiments pour elle ny a mon respectueux attachement.

Le Duc de St-Simon.

XLI

AU CARDINAL DUBOIS [1].

Madrid, 2 février 1722.

V. E. doit estre parfaittement informée du mauvais estat du grand Duc que M. le C^{al} Gualtério me mande cet ord^{re}, mais bien que je ne doutte pas que cette cour n'en soit aussy très bien avertie par la vivacité de son attention à l'Italie et a l'établissement de l'Infant D.

---

1. Volume 314. De la main du Duc.

Carlos, je croy devoir l'ignorer parfaittement pour suivre les vües si justes de V. E. d'éviter tout mouvement et encore plus tout engagement de ce costé là.

Vous trouverez cy joint la copie des titres donnés au Czar par le roy d'Espagne que M. de Grimaldo m'a bien voulu donner. Je n'ay point l'honneur d'escrire au Roy cet ord^{re} faute de matière et par la mesme raison je n'abuseray pas d'avantage de vostre temps. Personne au monde n'est plus entièrement dévoué que moy à V. E. ni avec un plus respectueux attachement.

Le Duc de St-Simon.

XLII

AU CARDINAL DUBOIS [1]

Madrid, ce 2 février 1722.

Je ne pus avoir l'honneur d'ecrire à V. E. ny à personne l'ord^{re} dernier parce que j'arrivay icy, seulement le lendemain de son départ; le dernier de France ne m'a rien apporté d'elle et je n'ay aucun compte à vous rendre aujourd'huy, parce qu'il ne s'est traitté d'aucune affaire. Ce n'est donc uniquement que par le devoir de ne point laisser passer d'ordinaire, sans donner de mes nouvelles, que je le fais aujourd'huy ; et si cela n'étoit point trop libre a dire, par le plaisir d'ecrire à V. E.

J'ay tremblé à la nouvelle de la maladie de M. le

---

1. Volume 314.

duc de Chartres, et je ne puis vous dire tout ce que j'ay senti a cette nouvelle, non plus que la joye que j'ay eüe de celle de la convalescence. Mon attachement a S. A. R. et le bien de l'estat ne me permettent point de me taire a cette occasion avec vous sur la vie qu'on laisse mener a ce Prince, et a la quelle il n'est pas possible qu'il resiste, si l'on n'y apporte quelque moderation. Il a trop d'esprit pour ne le pas sentir luy même, mais c'est une attention que vous devez faire faire souvent a S. A. R. et qui n'est pas moins importante que celle que vous avez aux grandes affaires, auxquelles vous travaillés avec elle; pardonnez, s'il vous plaist, cette reflection a l'estat ou j'ay été.

La Princesse nous a donné aussy ses inquiétudes, je ne m'estends point sur cet article, parce que V. E. le verra traité plus au long dans ce qu'elle trouverà cy-joint.

Je n'ay l'honneur de vous rendre compte de l'affaire des paturages de nos frontières, ny de celle qui regarde les rigueurs si préjudiciables au commerce qu'on y exerce par rapport a la crainte de la peste. M. de Maulevrier les a traittées pendant ma 40me et je ne pourrois vous entretenir que de ce qu'il m'a dit, ainsy je me remets a ce qu'il a eu l'honneur de vous en mander.

Hier matin se fit icy la fonction de la Couverture de mon second fils (comme l'on parle icy); c'est vôtre ouvrage et tous les jours je le ressens plus vivement, par cette raison je dois avoir l'honneur de vous dire, ce que la modestie, m'empècheroit de mander a tout autre, c'est que la déclaration qui me fut faitte, a Lerma, des grâces que j'ay receües et l'accomplissement de la plus importante, qui se fit hier, ont été accompagnées d'un applaudissement si general et si entier, et des agrements les plus flatteurs de la part de la cour et de la ville, que j'en suis également surpris et comblé, et que je n'aurois rien a désirer si je recevois en cette occasion de la part de nostre cour, le demi quart des marques d'une telle bienveillance. Il n'y a jamais eû dans aucune de ces ceremonies un tel concours de Grands, ny au *diné* qui a coutume de suivre, et ou jeus l'honneur de recevoir, outre les Grands, d'autres personnes-distinguées de cette cour; nous étions chez moy 45 à table et le nombre en auroit été encore plus grand, sans la maladie de plusieurs. Il y eut chapelle immédiatem^t apres la ceremonie, ou j'eûs l'honneur d'assister sur le banc des Ambassadeurs et de voir mon fils sur celuy des Grands.

Je desire tellement de meritter vôtre approbation, et surtout dans la consommation d'une grâce, ou V. E. a une part si entière, que je ne puis m'empecher de vous dire que j'ay crû devoir continuer d'en user, à cette occasion, comme j'ay toujours fait jusqu'icy à l'egard de M. de Maulevrier. Il me fit un compliment a Lerma, aussy froid que si c'eut esté une compagnie de Cavallerie donnée par le Roy a un de mes enfants et jusqu'au jour d'aujourd'huy il ne leur en a encore fait aucun. Je n'ay pas laissé que de le prier de la ceremonie, et du repas, des que le jour en a esté fixé, dont il me refusât d'abord, et me dit enfin qu'il y viendroit, et avant hier au soir, quoy qu'accablé d'un nombre infini de visittes qu'il m'avoit fallu rendre a cette occasion, j'allay chez luy avec mon second fils, l'en prier a nouveau. Il y est venû, et je me flatte que cette conduitte vous sera agreable.

Je suplie V. E. d'estre parfaittement persuadée de mon infinie, reconnaissance et de l'empressement que j'auray toujours a luy témoigner en tout et partout mon fidèle et respectueux attachement.

Le Duc de St-Simon.

P. S. La reception de mon fils ainé dans l'ordre de la toison est differée, par la curiosité qu'a temoigné la Princesse de voir cette ceremonie.

XLIII

AU DUC D'ORLÉANS [1].

Madrid, 7 février 1722.

Je ne scay, Monseigneur, et je ne dois pas aussy m'informer si le chapitre que vous venés de tenir sera bientost suivi d'un autre, mais en tous cas je croy devoir faire souvenir V. A. R. que par la promotion que vous venés de faire de M. le C^{al} Albane il ne reste plus que deux cordons vacants pour des cardinaux, qu'il y a plus de deux ans V. A. R. eut la bonté d'en promettre un a M. le C^{al} Gualterio, que ce C^{al} en ecrivit son tres humble remerciment a V. A. R. et qu'il compte sur cet honneur. Comme le tout a passé par moy je croirois

---

1. Volume 314. De la main du Duc.

manquer a ce que je vous dois si je vous laissois oublier cet engagement que vous avez pris pour acquitter le mesme du feu Roy dont sa mort a empesché l'exécution. C'est un homme que V. A. R. sçait bien n'avoir pas démérité depuis envers la France ny envers sa personne et qui a toujours tres dignement servi. V. A. R. peut comprendre, qu'estant en ces termes avec elle, ce ne luy sera pas une petite mortification d'en voir un autre que luy nommé dans Rome, surtout si elle ne luy fait rien écrire la dessus. Je me contente de représenter ces choses a vostre mémoire et m'en remets ensuitte à la disposition de V. A. R.

Je crois que la Princesse a esté purgée trop tost. Les choses a son égard sont au mesme estat ou j'ay eu l'honneur de vous les mander par le d^r ord^{re}. Le p^r Medecin ecrit, par ordre secret du Roy et de la Reyne d'Espagne, a M. Chirac pour scavoir des nouvelles certaines de l'ancienneté et de la nature de cette glande du col qui fait la principale inquiétude et L. M. C. craignent fort de ne pouvoir compter sur la vérité de la reponse. Comme elle aura neanmoins grande part a reigler la conduitte des medecins d'icy, je croyrois qu'il serait tres important à la santé de la Princesse que M. Chirac repondit la dessus vrayement et categoriquement. Je felicite encore une fois V. A. R. de ce qu'elle a fait pour le Duc d'Ossone qui a fait merveille icy et je la supplie d'estre toujours bien persuadée qu'elle n'a point de serviteur qui luy soit attaché avec plus de respect et de fidelité que moy,

Le Duc de St-Simon.

XLIV

AU CARDINAL DUBOIS[1].

De Madrid, ce 7 février 1722.

V. E. â bonne grace, de me remercier des remerciments que luy fais, et que je luy dois en tant de manières, mais elle a resolû de me combler de tous points; et moy d'estre a elle sans mesure.

Je vois par l'honneur de sa lettre du 27, que j'ay receüe aujourd'huy, ce qui s'est fait en faveur de M. le Duc d'Ossone et j'en suis transporté de joye. Rien n'étoit si convenable que cette distinction et si je ne m'étois retenû, par les motifs que vous trouverez plus bas, j'aurois pris la liberté de vous les proposer il y a longtemps.

Je n'ay pas manqué de me trouver au retour de la chasse de L. M. C. Comme elles sont entrées dans leur cabinet je les ay supliées, de me permettre de les y suivre, pour avoir l'honneur de leur dire un mot. Je leur ay rendu compte, ensuitte, de ce que vous me faittes l'honneur de me mander, sur la grace faitte a M. le Duc d'Ossone, et je leur ai expliqué que cela s'est passé, avant qu'on put avoir, a Paris, aucune connoissance des grâces que j'ay recües icy. Le Roy et la Reine d'Espagne, m'ont parus plus sensibles que je ne puis vous l'exprimer à la marque de consideration que le Roy et

1. Volume 314.

S. A. R. leur ont donnée, en la personne de leur Ambassadeur.

M. de Maulevrier, qui s'est trouvé au Palais, et a qui j'ay appris la nouvelle, a été present au compte que j'en ay rendu a L. M. C. Au sortir du cabinet je l'ay dit aux Seigneurs qui se sont trouvés encore à la porte, elle s'estoit déja repandue par les lettres de Paris, et j'ay pris garde qu'elle a été receue icy avec une grande satisfaction.

A ce propos je ne puis m'empecher de suplier V. E. de me permettre de luy representer, que j'ay peur que la bonté de S. A. R. n'ait été surprise dans cette occasion sur la manière de promouvoir M. le Duc d'Ossone, dans l'intention de l'empecher de faire la promotion du lendemain du Sacre, comme n'étant point en son pouvoir; deux faits forts simples prouveront le contraire; le premier est que Henry Quatre hugnot, et par conséquent pas chevalier de l'ordre quoy que Roy de France de droit, donnâ pouvoir au siège de Rouen a M. le Maréchal de Biron, le père, Chev^r du St-Esprit, de tenir un Chapitre de cet ordre, d'y proposer pour y estre receu le baron de Biron son fils, qui eust depuis la teste tranchée, et de le faire ensuitte Cevalier du St-Esprit, et cette ceremonie fut faitte par ce Marechal dans l'Eglise paroissiale du Faux bourg de Dernetal de Roüen.

Ainsy, on peut faire des Chevaliers du St-Esprit sans qu'il y ait de grands maîtres et le Regent du Royaume, n'a pas plus besoin de lettres patentes, pour cette bagatelle, que pour faire la guerre, la paix, et les alliances.

Voila pour la partie du Roy, de la quelle peuvent emaner les lettres patentes, car pour celle du grand maître, le Roy ne l'est point, puisqu'il n'est point encore chevalier et, conséquemment, ne peut donner de lettres patentes dans une qualité qu'il n'a point.

L'autre fait est encore plus précis puisqu'il est dans l'espèce présente. C'est que Louis XIII, sacré en minorité, fit une promotion de plusieurs chevaliers le lendemain de son sacre; elle auroit donc été annoncée assez longtemps auparavant le sacre, pour donner celuy aux promùs de faire leurs preuves devant les Comm[res] et a ceux la de les rapporter et de les faire admettre au chapitre, et le loisir aux nouveaux chevaliers de faire faire des habits; d'ou il resulte que ce fut la regente qui les fit et les nommâ tous avant la premiere comunion et le sacre du Roy son fils et avant qu'il fut chevalier de l'ordre et consequement grand maitre. Et encore que feu Monsieur, ait été seul fait chevalier du St-Esprit par le feu Roy majeur, le lendemain de son sacre, ce dernier cas ne laisse pas d'avoir son application icy. Vous estes sans cesse appliqué a tant et de si grandes choses que les petites ne doivent pas vous amuser, neanmoins j'ay crû que V. E. ne trouveroit pas mauvais ce que j'ay l'honneur de luy mander, parce qu'il me paroît tres important a S. A. R. d'user de son droit pour la future promotion et de ne pas se laisser prendre aux apparentes difficultés qui lui sont présentées, où peu sciament, ou peu fidelement, comme il paroît par ce qui s'est passé sous les trois successeurs de Henri III Instituteur de l'ordre.

Je doute moins que jamais que S. A. R. ne soit

maître de la promotion en quelque temps, et en quelque manière qu'elle se fasse, mais il est encore plus seur et plus grand de conserver son droit en entier, et de ne le point laisser entamer, par des gens qui tout abattus qu'ils sont, ne renonceront jamais a leur espérance.

Je n'entreprendray point de pénètrer les pensées de S. A. R. ni les vôtres sur le temps du Sacre, mais qu'il soit permis a mon attachement de vous dire, avec la liberté que V. E. m'a accordée, qu'il me paroit tres principal, pour une multitude de considerations, de ne le pas différer. Le Roy est en âge, et d'esprit assez avancé pour communier, et je ne croy pas que M. l'Eveque de Frejus, ni M. l'Abbé Fleuri, n'entrassent pas volontiers dans ce qui pourroit convenir a S. A. R.; pardonnéz moy ce petit dereglement de plume, avec vôtre bonté accoutumée, qui peut-etre comence a me gaster; mais il faut encore que j'aye l'honneur de vous dire que rien ne feroit, icy, un plus grand effet pour l'union et personnellement pour S. A. R., lorsque la promotion du Sacre se ferâ, qu'un présent au Roy d'Espagne de sept ou 8 coliers, sans acception de personne et pour les distribuer dans sa cour a son gré, si ce n'est peut-être quelqu'insinuation à l'égard de M. le M. de Grimaldo qui en seroit comblé, et qui en verité le meritte; c'est la seule grace qui peut estre repandue icy, en compensation d'autres beaucoup plus solides, que le feu Roy, et tout a cette heure S. A. R. et V. E. en ma faveur, ont fait repandre dans nôtre Cour par le Roy d'Espagne, et de plus vous n'ignorez pas que du temps des Roys d'Espagne de la maison d'Autriche, ils ne donnassent aux Empereurs, autant de toisons, qu'ils en désiroient pour leur cour, quoy que le nombre en soit de moitié moindre que de Chevaliers du St Esprit et qu'ils en eussent beaucoup à distribuer a Rome, et dans leurs états d'Italie et des Pays bas ou les Seigneurs en estoient fort avides. C'est sur cet exemple et sur ce que je remarque icy, que je prends la liberté de vous faire cette representation. Un de nos amis communs me serâ temoin, quand il vous plaira de luy demander, que j'eûs touttes les envies du monde, de vous proposer, avant mon depart, ce qui vient d'être fait pour M. le Duc d'Ossone, et de la raison, qui m'en retint ; M. de Sartine vous peut mander aussy que j'aurois deja eu l'honneur de vous proposer, il y a longtemps, par ce que je vois icy, qu'il soit donné plusieurs coliers au Roy d'Espagne, à la première promotion, et que ce qui m'en a arresté a été uniquement la crainte que l'imputation que S. A. R. pourroit bien faire, de cette representation, a ma reconnaissance pour tout ce que j'ay trouvé de bienveillance dans cette cour, ne l'affoiblit au point de la rendre inutile.

Je me suis informé de ce que V. E. m'a chargé de tâcher de scavoir de la raison pour laquelle M. le M. de Montalegre Somelier du Corps ne fut pas d'avis que M. de Maulevrier, et moy suivissions le Roy d'Espagne à Nôtre-Dame d'Atocha au *Te Deum*, solemnel du futur mariage du Roy. C'est que les Grands furent avertis de cette Ceremonie, de la part du Roy d'Espagne, et non les Ambassadeurs, qu'il n'y avoit point de places marquées pour eux, et qu'ils y auroient été confondus dans la foule ; ces mesmes raisons, qui je croys vous paroitront bonnes, nous empeschèrent pareillement d'assister a celuy qui sera solemnellement chanté au même lieu pour le mariage de Mgr le Prince des Asturies; ce n'est point de M. de Montalegre, qui est encore a Valladolid dans sa famille, que j'ay appris ces raisons mais bien de plusieurs grands bien informés.

J'ay deja remis a M. le M. de Grimaldo les memoires que j'ay receu de V. E. en faveur de particuliers, l'un desquels est le même que celuy que vous me faites l'honneur de m'envoyer, aujourd'huy; M. Coche doit estre asseuré de mon veritable desir de l'obliger en tout ce qui me sera possible, et V. E. de tout mon empressement a luy plaire, jusque dans les moindres choses, et a luy temoigner mon respect et mon tres fidèle attachement.

Le Duc de St-Simon.

P. S. V. E. trouvera des nouvelles de la santé de la Princesse dans ce que j'ay l'honneur d'écrire a S. A. R. Je suis obligé, d'écrire dès aujourd'huy, parceque la journée de demain serâ occupée d'une chapelle ou les Ambassadeurs sont invités, et d'un diné chez moy, de M. le M. de Grimaldo et de plusieurs autres personnes, et après demain L. M. C. font une grande battüe a 4 lieües d'icy, ou elles m'ont fait l'honneur de me commander de me trouver.

XLV

AU CARDINAL DUBOIS [1]

Madrid, 7 février 1722.

V. E. me traitte de manière a n'avoir rien de caché pour elle; aussy verra-t'elle dans la lettre de ma main a S. A. R., qui est à l'ord^re a cachet volant, un secret que j'aurois eû le temps de différer a mon retour, de chose faitte dans un temps ou je n'estois pas a portée de vous, et ou M. le C^al Gualterio ne s'y croyoit guères.

Maintenant que les choses ont si heureusement changées a mon égard et que je scay par vous même vos sentiments pour vostre confrère, qui de sa part y compte infiniment, je me flatte que vous voudrez bien donner encore a la mauvaistée des temps, comme parloient nos pères, l'oubli d'une chose embarquée sans V. E. et venüe au point ou elle est. Vostre generosité vous y convie, et si j'ay trop receu pour oser encore vous demander, je me flatte que M. le C^l de Rohan ne sera pas indifferent aux bons offices dont vous voudrez bien couronner cette affaire, et que vous ne le serez pas vous mesme a l'obliger sensiblement en ce point en faveur d'un Cardinal si attaché a la France et a S. A. R. et dont vous connoissez tout le meritte. Je ne scay si M. le C^l de Rohan est informé de cette affaire particulière, mais il paroist une telle estime et amitié de sa

[1]. Volume 314. De la main du Duc.

part pour celuy qu'elle regarde, qu'il n'est pas possible que mesme sans scavoir il ne s'y interesse veritablement.

M⁶ de S. Simon m'écrit tant de choses de V. E. et me les mande si souvent et si fortement, que galant comme je vous ay toujours connu je ne scay trop que penser a 300 lieües de distance. Tout me haste donc de repasser les Pyrenées et de vous aller protester moy mesme qu'il n'y a point d'homme au monde qui ait pour V. E. un attachement plus fidèle et plus respectueux que moy ny une si vive reconnaissance.

Le Duc de St-Simon.

XLVI

AU ROI[1].

A Madrid, ce 8 février 1722.

Sire,

La distincttion singulière qu'il a plû a V. M¹ᵉ de donner a M. le Duc d'Ossone, en l'associant des a présent a l'ordre du St-Esprit, a esté tres sensible au Roy, et a la Reyne d'Espagne; j'eûs l'honneur de leur en rendre compte des hier, elles me chargent expressement d'en remercier V. M. de leur part.

Toutte cette cour a marqué aussy une grande joye, et je vois avec un sensible plaisir combien l'union de Vôtre Majesté, avec le Roy d'Espagne, y est desirée et

1. Volume 314.

goutée et l'applaudissement, que y reçoit tout ce qui y peut contribuer. Je suis avec un tres profond respect
Sire
de Vostre Majesté
le tres humble, tres obeissant et très fidèle serviteur et sujet.

Le Duc de St-Simon.

XLVII

AU DUC D'ORLÉANS[1].

A Madrid, ce 8 février 1722.

Monseigneur,

Je felicitte V. A. R. de ce quelle vient de faire pour M. le Duc d'Ossone, ou pour mieux dire pour elle même. Le Roy et la Reyne d'Espagne m'ont ordonné de vous en faire leurs remerciements; ils y ont été infiniment sensibles, ainsy que toutte cette cour, et V. A. R. doit estre asseurée que toutes les graces, quelle y pourrâ et voudrâ bien repandre, seront des semences qui produiront abondament.

J'ay commencé d'exécuter l'ordre que vous m'avez fait l'honneur, de me donner, en faveur du Sr Burlet cy-devant premier medecin du Roy d'Espagne, qui desire en recevoir quelque marque de bonté, qui soit une preuve publique que le Roy d'Espagne, luy rend

1. Volume 314.

entièrement justice, sur les calomnies, qui ont causée sa disgrace; M. le M. de Grimaldo, a qui j'en ay parlé, d'abord, m'a asseuré que je ne trouverois rien, dans S. M. C., des impressions que le Cardinal Alberoni avoit voulû luy donner la dessus, et m'a prié, en confiance, de suspendre l'office que V. A. R. m'avoit ordonné d'en faire auprès du Roy d'Espagne parce qu'il croyoit se pouvoir asseurer d'obtenir sans cela, ce que le S. Burlet désire.

J'ay crû, que vous ne desaprouveriez pas que je deferasse en cela a M. de Grimaldo, et j'attendray la dessus l'effet de ce qu'il m'a fortement fait espérer.

V. A. R. trouverâ cy-joint la relation de la suitte de la maladie de la Princesse, par les premiers medecins de cette cour, qui la traittent; j'ay l'honneur de la voir tous les jours depuis que la Reyne me la ordonné, et j'espère qu'elle sera bientost parfaitement retablie, et en estat de rendre icy les festes et les plaisirs qui y ont été supendus a l'occasion de son indisposition.

Je suis avec un profond respect
Monseigneur
de Vôtre Altesse Royale
Le tres humble et tres obeissant serviteur.

Le Duc de St-Simon.

XLVIII

AU CARDINAL DUBOIS[1].

A Madrid, ce 19 février 1722.

Voicy deux ord^res que je n'ay point de nouvelles de V. E. qui aussy peut bien n'avoir pas grand chose a me mander, ou qui se reserve pour le courrier qu'elle s'est proposée d'envoyer. Dans l'incertitude de son arrivée et d'avoir de vos nouvelles par l'ord^e que l'on attend demain je commence toujours a avoir l'honneur de vous rendre compte du peu de choses que nous avons icy.

M. de Chavigny arrivâ lundi au soir 16me de ce mois, et me vint voir le lendemain matin. Je luy remis la lettre que j'avais receu de vous a Lerma pour luy; je le vis hier au matin, il me dit qu'il n'avoit point de lettres de créance, si ce n'est de M. le Duc de Parme, mais comme il s'est rendu icy par vos ordres je l'ay asseuré que je le menerois chez M. le M. de Grimaldo, des que ce ministre sera visible, qui depuis près de 15 jours est incommodé de la fievre et d'un gros Rheûme et, qu'apres cela, j'auray l'honneur de le presenter au Roy et a la Reine d'Espagne comme un homme de confiance, qu'on doit croire, et avec qui on peut s'ouvrir. Il a commencé a me dire quelque chose de ce qui l'amène, mais la multitude des plaisirs du

---

1. Volume 314.

carnaval, et la chapelle d'hier matin, ne nous a pas permis encore de nous beaucoup entretenir. V. E. peut compter sur tout ce qui peut dependre de moy icy pour M. de Chavigny, pour lequel sa recommandation me tient lieu d'ordre tres precis, pendant le tres court sejour que je compte encore faire en Espagne.

M. de Chavigny, m'amenant naturellement sur les affaires de Parme, je dois vous rendre compte d'une demarche, que j'ay faitte icy par le conseil de M^{rs}. du Bourk et de Sartine parcequ'elle m'a parû être tout a fait dans l'esprit de S. A. R. et dans le vôtre, et parce que j'ay trouvé que vous étiez parfaittement informé de la situation du M^{qis} Scotti en cette cour, qui est encore moins agréable que vous ne scauriez croire. Luy et la nourice sont aux epeés et aux couteaux, sans neanmoins que cela paroisse trop a l'exterieur; ils se sont mutuellement portés quantité de bottes auprès de la Reine, qui ont touttes tournées contre M. Scotti, et qui depuis que je suis icy l'ont jetté a deux reprises dans les larmes et dans des desespoirs, qui ont parus. M. Scotti n'approche presque point de la Reine, le Roy et elle n'en font aucun cas, et le temoignent, en toutte occasion; au contraire de la nourice, que le Roy traite fort bien, et a la quelle la Reine donne tous les moments qu'elle peut être sans le Roy d'Espagne; outre toutte l'amitié, et toutte la confiance quelle luy temoigne; il luy est échappé deux ou trois fois, depuis peu, a propos des humeurs de cette nourice, que les autres pouvoient bien souffrir d'elle puisqu'elle en souffroit elle-même, parce que outre l'attachement quelle luy connoit pour sa personne cette femme lui est si necessaire qu'elle ne s'en peut passer. M. Scotti, a fort agi a Parme, pour y brouiller la nourice et pour essayer de la faire sortir d'icy par cette voye ; le Comte Cocorani, qui a esté fait mayor dome du Roy et a receu plusieurs autres graces, en dotte de la fille de la nourice qu'il a épousée, a fait depuis peu un voyage a Parme, dans lequel il s'est non seulement éclaircy de touttes ces intrigues mais ou il a, de plus, decouvert deux lettres originales de M. Scotti les plus fortes et les plus injurieuses contre la nourice, qu'il a trouvé le moyen de se faire remettre pour quelqu'argent, et qu'il a rapporté icy pour s'en servir, en temps et lieu. J'ay sceu d'ailleurs que cette nourice, a travers ses humeurs et sa grossiereté, est bonne femme, point malfaisante, favorable a la France, et aux François, quelle n'entre point dans la Cabale Italienne ; comme elle est a portée de tout dire à la Reine, avec fruit, elle peut estre tres utile, elle peut souvent parer des coups inconnûs de cette cabale aupres de la Reine, et être de plus tres utile a la Princesse, dans le courant des choses intimes et domestiques, et c'est elle de plus, qui a porté les premiers coups au Card^l Alberoni. Touttes ces choses, ont fait penser a MM. du Bourk et de Sartine, qui me paroissent parfaitement au fait de l'interieur du Palais, qu'une avance faitte dans ces circontances a la nourice l'engageroit tout a fait dans les interests du Roy et de S. A. R. et que les mouvements infinis de la cabale Italienne rendoient cet engagement principal ; dans cette vüe, nous sommes convenus qu'il estoit a propos de luy faire dire que S. A. R. étoit bien informée de ses bonnes intentions et de son veritable attachement pour la Reine, que S. A. R. verroit avec plaisir la continuation de l'amitié et de la confiance de la Reyne pour elle et que, sans nommer personne, je serois ravy de pouvoir contribuer a sa satisfaction sur les tracasseries qu'on essuye toujours dans les cours. On luy a fait sentir, en même temps, le poids que son S. A. R. pouvoit donner a la cour de Parme en ce qui regardoit les parmesans qui sont icy dont l'exemple du Card¹ Alberoni est une preuve rescente; sans nommer M. Scotti et s'engager encore moins a luy nuire, on luy a fait entrevoir, par des discours generaux, la protection et le soutient solide qu'elle peut esperer icy par S. A. R. Cela a esté receu a bras ouverts et ces M[rs] ont estimés que je devois faire amitié a M. Cocorani, tant pour luy que pour sa belle-mère, affin de soutenir par quelque chose d'immédiat les ouvertures qui leur auroient été faittes. Je l'ay donc invité a manger, parmi la foule de toutte la cour que j'ay traitté les uns après les autres; je luy ay fait des honestetés plus particulières, je luy ai parlé des bonnes intentions et du meritte de sa belle mère, dont j'etois bien informé et dont S. A. R. ne l'étoit pas moins, et je l'ay prié de l'asseurer que je me porterois, avec d'autant plus de plaisir, a tout ce qui pourroit être utile, et agréable, que je sçaurois bien que je ferois en cela chose qui seroit du goût de S. A. R. Ce fut chez le Roy d'Espagne ou je parlay de la sorte a M. Cocorani qui m'en parut comblé, qui me parla en deux mots des tracasseries de Parme, et des lettres qu'il en avoit rapportées, contre sa belle mère. Je me contins dans la même generalité, que je m'étois proposée, mais qui eût tant d'effet qu'une demie heure après il me revint trouver, dans les Salons du Palais ou j'etois encore, pour me dire qu'il venoit sur le champ de rendre compte a sa belle mère des bontés que je venois de luy temoigner, qu'elle en étoit si remplie de reconnaissance qu'il n'y avoit rien quelle ne voulût faire pour le service de S. A. R., que je pouvois entiérement y compter, et la mettre en œuvre, et ajouttâ de sa part toutes sortes d'offres, sur la Princesse. Je receu le tout de mon mieux, et luy dis que ce personnage de la nourice seroit celuy d'une femme veritablement bonne et attachée a la Reine en contribuant a serrer de plus en plus l'union entre nos deux cours, ou la reine avoit personnellement tant d'interest, et en donnant a la Princesse, ou par elle même, ou par la Duchesse de Liria, ou par les personnes quelle scauroit bien choisir, les avis sur sa conduitte envers la Reine les plus propres a luy en acquerir l'amitié et la tendresse, et disposant d'autre part la Reine, par tous ces bons offices, a luy continuer et luy augmenter même, s'il se pouvoit, son amitié que S. A. R. desiroit sur touttes choses pour Mlle Sa fille et pour luy même.

M. de Cocorani, sans me proposer quoy que ce soit pour sa belle mère, m'asseurâ qu'elle y tourneroit toutte son application et comme c'est une femme droite, vraye et franche, et au fond bonne créature, a travers sa grossièreté et ses humeurs, je croy qu'on peut presentement parfaittement compter sur elle; elle et son gendre sont convenûs de garder un profond secret sur tout cela.

M. le Chev^{er} du Bourk, me paroit foncièrement instruit de tout l'intérieur de cette cour au dela de tout ce qui s'en peut croire, et pleinement et nettement au fait de touttes les grandes affaires qui s'y sont passées tant au dehors qu'au dedans depuis l'avenement du Roy d'Espagne a la couronne, plein d'un grand sens, et raisonnant et jugeant de tout avec beaucoup de justesse, saisi deplus d'une passion extrême et par principe pour l'union intime des deux cours et des deux couronnes, qu'il a conçüe des le commencement, et qui est la veritable cause du peu d'avancement de sa fortune, malgré ses liaisons intimes avec la plus part des principaux personnages qui ont successivement parus sur ce theatre cy et avec ceux qui y sont presentement. Cela m'a engagé a le sonder doucement sur le seul article qui pourroit ne pas convenir aux vües presentes, qui est celuy du Roy Jacques, mais je l'ay trouvé la dessus d'aussy bon sens que sur le reste, sans visions, et même sans idées de rien de possible ny de convenable a faire pour luy; cela m'a fait de plus en plus juger que cet homme seroit icy un instrument tres propre et tres utile a beaucoup de choses, et c'est ce qui m'a fait luy demander s'il ne se donnoit point souvent l'honneur de vous ecrire, directement, et pour quoy il ne le faisoit pas; il m'a paru éloigné de s'avancer en rien, mais fort disposé a s'ouvrir de tout a celuy qui aura icy vôtre confiance pourvû qu'il croye le pouvoir faire seurement.

Il y a un article que j'ay fort examiné sur ce que V. E. m'auroit fait l'honneur de m'en dire, et sur lequel je luy avoueray avec franchise que je ne l'ai pas trouvée aussy bien informée que sur M. Scotti; c'est celuy du

Duc de Veraguas, que vous croyez fort contraire a la France, et qui passe, icy, non seulement pour luy être entierement favorable, mais pour un homme entierement livré a M. le Duc d'Orleans. Les idées contraires que j'en avois prises sur celles que vous m'en aviez données, m'ont rendû d'abord fort difficile a en recevoir d'autres, mais je les ay trouvées icy si généralement etablies, que je n'ay pu me refuser a cette lumière. C'est même a cet attachement qu'on impute icy le peu de credit ou il est, et luy même a été jusques à present fort en garde, quoy qu'inutilement, a ne pas augmenter ces impressions, sur sa conduitte. Je suplie V. E. d'être persuadée que M. le Duc de Liria, n'influe point dans ce que j'ai l'honneur de luy mander, et que je ne le fais qu'après un examen le plus exact qu'il m'a été possible et pour vous éclaircir d'une vérité, qui est icy évidente ; du reste vous n'ignorez pas que c'est peut être le Seigneur d'icy qui a le plus d'esprit et de connaissance, et le plus rompû aux affaires, ou il est entré dès sa jeunesse. Je n'ay eu de commerce avec luy, que celuy de la politesse, et du général avec tout le monde, jusque la même qu'il ne m'a point parlé de sa chimère de la Jamaique, dont il est entesté dont j'entends qu'il étourdit chacun.

Votre E[e] verra dans ma dépêche au Roy la magnificence des festes qui ont terminé le carnaval, et qui n'ont été retardées et abregées que par la maladie de la princesse, et ensuitte faute de temps ; ils m'ont parûs icy en inquietude s'il y aura des festes a Paris, a l'arrivée de l'infante. Je ne scay point de quelles festes le temps de carême et l'age de l'Infante pourroit être susceptible, mais le desir et le goût d'icy est tel que je ne puis m'empecher de vous representer, que c'est une chose, qui doit être regardée comme principale d'en donner quelques unes, et quelles quelles puissent être tres difficilement repondront-elles a la magnificence, et a la galanterie de celles d'icy.

Je ne puis surmonter ma curiosité pour Tolede, et pour Aranjüez, et je compte de partir mardi pour ce petit voyage, qui sera de 4 ou 5 jours; la santé de mon fils, qui ne se retablit point, m'a fait prendre le party de hâter sa reception dans l'ordre de la toison ; elle se fit lundi matin 16me de ce mois, en public, en presence de la Reyne, de la Princesse, et des infants, qui luy voulurent faire l'honneur d'y assister contre l'ordinaire et qui y furent debout, en spectateurs.

Je reçus, en cette occasion, touttes les marques possibles, non seulement des bontés de L. M. C. mais de celle de toutte leur cour : qui en pourroit retrancher une partie pour les transporter dans la nôtre, je n'aurois rien à désirer.

Mon fils est allé voir l'Escurial, et je compte de le faire partir lundi prochain pour retourner a Paris et le tirer d'un air, que je ne luy croy pas favorable, quelque peine qu'il ait a partir d'icy sans avoir pu satisfaire toutte sa curiosité; je compte de le suivre incessament et j'ay une impatience inexprimable de pouvoir temoigner moy même a V. E. la reconnaissance infinie et le plus parfait devouement, avec le quel je luy suis pour toujours respectueusement attaché.

Le Duc de St-Simon.

XLIX

AU COMTE DE BELLE ISLE[1].

Madrid, ce 20 février 1722.

L'arrivée de M. de Chavigny en cette ville et ce qui est apparent qu'il y vient faire, sera la matière de cette lettre, que je vous adresse, M., plustôt qu'a M. le C¹ Dubois pour ne manquer point ce que je dois au bien de l'Estat et prendre les biais convenables aux façons de penser de ce Ministre, a qui les avis ne vont pas et surtout de 300 lieues de luy; je crois que ce dont il s'agit vous paroitra meriter toutte votre attention et celle de M. Le Blanc, a qui je vous prie de vouloir bien communiquer ma lettre pour en faire l'usage que vous jugerez tous deux ensemble être le meilleur pour le bien de l'affaire, et comme je vous écris par mon fils qui s'en retourne a Paris je m'expliqueray sans menagements.

M. de Chavigny arriva icy le 16 de ce mois, et me vint voir le 17 au matin; après des propos généraux, il me dit qu'il venoit icy pour l'affaire de Castro et de Rousiglione, que M. de Parme avoit compris l'impossibilité de retirer ces fiefs des mains du Pape et toutte la difficulté d'en retirer un équivalent en terres, qu'il se restraignoit à le lui demander en argent, ce qui seroit aisé si cette cour y vouloit contribuer en se joignant a

---

1. Volume 299. Minute conservée par Saint-Simon.

luy pour demander un *indult* sur le clergé des Indes, dont M. de Parme toucheroit l'argent a la décharge du S¹ Siége, jusqu'a parfait dedomagement.

Il me dit que M. le Card¹ approuvoit fort ces expédients et, comme sa façon de parler est volontairement envelopée, il ne me dit pas clairement mais je compris de son discours, que M. le Card¹ entroit assez chaudement dans cette affaire, pour sortir par la d'engagements pris avec ce prince. Chavigny me vanta beaucoup sa sagesse, sa capacité, sa consideration, en Italie, ce qu'il me vanta le plus fut son attachement inviolable et dans tous les temps pour la France qui l'avoit exposé a tous les mauvais traittements de l'Empereur. Je luy demanday comment il s'estoit comporté dans l'affaire du double mariage, il me repondit sans hésiter que tout avoit passé par luy, qu'il y avoit fait merveille et qu'il y avoit eû la principale part. Vous sçaurez, M., que lorsque M. le Duc d'Orleans me fit l'honneur de me les confier, il me dit en même temps que tout s'estoit fait à l'insçû de M. de Parme, qu'un secret profond luy seroit gardé par les deux cours, jusqu'a l'entière conclusion qui n'estoit pas encore achevée, que M. de Parme étoit le promoteur et le principal instrument de la negociation des mariages des Enfans du Roy d'Espagne avec les Archiduchesses et, quand les mariages furent faits, S. A. R. me dit qu'ils estoient tombés sur la teste de M. de Parme, comme une bombe, qui en estoit au desespoir.

Après que vous m'eustes mis a portée de M. le Card¹ Dubois et que vous m'eustes raccommodé avec luy et qu'il commencâ a me parler avec confiance et amitié sur les choses de ce pays cy ou il avoit asseuré de me faire destiner, je luy parlay de M. le Duc de Parme, et sans que je luy dise ce que S. A. R. m'en avoit confié, il m'en parlâ tout comme l'avoit fait le Duc d'Orléans ; vous voyez par la quelle est la confiance que je dois prendre a M. de Chavigny, a qui je me suis bien gardé de laisser sentir ce que je seay de M. le Duc de Parme. Il me battit ensuitte la campagne sur la nécessité de l'établissement de d^n Carlos en Italie, sur les bonnes choses qu'il y auroit a faire dans cette partie de l'Europe, sur le respect ou notre double mariage alloit retenir l'Empereur a notre egard en Italie, et sur sa foiblesse par le manque d'argent. Voila l'essentiel de cette p^{re} conversation. Il m'ajouta seulement, qu'il avoit un plein pouvoir de M. le Duc de Parme si etendû, qu'il luy soumettoit le ministre qu'il avoit en cette cour, luy permettoit même d'agir differem^t de l'instruction qu'il luy avoit donnée quand il le jugeroit a propos, et qu'il comptoit tellement sur l'amitié et la protection de M. le Card^l Dubois dans l'affaire qui faisoit l'objet de sa mission icy, qu'il l'avoit chargé de suivre en tout ses ordres sur ce qui le regardoit.

La 2me conversation fut plus forte, mais auparavant que de vous la rendre, il faut vous dire que M. Pequet vint me voir, dans l'entredeux, et qu'il me conta, que M. de Chavigny luy avoit dit qu'il venoit icy pour une commission qui seroit fort agréable, qu'il s'agissoit de faire passer d^n Carlos actuellement en Italie, de le confier à M. le Duc de Parme, de l'accompagner de 6,000 hommes pour sa garde, dont M. de Parme auroit le

command^t ainsy que l'administration de ce prince.
M. de Chavigny me revint voir ensuitte, et après la
repetition de plusieurs choses de sa 1re conversation et
beaucoup de bourre pendant la quelle j'etois fort
attentif a ne luy point laisser appercevoir que j'eusse
rien appris sur d^n Carlos, il m'en parla luy même et,
avec ses enveloppes accoutumées, il me dit que M. de
Parme desiroit fort de l'avoir des a present aupres de
luy, qu'en ce cas il lui faudroit donner 6,000 hommes
pour sa garde, que l'un et l'autre rendroit M. de Parme
considerable en Italie et luy donneroit un maniement
de subsides qui l'accommoderoit fort. Je luy fis quelques legères objections, pour l'exciter a parler, il me
dit, qu'il étoit vray que ce passage actuel pouvoit n'être
pas bien nécess^re a l'âge de l'Infant, que néanmoins sa
présence, en Italie, pourroit contenir le parti qui se
formoit parmi les Florentins, pour se remettre en
Republique après la mort du grand Prince et encourager
ceux qui vouloient un souverain, mais qu'au fond ce
passage estoit sans aucun inconvéniênts et cela d'un
air simple, comme s'il s'agissoit d'une chose tres
indifferente. Je luy repondis, avec cette même indifference apparente, que je n'en sçavois pas assez pour
voir les avantages et les inconvenients de ce projet,
qu'il m'asseura en passant estre fort du goust de cette
cour, mais que je croyois que, par caractère et par capacité, également demontrée par le double mariage et par
les affaires du Nord, M. le Card^l Dubois devoit estre la
boussole sur la quelle uniquement on se doit regler,
qu'il avoit si parfait^ment le Système de l'Europe dans la
teste, et l'art de le combiner et d'en tirer les plus

grands avantages que c'étoit de luy et de ses lumières dont on devoit attendre les ordres pour s'y conformer entierem^t.

La dessus il me dit, avec une ingenuité plaintive, que c'étoit la tout ce qui faisoit son embarras, qu'il y avoit 10 mois que cette affaire de d^n Carlos se traittoit, qu'il en avoit souvent écrit a M. le Card^l Dubois sans en avoir jamais receu aucune reponse la dessus, qu'il s'étoit contenté de luy écrire pour l'affaire de Castro et de Rousiglione et de luy prescrire de passer icy pour y rendre un compte g^{al} des affaires d'Italie sans entrer même dans beaucoup de détails la dessus avec cette cour, et d'y agir pour M. de Parme, suivant ce qu'il luy ordonneroit touchant Castro et Rousiglione. Je me mis a sourire, et je luy repondis que si M. le Card^l ne s'expliquoit pas sur l'affaire du passage, j'en suspendois aussy mon jug^t, ce qui me seroit d'autant plus aisé que je n'avois plus que peu de jours a rester icy ; il me repondit, en prenant un air de plainte, qu'il n'avoit pas seulem^t d'instruction n'y de lettres de créance de M. le Card^l Dubois pour cette cour, puis reprenant un air plus satisfait, il ajousta tout de suitte que cela estoit aussy plus simple entre deux cours aussy etroittement unies que celles de France et celle-cy. Sur quoy je ne pus m'empècher de luy repondre, mais en riant en moy même, que ce qui constituoit le Ministre étoit moins la lettre de créance, que celle qu'on luy vouloit bien donner, et les affaires qu'on traittoit avec luy et, comme M. le Cardinal me la extremement recommandé, je crus lui devoir offrir de le mener chez M. le M. de Grimaldo, des que ce Ministre sera visible, qui est malade depuis quelque temps et de le presenter ensuitte au Roy d'Espagne, comme un homme de la confiance de M. le Card^l et avec le quel on peut traiter.

Vous voyez, M., que le peu que m'a dit M. de Chavigny est conforme en tout a ce que m'avoit dit M. Pequet, et qu'on en doit conclure que sa mission, apparente quoy qu'effective, est pour Castro et Rousiglione, mais que celle qui l'amêne icy est le passage de d^n Carlos, et j'appris hier une chose qui me confirme tout a fait dans cette pensée, c'est qu'on arme 6 vaisseaux de guerre et 4 fregattes a Barcelonne, qui doivent etre prests pour la fin de May, et qu'on le fait avec beaucoup d'indiscretion, c'est a dire avec beaucoup de bruit et grand frais.

Avant de passer au raisonnement sur une matiere si essentielle il faut vous dire un mot de la situation présente de cette cour, et vous faire souvenir que le père D'Aubanton a, tres certaincm^t, été le promoteur principal, et longtemps le seul confident, avec le Card^l Alberoni, de l'entreprise meditée a Naples et faite ensuitte en Sicile; il n'est point bien avec M. de Grimaldo et, quoy qu'on ait fait pour les reunir, il n'y a eû entre eux que des apparances tres supperficielles. M. de Castelar, secret^{re} d'état de la guerre et tres capable de cet employ, voit avec désespoir que les troupes ne sont point payées, quelles se detruisent journellement, que les officiers qui sont dans l'étendüe de la couronne d'Aragon y sont reduits depuis plusieurs mois a se faire nourrir par charité dans les monastères, que les projets qu'il a presentés pour y remedier sont toujours remis a un examen qui ne se fait point, et tout cela je le sçay de luy même; il accuse M. de Grimaldo de soutenir le M. de Campo Florido ministre des finances, malade depuis 2 ans et hors d'état de donner ordre a rien a quy pourtant toutes les choses de son ministère sont renvoyées, qui demeure tout et qui tombe dans la dernière confusion, sans que le Roy d'Espagne y fasse autre chose qu'attendre sa guerison ni veuille prendre aucun parti la dessus même par interim. M. de Castelar m'a fait aussy ces mesmes plaintes, mais sans me parler que M. de Grimaldo avoit désiré d'être remis en union avec ce Ministre, qu'ils s'étoient attirez entre eux; on y avoit travaillé utilem^t et on a esté surpris que dans le temps que M. de Grimaldo s'y prestoit le plus, M. de Castelar s'est tout a coup retiré et, de propos déliberé, a remis les choses en beaucoup plus pire état qu'elles n'étoient auparavant. L'époque de cette conduite bisare de M. de Castelar est du voyage de Lerma, et la maladie qui a retenû M. de Grimaldo 15 jours au lit, et dont il n'est pas encore bien remis, quoy qu'il ait travaillé hier pour la p^{re} fois avec le Roy d'Espagne, a esté attribuée par des gens bien instruits a deux ou trois chagrins violens que M. de Grimaldo, reçut, depuis Lerma. M. de Castelar a esté souvent enfermé, avec le père D'Aubanton et est entré chez luy par une porte de derrière, dont il est sorti souvent bien avant dans la nuit; le père d'Aubanton est intimement uni avec le pred^t de Castille et le lien de cette union est qu'il fait depuis quelque temps renvoyer toutes les affaires par le Roy d'Esp. aux consultes et aux tribunaux, a quoy il trouve parfaittement son compte parce que tout devient icy conference, et que, sur le renvoy des différentes consultes que le Roy d'Espagne ay fait, toujours la vraye decision luy en revient, qui laisse voir comme ciel a ceux a qui elle est favorable, et qui l'impute aux tribunaux envers ceux a qui elle est contraire. Le president de Castille est de son coté dans la liaison la plus étroite avec le Duc de Popoli, jusque la que contre la dignité de sa charge, inviolablem^t conservée jusqu'a present et dont luy même est tres jaloux, il va souvent dans la chambre du Duc de Popoli au Palais ou il demeure longtemps en teste a teste avec luy.

M. de Popoli est de tous les Italiens le plus dangereux par son esprit, et par sa haine pour la France; il est l'ame de la cabale Italienne qui se reunit toute a luy et qui deteste la France et l'union. M. de Cellamare qui commandoit en Galice est revenu icy deux jours avant que j'y sois arrivé et il n'est plus question qu'il y retourne, et je ne vois pas non plus qu'on songe a renvoyer M. le P^{ce} Pio, en Catalogne, qui prefère de demeurer icy, pour une charge qui n'a point d'exercice parce que la princesse n'a point d'écurie, a un des plus beaux Command^t de toute l'Espagne. Tout cela montre qu'on rassemble icy les Italiens pour les consulter sur les affaires d'Italie et comme M. de Popoli le fut sur la prise de Naples dont il donna tous les memoires.

M. de Castelar ne peut avoir changé si brusquement de conduite à l'égard de M. de Grimaldo sans avoir pris tout a coup d'autres vûes et s'estre asseuré d'autres ressources. Il n'en peut avoir d'autres que le confesseur et les Italiens, et de se bien mettre avec la Reyne, en flattant son ignorance des affaires et son ambition sur le passage de d^n Carlos; cela luy convient parce que c'est forcer le Roy d'Espagne a mettre ordre a ses troupes et a ses finences, et a en donner la disposition d'une partie a M. de Castelar a qui il butte pour la caisse militaire, et comme il est vray que les finances ne sont en desordre que par fausse administration, et que le fond en est bon et pour ainsy dire sans dettes, M. de Castelar se consolleroit beaucoup, s'il arrivoit quelque rupture en Italie qui augmenteroit l'autorité et le credit de sa charge dans laquelle il est tres capable; et les Italiens ne desirent autre chose, tant pour se mesler d'affaires, et avoir de la consideration, que dans le desir et l'esperance qui ne les abandonnera jamais de racrocher une partie de leurs biens en Italie, d'essayer, contre toute raison, quelque restitution au Roy d'Espagne de ce que l'Empereur luy detient. Cette d^{re} partie, toute insensée qu'elle soit, doit estre extrèmem^t considérée par un mot que M. de Chavigny lacha a M. Pequet dans une seconde conversation et qui n'eut que ce mot de considerable, c'est qu'a propos du passage de d^n Carlos en Italie, Pequet lui dit que c'estoit l'envoyer bien matin et pour une succession bien éloignée, a quoy Chavigny repondit qu'il lui faudroit quelque chose de present; or ce quelque chose de présent ne peut estre que par la force des armes et vous remarquerez, s'il vous plait, que M. Popoli a été consulté depuis peu, comme il le fut avant l'entreprise de Sicile, et sur quoy vous ferez vos reflections.

Je reviens aux Italiens. Outre leur objet susdit, ils en ont encore un autre c'est de nous brouiller avec l'Espagne, ce qu'ils prevoient très aisé pour peu qu'ils puissent attacher quelque chose en Italie, parce qu'ils prevoient bien la difficulté de nos secours militaires, et bien autant encore, l'impossibilité d'y satisfaire touttes les volontés de la Reyne dont ils se sçauront bien se prevaloir, pour faire des brouilleries continuelles avec nous, parce que nous ne ferons jamais assez a leur gré, après s'estre rendu maitres de son esprit en flattant son ambition. Le Duc de Bournonville, deja uni aux Italiens avant sa nomination a l'Ambassade de France, ne bouge plus d'avec eux, et particulièrement d'avec Mrs de Cellamare et de Popoli. Il fait une vraye cour au dernier, et ils parurent tous deux fort embarrassés et même déconcertés d'avoir été trouvés teste a teste a la promenade par M. l'Abbé de St-Simon.

Le Roy, la Reine, et le P. confesseur et leur deux secretaires d'estat principaux ne se cachent point du dégout et des soupçons qu'ils conçoivent du nombre de Ministres dont la France se sert icy; ils disent nettement et hautement qu'ils ne sçavent a qui se fier, et que quand on veut agir de bonne foy il ne faut qu'un seul canal. Le père D'Aubenton s'est expliqué, il y a plus de 15 jours, que cette conduitte de la France luy faisoit prendre le parti de se mettre a quartier de tout et de ne se mesler de quoy que ce soit, et je me suis tres bien apperçu depuis qu'il a tenu parole avec moy-mesme. Je scay qu'il a conseillé avec empressement a une austre personne, a des differentes reprises, d'agir de même et, quoy que cette conduitte qu'on tient icy soit extremement propre a produire cet effet, ce peut tres bien estre aussy la suitte de la liaison de ce père avec Castelar qui m'avoit infinim^t recherché et entretenû, devant et depuis mon retour de Lerma, et qui s'est tout a coup retiré de moy et n'a plus eû que de la politesse, quand nous nous sommes rencontrés ou vûs ; ce qu'il a mesme evité, quoy que de ma part je l'aye invité deux fois a diner, et usé avec luy a mon ord^{re}.

Pour M. de Grimaldo toutte cette cabale luy en veut et un de ses objets est de le détruire, mais a moins qu'ils n'y parviennent par la voye de la santé, a force de bassesses et de souplesse, son adresse qui l'a toujours maintenu au près du Roy d'Espagne avec qui il a toujours conservé un commerce vif de lettres par la voye de la Roche, a l'insceu d'Alberoni, dans le temps qu'il en estoit le plus persecutté, le maintiendra toujours. Il est veritablement favorable a la France, éloigné de projets insensés et par principes entierement porté a l'union, il est le seul instruit des affaires étrangères, il plait infinim^t aux Espagnols et est comme eux dans l'aversion active et passive des Italiens.

Voila, M., un tableau de cette cour, sur lequel vous pouvez parfaittement compter, reste maintenant a vous dire ce que je pense sur le projet du passage de d^n Carlos en Italie a quoy tout ce que dessus étoit necessairement préalable.

Je ne vois aucun bien a espérer de l'exécution de ce projet quand il n'y en auroit aucun mal a craindre; ce sera un enfant dépaysé dont la présence en Italie ne hastera en rien la succession qu'il espère, puisqu'elle dépend premierement de la vie des possesseurs qui sont doubles dans chacun des deux états de Toscane et de Parme; et il me paroit qu'un deplacement pareil sans aucun fruit, qui en doive naturellement resulter, doit estre pour le moins mis au rang des choses inutiles, qui par cela seul n'a ni convenance ny sagesse.

Pour les inconvenients je les trouve infinis et, pour commencer par les moindres, vous hazardez pour rien la santé d'un enfant de 5 ou 6 ans; cet enfant sera accompagné de personnes qui voudront de la consideration et du profit, qui donneront de la jalousie aux principaux du pays ou ils l'accompagneront, et soit que ce soit des gens d'icy, soit que ce soit des Parmesans même a qui on le confie comme une fille qu'on marie en pays étranger, les Parmesans voudront également tirer consideration et profit de leur place aupres du prince, et donneront la même jalousie aux autres. Ce Prince venant a croitre en sera gouverné, excitté par eux a vouloir part aux affaires, s'ennuyra d'estre pupile et n'ayant pas un poulce de terre a luy ne pourra pourtant estre autre chose, dont il resultera des cabales et des brouilleries, qui feront egalement repentir les princes possesseurs et leur futur heritier de se trouver ensemble, et dont la suite ne pourra estre que funeste a tous. Cette situation pourra durer nombre d'années de maturité du prince, parce que le frère du Duc de Parme n'a que 42 ans, et que le grand Prince de Toscane 52 ou 53. Si par évènement le grand Prince ou le Duc de Parme beaucoup plus jeunes que la Duchesse viennent à perdre leurs femmes et que l'amour si naturel de la posterité les engage a se remarier, ou que le Prince de Parme vienne a le faire, quelle pourra estre alors la situation de dⁿ Carlos!

Ce prince est de droit petit fils de France et par accident fils de France en traittement et en rang, et de plus cousin germain et futur beau frère du Roy; nos simples Princes du sang, jouissent depuis longtemps d'un rang plus distingué par toutte l'Europe que nulle autre maison regnante; M^rs les Princes de Conti ont trouvés Électeurs a Vienne et en Hongrie avec les quels ils ont toujours conservé une sorte de superiorité, c'est a dire une egalité parmi la quelle ils ne laissoient point de les preceder, et cependant un de ces Électeurs, qui s'est toujours contenté d'un tabouret devant le P^ce d'Orange, sceut depuis son union avec la France usurper d'abord, puis se faire donner des distinctions inouyës par les premiers sujets du Roy et par les Generaux de ses armées; d'ou il resulta que venu depuis a Paris, tout incognito qu'il estoit, le Roy eut la complaisance de le recevoir debout parce qu'il ne voulut point de tabouret et de souffrir qu'il ne vit Mgr que dans les jardins de Meudon et qu'ils montassent ensemble par chacun leur portière dans la mème caleche en mème temps, parce qu'il voulut la main sur Mgr; que ce fut en quelque façon luy ceder ce qui n'avoit jamais été pretendû par aucun souverain, et ce que dans le même temps l'Electeur de Cologne ceda nettement de ces variations. Vous pouvez conclure, quels seront les embarras considérables de cérémonial, entre don Carlos et les autres princip^x grands ducs, et qu'il faudra continuellement ou acquerir leur haine pour des points de ceremonial, ou laisser fletrir en sa personne la dignité de sa naissance et des deux couronnes.

Passons maintenant à des considerations encore plus importantes; rien ne m'a esté plus recommandé en partant que d'écarter toutte idée de cette envoy sur l'Italie, et en particulier tout ce qui pourroit de près ou de loin tendre a quelque entreprise ou a quelques ruptures de ce côté là ; rien n'y peut pourtant conduire, d'une façon plus directe, que ce passage de d^n Carlos avec des troupes. C'est reveiller toute l'Europe sur un projet dont elle s'embarrasse peu, tandis qu'il paroit éloigné, au point ou il est par sa nature, mais qui changera tout a coup de face dès qu'on y verra paroistre d^n Carlos armé en Italie. Il faudra payer et entretenir ces troupes, et ce ne sera pas aux depens du Duc de Parme, car quand il consentiroit à les soudoyer de l'argent qui luy seroit accordé par le pape et par le Roy d'Espagne de l'indult sur les Indes pour le payem^t de Castro et de Rousiglione, on doit s'attendre que l'Espagne, sur les sujets de laquelle ces sommes seront prises, nous demandera d'y contribuer de notre part. L'Empereur, qui ne verra point cet even^t sans une jalousie extrême, pourra pretendre de s'y opposer par la voye des armes comme a une chose qui n'ayant point d'apparence par l'éloigne^t naturel de ces successions le menace d'une manière effective, mais, quand il voudroit prendre la chose avec plus de moderation, il peut prendre une autre voye qui ne nous menera pas moins enfin à la rupture ; il dira que les estats de Parme et de Toscane sont menacés d'oppression, qu'encore que M. de Parme y consente pour le sien, il n'en est pas moins obligé de proteger ses feudataires ; il pretendra garder les places de ces états et il trouvera toute sorte de facilité dans celuy de Toscane, et pour 6000 hommes que vous aurez en Italie il en aura le nombre que bon luy semblera, avec toutte la facilité que luy presentent les estats qu'il y possède et le passage du Tyrol. Le Roy de Sardaigne, qui garde si étroitement ses frontières a cause de la peste, aura cette raison de nous refuser tout passage, et les Suisses pareillement qui n'oseront choquer l'Empereur. Vous serez donc reduits par la, et l'Espagne par sa situation naturelle, a ne pouvoir fortifier d{n} Carlos tant de recrues que de troupes que par la mer, dont les transports sont infiniment ruineux, et l'Espagne en a peu de moyen, et nous encore moins faute de vaisseaux, et l'Angletterre avec ses flottes deviendra la maîtresse de vos secours. Quelque bien que vous soyez avec elle, n'esperez point qu'un prince d'Allemagne tel qu'est le Roy d'Angleterre resiste aux mouvements de l'Empereur dans ce qui luy sera le plus sensible comme est l'Italie, et comptez de plus que la jalousie de se conserver le port Mahon et Gibraltar luy fera embrasser avec ardeur cette cause de l'Empereur, dans la crainte qu'un etablissement de la branche d'Espagne en Italie ne le forçât enfin de luy faire la restitution de ces deux endroits qu'il tient dans le continent de l'Espagne. Cette entreprise, si prematurée, échaufera donc les esprits de toutte part et si elle ne vous produit une guerre présente elle vous l'amenera incessam{t}. Comme il s'agira de fiefs de l'Empire, que le roy de Pologne a donné une Archiduchesse a son fils, que l'Électeur de Bavière desire ardam{t} l'autre pour le sien, que ces deux princes, qui sont les plus puissants de l'Empire, regardent avec un œil de propriété tous les états hereditaires de l'Empereur, la guerre deviendra aisément guerre d'Empire, et vous scavez que, de quelque disette d'argent que souffre l'Empereur, jamais il n'est si riche et si puissant que quand il a une guerre de l'Empire. Touttes ses pretentions sur le Rhin, celles qu'il n'abandonne point sur les Duchés et les difficultés que nous avons avec luy en Flandres ne luy fourniroient que trop de pretexte de porter la guerre sur ces 2 frontières, et je ne vois point que nous la puissions soutenir par notre propre fonds, n'y par la force de nos alliances. Vous connoissez l'état de nos finances, je vous puis asseurer du desordre de celles-cy, et que si nous ne manquons que trop effectivement d'hommes, l'épuisem' est encore icy plus grand; notre peste est un surcroit de malheurs qui rend encore les hommes et les finances plus rares par l'interruption du commerce et le défaut de culture. Nous touchons au congrès que cette entreprise dissipera et tournera contre nous, et dans un an le Roy sera majeur, à qui une lutte entreprise ne manquera pas d'etre présentée sous les plus noires couleurs. Tout cela mis d'un côté et l'inutilité de ce passage de l'autre, quand il seroit possible de n'en pas craindre de telles suites, me fait conclure que si j'étois du Conseil de l'Empereur, je ne désirerois rien d'avantage qu'une entreprise si fort a contretemps, et qui ne peut produire qu'une augmentation de grandeur de l'Empereur en Italie et dans toutte l'Europe, une jalousie et un épuisement de nos deux couronnes et faire échouer, tout au moins, l'establissement de d^n Carlos en Italie. Si au contraire j'étois du Conseil de France ou d'Espagne, je ne songerois qu'a éteindre l'inquiétude que cause nôtre double union, par une apparence profonde d'inaction de pretentions et de desirs, qu'a evitter tout ce qui pourroit entrainer le moindre engagem', qu'a reparer notre estat par tous les moyens doux et possibles, qu'a terminer le congrès, pour nous procurer une situation assurée avec tous nos voisins, entretenir nos alliances, devenir peu a peu le dictateur des princes d'Allemagne et nous mettre par une union étroite avec l'Espagne en situation de nous réparer par les avantages de son commerce, et de profiter, a coup sur, de la succession désirée pour d[n] Carlos lorsqu'elle s'ouvrira, et encore plus du grand évènem[t] qui peut arriver par la mort de l'Empereur sans postérité masculine qui pourroit changer bien avantageusement les vûes sur d[n] Carlos en Italie, si nous nous trouvions alors en estat d'en profitter. C'est ce qui ne se peut que par une longue et profonde paix, qui nous donnera le temps d'assoupir les craintes et les jalousies et cependant de reparer nos finances et l'épuisement de nos hommes pour en user après pour notre agrandissement commun avec moins de difficultés. Voila M. ce qu'il faudroit un plus habile homme que moy pour bien executter, mais vous imaginez que c'est longue voye a prendre. Je croys cela d'une telle evidence, qu'il n'y a personne qui ne le voye comme moy. Au surplus, content de vous avoir deposé des reflections que je ne me croys pas permis de suprimer entièrement, je ne me remets a vous et a M. le Blanc a en faire l'usage que vous trouverez a propos, et à la supériorité de connoissances et de lumières de M. le Card[l] de faire pour le bien de l'estat ce qui luy paroîtra le meilleur, et a la capacité de S. A.R. d'en décider. Comme ils ne m'ont rien mandé sur d[n] Carlos, je n'ay qu'a laisser faire M. de Chavigny sans m'en mesler, et le laisser agir aussy pour l'affaire de Castro et de Rousiglione. Le père Daubenton qu'il a veû longuement me rencontra hier au Palais et me demanda, d'un air instruit de tout, s'il m'avoit dit le sujet de son voyage; je ne jugeay pas à propos de luy parler d'autre chose que de l'indult sur lequel il me dit en riant qu'il estoit assez plaisant de payer et de retirer ses dettes sur le fond d'autruy et se prenant a dire qu'il ne savoit pas si cette voye accomoderoit fort le Roy d'Espagne et ses sujets.

Je me mis a rire aussy, et luy repondis que je laissois cette fusée a demesler a qui en estoit chargé; il me demanda ensuitte, avec quelqu'empressement, si je ne sçavois rien de plus et, bien qu'il pût être que M. de Chavigny luy eût confié qu'il m'en avoit laissé entendre d'avantage, j'aymay mieux me tenir fermé que d'entrer dans une affaire sur la quelle vous voyez mes sentiments, sans que je sache ceux de M. le Card[1]; je m'en tiray donc par dire au père que j'avois vu M. de Chavigny si a la hâte a cause des plaisirs du carnaval et des fonctions du commencem[t] du careme que je n'avois pû encore l'entretenir beaucoup.

Il ne faut pas que j'oublie deux choses : la 1re que M. de Grimaldo, qui travailla hier matin pour la 1re fois au Palais depuis sa maladie, descendit tout de suitte dans le bureau de M. de Castellar, avec lequel il fut enfermé une heure et demie, ce qui sent beaucoup l'expedition de d[n] Carlos, ou le congé de M. de Campo Florido et de Pez, lequel nous est fort contraire et dont il se parle fort; si je puis sçavoir quelque chose de cette conference avant que de fermer ma lettre je l'y ajoutteray ; l'autre que M. de Parme a dit a M. de Chavigny qu'il aimoit mieux le M. Scotti a cause de son attachement pour luy, qu'il connoissoit bien que ce n'étoit pas l'homme du monde le plus éclairé et qu'il avoit peu de credit en cette cour, mais que c'estoit son compte parce que un ministre de Parme qui auroit plus d'étendue d'esprit voudroit s'avantager de l'étroite alliance qu'il a l'honneur d'avoir avec la Reyne d'Espagne et gouverner icy, au moyen de quoy tous luy retomberoient sur le corps, au lieu qu'avec un ministre tel que Scotti, les demarches de cette cour a l'egard de l'Empereur ne luy pourront estre imputés. M. de Chavigny m'a dit de plus que le dit Scotti, luy estant venû rendre sa visitte, luy avoit fait une ouverture entière du desagrem^t de sa situation icy sans consideration et sans credit, qu'on luy avoit porté des atteintes dont il ressentoit les effets surtout depuis le voyage de Lerma, et qu'il avoit imploré son assistance et ses bons offices non seulem^t de luy, mais encore de moy, et qu'il l'avoit prié d'en parler et de les luy procurer en cas qu'il fut a cette portée avec moy, mais de le faire comme de luy même. Son antagoniste est la nourice a qu'il a fait le diable, estant dans sa confidence, or cette nourice est a merveille avec la Reyne qui déclare nettem^t ne s'en pouvoir passer, et très bien aussy avec le Roy ; elle est d'ailleurs bonne femme et plus encline a la France que contraire, et peut avoir des usages infinis dans l'interieur du Palais, surtout par rapport a l'union de la Reyne et de la Princesse, qui influera beaucoup sur l'union des deux cours. Aussy vous voyez s'il y a a balancer, on m'a conseillé de bonne part de luy faire et a son gendre des amitiés et des avances, qui ont parfaittement bien pris. J'abrège la dessus parceque ma lettre n'est deja que trop longue, je croys seulement que quelques presents y seroient bien employés parce qu'elle est interessée, et je finiray par la cette lettre dont l'importance doit excuser la longueur, en vous asseurant M. et M. le Blanc que vous n'aurez jamais de serviteur plus devoué que moy n'y qui vous aime et honnore davantage. Depuis ma lettre ecritte je croys bien sçavoir par M. de Grimaldo, qui le dit volontiers et dont je le tiens, que l'armement de Barcelonne ne regarde point l'Italie, que la conference avec Castellar ne regarde que les fonds militaires, qu'ils ne scavent point ce fonds du voyage de M. de Chavigny et que sa venue leur deplait.

L

AU ROI[1].

A Madrid, ce 21 février 1722.

Sire

Je n'auray presque a rendre compte a V. M. pour aujourd'huy, que des festes qui ont été faittes icy, et qui avoient esté retardées a cause de la maladie de la Princesse, qui est maintenant parfaittement retablie, et qui auroient été plus multipliées si cette mesme raison

1. Volume 324.

eut permis de les commencer plustôt avant le carême ;
elles commancerent Dimanche jour de la naissance de
V. M., auquel, à la manière de cette cour, je receus, tant
chez moy qu'au pallais, une infinité de compliments, a
cette occasion, et parmis les quels, je remarquay un
grand attachement pour la personne de V. M.; le soir il
y eût illumination et un parfaittement beau feu d'artifice, dans la place du Pallais. Le lendemain, ces mesmes spectacles furent recommancés, de differentes manières, au même lieu, avec une mascarade a cheval de
7 ou 800 bourgeois, ou artisans de cette ville, tous diversement montés et parés. De la L. M. C. allerent, a
Notre Dame d'Atocha, dans un superbe carrosse, tout
de glaces et de bronze doré, avec le prince et la Princesse, suivys de 30 autres carosses remplis de personnes de leur cour, et de toutte leur garde a pied et a cheval ; touttes les rües de leur passage estoient tendües
et ornées de pièces d'orfevrerie, et plusieurs fontaines
chargées de festons et d'inscriptions dont la plus part
etoient a la louange de V. M. et de l'Infante ; elles
trouverent a leur retour ces mesmes rües illuminées,
et se rendirent a la place Major, si remplie de monde
et si brillante de lumières qu'elle formoit un spectacle
le plus magnifique et le plus superbe; les trois cadrilles
des Ducs de Medinaceli et de Larco et de la ville entrerent en ordre dans la place, et firent leur comparse et
leur course, un flambeau à la main, avec beaucoup
d'adresse et de justesse; elles etoient differement vetües, de jaune, de bleû, et de rouge, mais si superbement et pour leurs habits, et pour la parure des plus
chevaux d'Espagne qu'ils montoient, que ce spectacle

étoit veritablement admirable et aussy distinctement éclairé qu'en plein jour ; l'ordre y fut grand, et les deux Parrains si distingués, par leur bonne mine et par une quantité prodigieuse de pierreries sur les harnois de leurs chevaux ; ils ne courrurent point, et estoient en habits ordinaires ; cet espèce de tournois fut terminé par un feu d'artifice, tres ingenieux, tiré de dessus dix galères, très galament ornées, qui representoient un combat naval, dont l'exécution fut parfaitte. L. M. C. qui etoient sur un balcon de la place revinrent ensuitte au Pallais, dont la place étoit illuminée d'une manière nouvelle ou on tira un autre feu d'artifice, le plus galant et le plus magnifique qu'il fut possible d'imaginer ; les noms du Roy et de la Reyne d'Espagne y paroissoient, illuminés, et au plus haut de la Piramide, celuy de V. M. et de l'infante. La santé de la Princesse, qui ne luy permet pas encore de veiller beaucoup empechâ qu'il n'y eut de bals publics pendant ces trois jours, il y en eût seulement dans l'appartement de la Reyne, fort en particulier, ou L. M. C. m'ordonnerent de me trouver, ce dernier jour. Il me paroît que l'on s'attend, icy, qu'il y aura des festes a Paris a l'arrivée de l'Infante, et que si V. M. en donne quelques unes a cette occasion le Roy et la Reyne d'Espagne en seront extrem^t touchés. Je crois aussy devoir rendre compte a V. M. de quelque chose de plus sérieux, c'est que le Roy d'Espagne fait armer a Barcelonne, avec une extrême diligence, six vaisseaux de guerre et quatre fregattes, sans qu'on en puisse encore pénétrer le sujet, et que le Sr Patino vient d'être mandé icy en diligence ; il est frère du Marquis de Castellar Secret^{re} d'estat de la guerre et a été deja chargé du soin de l'embarquement, qui fut fait pour l'expedition de Sicile.

Je suis avec un profond respect

Sire

de V. M. le tres humble, tres obéissant et tres fidèle serviteur et sujet

Le Duc de St-Simon.

LI

AU DUC D'ORLÉANS[1].

Madrid, 22 février 1722.

Ce n'est pas que j'aye rien a vous dire, Monseigneur, mais seulement pour ne me laisser pas oublier. Faute de mieux V. A. R. scaura qu'il m'est arrivé deux miracles, l'un de baiser les mains du C^l de Borgia l'autre de tuer un renard a une chasse du Roy ; il me falloit venir en Espagne pour faire ces deux prodiges. J'en vais en tenter un autre plus serieux, c'est de voir si des prières pour vous en langue Mosarabique seront plus efficaces que celles qu'on fait en latin et en Français, et je m'achemine après demain a Tolede en pelerinage a cette occasion.

Mon fils a tant de peine a reprendre sa santé que je l'ay enfin resolu de retourner a Paris. Je suis icy si poursuivi de poisson puant et de sermons Espagnols et sans en entendre un mot et sans avoir

1. Volume 314. De la main du Duc.

la consolation de voir au moins les grimaces du predicateur a mon aise que je petille de m'en aller aussy. Je vous somme de rechef, Monseigneur, de vostre parole la dessus parceque je compte bien veritablement d'estre a Pasque a Paris, parceque je n'ay point de confiance en ces barbotteurs de chapelets cy tous mangeurs d'ail d'huile puante et de madônes et que je veux aller examiner de près si mon voyage de Tolede vous aura reussy. Je vous le souhaitte d'avance pour finir a la manière d'un sermon, avec tout le respect et l'attachement du plus devoué serviteur de V. A. R.

Le Duc de St-Simon.

LII

AU CARDINAL DUBOIS [1].

Madrid, 23 février 1722.

Je reçois l'honneur de la lettre de V. E. du 10 de ce mois qui me flatte de l'espérance d'un courrier dans quelques jours que j'ay toujours attendu sans impatience, tant a cause de vos occupations infinies que parceque je n'ay point de notion qu'il y ait rien presentement sur le tapis qui demande un exprès. Par un mot que je trouve dans la lettre de V. E. je luy avoüe que cet estat de tranquilité est un peu troublé et qu'ayant compté de partir dans une 15^{ne} de jours de la bienséance de ma

1. Volume 314. De la main du Duc.

reconnoissance et plus que le *nec plus ultra* de mes finances, de l'impatience de Me de S. Simon et de la mienne, je serois extrêmement embarrassé et affligé s'il me falloit rester plus longtemps. Vous sçavez que vous m'avez accordé de n'estre chargé d'aucune affaire pour n'estre point arresté par leurs suittes et leurs queües après le mariage. Je n'en ay donc aucune entre les mains; M. de Maulevrier a continué toujours de les faire comme il avoit accoutumé avant mon arrivée; c'est luy qui en a le fil et la suitte tant pour les traitter, s'il demeure, que pour en mettre un successeur au fait, si vous lui en destinez un. Encore que j'aye receu mes lettres de créance et toutte liberté vous avez sur moy la double autorité de vostre Ministère et celle de vos bienfaits. Quoy que je respecte la première, je redoutte bien plus la seconde contre la quelle je n'ay que vous même comme defenseur. N'en abusez donc pas, je vous en conjure, et couronnez les par un retour dont la promptitude ne m'est pas moins effectivement necessaire qu'elle est désirée ardamment. Je me flatte neanmoins que je ne trouveray rien dans les depeches que V. E. m'annonce qui m'arreste plus que quelques jours aux termes propres de sa lettre et que je ne me trouveray point dans la necessité d'attendre la reponse de celle-cy.

Vos bontés ingenieuses en tout ont sceu me frayer icy un chemin de roses qui joint aux graces du *passe volant* a fait tout mon merite. Jusqu'a l'acceuil que j'y ay continuellement et généralement receu, jusqu'aux regrets dont on me flatte, tout doit estre reporté en hommage a V. E. et je le luy fais entier de tout mon cœur.

Après l'impatience de famille et de necessité, car je me suis reservé la franchise avec vous, après celle de me retrouver auprès de S. A. R., nulle autre ne me presse tant que celle de vous dire moy mesme tout ce que je sens pour V. E. et a quel point je luy suis tendrement, totalement et respectueusement attaché.

Le Duc de St-Simon.

Je crois sçavoir de bon lieu que l'armement de Barcelonne regarde les Indes. Je présentay, il y a deux jours, suivant vos ordres un memoire au Roy d'Espagne sur l'affaire qui a amené M. de Coulange icy, en l'expliquant; il fut favorablement receu et je scay par M. de Grimaldo et par une autre voye que V. E. sçait ne pas vouloir estre nommée que S. M. C. est bien disposée a cet êgard, mais il faut passer par des consultes et un petit coup d'éperon de votre part fera pencher la balance.

M. de la Farre est parti ce matin ; nous avons vescû en grande amitié ensemble et je ne pourrois vous en dire trop de bien si V. E. ne le connoissoit mieux que moy.

Je n'ay pu voir M. de Grimaldo qu'aujourd'huy depuis sa maladie et dès aujourd'huy je luy ai presenté M. de Chavigny et ce soir a L. M. C. J'espère que pour le peu qu'il y a qu'il est icy il est content de moy.

LIII

AU CARDINAL DUBOIS[1].

Madrid, 1ᵉʳ mars 1722.

Je vois par l'honneur de la lettre du 17 de sᵣᵉ de V. E. qu'elle est assez incommodée pour garder le lit et cela m'afflige et m'inquiette veritablement quoy qu'elle se promette d'en sortir deux jours après. Je suis trop franchement et trop entièrement a vous et j'y dois trop estre pour ne pas ressentir vostre santé comme la mienne propre et c'est aussy ce que je fais bien effectivement.

Je me suis avisé que nous n'avions point de preuves par écrit de la celebration du mariage de Mᵉ la Princesse des Asturies parceque les parties ne signent point icy avec leurs parents et leurs temoins sur le registre du curé comme en France. J'en parlay a M. de Grimaldo en partant pour Tolede, il m'expliquâ sur cela l'usage d'icy et me promit pour mon retour une expedition en forme de ce qui supplée icy au nôstre. Il me la donna hier, et vous la trouverez cy-jointe. J'ay crû cette précaution bonne a prendre, surtout pour un mariage qui ne se doist pas consommer sitost, quoy qu'il le paroisse, depuis que tout le public les a vûs au lit ensemble, le soir du mariage. La Princesse est maintenant en parfaitte santé et vâ tous les jours aux maisons royalles des environs de cette ville, et usurpe une familiarité avec

---

1. Volume 324. Minute conservée par St-Simon.

L. M. C. qui leur plait beaucoup, et qui est toujours parfaittement bien recüe; ce qui avoit le plus inquiété sur sa santé s'est tout a fait dissipé.

Je scay de M. le Duc de Liria, a qui M. Pez le dit avant hier, que l'armement de Barcelonne est contre les Algeriens et qu'il attend quelques vaisseaux bon voiliers hollandais pour aller ensemble leur donner la chasse.

L'Infant d^n Philippe sera baptisé cet après midy et tenû par M. de Sta Cruz, et la Duchesse de la Mirandole au nom de l'Électeur de Bavière, et de la Duchesse de Parme.

Demain il recevra l'ordre de St Jacques des mains du marquis de Bedmard president des ordres, et les esperons de celles du Duc de Veraguas et du marquis de Moya; le Duc de Larco sera son parrain.

J'attends de jour en jour le courrier que V. E. me promet avec une double impatience, et pour sa santé, et pour mon départ. L. M. C. vont de demain en 8 a Belzaïn, c'est un voyage de 4 jours et tout a la legère, pendant lequel je compte courrir la ville pour mes adieux, et prendre congé a leur retour, parceque je me flatte bien que le courrier ne m'apportera rien qui m'empêsche de partir le 16 ou le 17. M. de la Fare est deja bien loin, et je n'ay pas manqué de dire a M. de Maulevrier ce dont vous me chargez pour luy. M. de Chavigny a eû ses audiences, dont il vous rendra compte; nous nous voyons souvent, je souhaitte qu'il soit aussy content de moy, que je le suis de luy, et je fais de mon mieux pour que cela soit et parceque vous l'honnorez de vôtre amitié, et pour luy mesme.

Tout ce que vous me faittes l'honneur de me mander pour S. A. R. et pour vous même, est si flatteur que je n'ay point de termes pour y repondre, si non un désir extrème de le pouvoir meritter, et de me retrouver auprès d'elle, et d'asseurer moy même V. E. qu'elle n'a point de serviteur sur qui elle puisse plus parfaittement compter, n'y qui soit a elle avec un attachement plus respectueux et plus entier.

Oserois-je vous supplier encore pour le Ch^r de Resie que j'ay depesché, pour porter la nouvelle du mariage, et qui par sa naissance, son application au service, et sa qualité de 1er Cap^{ne} au Regiment de mon fils ainé, meritte touttes les graces qu'il doit esperer de cette nouvelle, qui est le chef d'œuvre de V. E.

LIV

AU CARDINAL DUBOIS [1].

A Madrid, ce 9 mars 1722.

Point de courrier, ny de nouvelles de V. E. par l'ordinaire, ce qui m'inquietteroit sur sa santé, si une longue indisposition pouvoit estre ignorée ; comme on ne m'en mande rien, cela me rassure la dessus.

Je dois avoir l'honneur de vous rendre compte de trois affaires entre autres, que vous m'avez chargé de recommander et de suivre ; les deux premières regar-

---

1. Volume 315.

dent le payement des bleds fournis pour le siège de Barcelonne pour le S^{eur} Marguerit et Comp^{ie}, et l'arrest fait, sous prétexte des précautions contre la contagion, des pierreries que Daniel de Cleves faisoit passer par la poste en Espagne. Je n'ay pas esté plus heureux que M. de Maulevrier qui avoit déja donné plusieurs mémoires sur ces deux affaires, et le Roy d'Espagne s'est contenté de me faire repondre que l'une estoit au conseil de finance, et l'autre a la *Junta* de la santé. Sur quoy j'ay fait prier, M. de Grimaldo, parce qu'on ne le voyoit point alors, de representer au Roy d'Espagne que je savois bien où ces affaires estoient, avant que S. M. C. me l'eût fait dire, et que c'estoit précisément par le longtemps qu'il y a quelles y sont, et par l'évidence de la justice de ces affaires, que je m'étois donné l'honneur de la suplier de les faire finir; mais quand il est question d'argent, et qu'on ne peut s'en defendre par la nature de l'affaire, on n'en peut obtenir aucune décision; il y en a icy un grand nombre, plus criantes que je ne puis vous les representer, qui ont ruiné ceux qu'elles regardent, a les suivre, fait mourir les uns de chagrin et tourné la teste a d'autres. Quoy quelles regardent presque touttes uniquement des François, je n'ay point voulu m'en mesler, tant parceque je n'en ay point d'ordres, que parceque j'en sens l'entière inutilité; il est pourtant vray que je n'entends pas dire que les autres nations soient traittées avec la même demi justice, et qu'il est de l'honneur du Roy de chercher des moyens convenables pour faire cesser un usage si constant de vexations veritablement inconnues partout ailleurs.

Je n'ajoutteray point a cet article celuy de nos consuls qui sont dépouillés de toute sorte de juridiction, qui ruine entierement notre commerce par les avanies continuelles qui se font a nos batiments, et a nos marchands; je ne doutte pas que M. de Maulevrier, qui m'en parle souvent, ne vous en rende bon compte, ni que votre prudence qui est venüe a bout de bien plus grandes choses ne remedie a celles-cy qui sont pourtant capitales, quand vos grandes occupations vous donneront le loisir d'y penser.

La 3me affaire, qui est celle de la pension de Mlle D'Aulnoy, m'a été nettement refusée parcequ'elle la luy a été, a elle même, dans un voyage quelle a fait icy expres.

M. Burlet, pour le quel vous m'avez chargé de m'interresser, a esté mieux traitté, et bien qu'on n'accorde rien de nouveau, ou qu'on ne paye presque rien de ce qui est dû, le Roy d'Espagne s'est determiné a luy donner une pension de cent pistoles, pour luy temoigner qu'on n'est pas venû a bout de luy persuader rien qui ait alteré l'estime et l'affection qu'il a pour luy.

On augmente de 4 autres vaisseaux, et de quelques galères, l'armement qu'on presse fortement a Barcelonne, d'ou il est aisé de juger qu'il ne regarde point les costes de Barbarie, comme d^n André de Pez l'â voulû dire, et il est arrivé cette semaine trois courriers d'Italie, en un jour, de ces matières; M. de Chavigny, vous donnera meilleur compte que moy; je me contente de les marquer a V. E. pour l'informer seulement de tout ce que j'apprends.

M. le Prince de Chelamar, qu'on appelle présentement le Duc de Giovenazzo, est fort en peine de n'avoir point eû de reponse aux lettres qu'il me remit deux jours avant le voyage de Lerma, pour le Roy, pour S. A. R., pour vous et pour M. le M^{al} de Villeroy et que j'eus l'honneur d'envoyer dans ce temps a V. E. Il me vient de remettre un paquet a cachet volant pour elle, qu'elle trouvera cy joint, et qui contient une lettre et un memoire, touchant une somme de 35000[1] qui, par son enoncé, luy est tres legitimement dûe et a un caractère tres particulier de privilege, pour qu'il n'y perde rien et qu'il en soit incessament payé; après cela vous estes bien meilleur juge, et juge naturel, de ce qu'il convient d'y faire et d'y repondre.

La cérémonie de la reception de l'infant dⁿ Philippe dans l'ordre de St Jacques fut differée, a hier, avec quelques chang^{ts} pour ceux qui y devoient servir; le M. de Bedmar donna l'habit de l'ordre au jeune prince, le M. de Sta Cruz fut parrain. Le duc de Larco, et M. de Montalegre sommelier du corps furent presentés par le Mq^s de Grimaldo; le roy et la Reyne y assisterent incognito, dans leur tribune, et je fus placé avec ceux qui sont avec moy dans la tribune au dessus, d'ou nous vismes tous tres bien. Le petit Prince fut le plus jolly du monde; ce matin j'ay vû partir L. M. C. pour Balzain, ou elles vont en un jour et y en demeureront deux, pour voir leur batiment et leur jardin qu'on fait a la Granxa, et reviendront le 4me au Buenretiro jusqu'a Pasques.

Elles sont uniquement suivies en ce voyage du Duc de Larco, de M. de Sta Cruz, du Comte de San Estevan, cap^ne des gardes en quartier, de M. de Valouze, de Mme de Robec, de la nourice, et d'une cameriste.

J'avoue a V. E. que je suis peiné de n'avoir reçu aucunes lettres de remerciement au Roy d'Espagne des graces, que la bonté de S. A. R. et vôtre activité m'en ont procurées ; cependant je compte prendre mon audience de congé au retour de Balzain et partir la semaine prochaine avec beaucoup d'impatience de faire ma cour a S. A. R. et de vous renouveller tous les sentiments de reconnaissance et d'attachement fidèle et respectueux avec les quels je suis inviolablement a V. E.

Le Duc de St-Simon.

LV

AU CARDINAL DUBOIS [1].

Madrid, 9 mars 1722.

Je ne puis m'empescher de dire a V. E. que Me de S. Simon m'a fait la galanterie de m'envoyer vostre mandement sur le Jubilé dans lequel j'ay reconnu des tours qui m'ont fait vous reconnaitre, et je ne conçois pas que vous avez trouvé le temps d'écrire vous mesme une sorte d'ouvrage dont beaucoup de prélats sans affaires ont coutume de se décharger sur des faiseurs.

Vous avez fait des coups d'état a la Richelieu et vous voulez comme luy vous montrer Evesque par des

---

1. Volume 315. De la main du Duc.

pièces qui en ce genre seroient enviées des maistres. C'en est un trait que la manière dont vous parlez a vôtre troupeau de vostre absence, mais il faut vous le dire vous sçavez trop a la fin, et ajoutez dans la brutalité de l'estonnement, vous avez trop d'esprit.

Pardonnez au mien cette licence a moy qui depuis tant d'années devrois y estre accoustumé et qui pour tout ce qui m'en reste suis a V. E. avec un attachement respectueux que les paroles ne peuvent exprimer.

Le Duc de St-Simon.

Depuis ma lettre ecritte Bannières est arrivé. Je me contente pour aujourd'hui d'en informer V. E. Je viens de voir M. de Grimaldo et de prendre les lettres qui sont pour le P^{ce} et pour la P^{cesse} des Asturies. J'iray demain a Balsaïm et a mon retour je vous depescheray Bannières avec le compte de ce que j'auray fait sur ce qu'il m'a apporté. Je rends mil graces a V. E. des lettres de remerciment que j'attendois avec grande impatience, j'en ay beaucoup de l'autre courrier que vous me promettez dans six jours et un grand desir que vous trouviez bon qu'il ne m'arreste pas. Je n'ay pas le temps de vous en dire davantage, sinon que rien ne me separera de mon devoir envers S. A. R., ny de la personne de V. E.

LVI

AU CARDINAL DUBOIS[1].

A Ségovie ce 11 mars 1722.

Banière arrivâ avant hier, vers les 6 heures du soir, a Madrid, et me remit les paquets dont il étoit chargé ; je vis, avec beaucoup de joye, et de reconnoissance, les lettres de remerciment sur les graces que je dois d'icy a S. A. R. et aux soins de V. E. que j'attendois avec beaucoup d'impatience, et je lûs, avec une grande satisfaction, ce qu'elle me fait l'honneur de m'envoyer sur l'arrivée de l'Infante Reine. Les lettres pour S. M. C. qui y etoient jointes sur differents sujets et le plaisir de leur annoncer celuy d'une reception si triomphante, me persuaderent moins le voyage de Balzaïn, qu'une depeche, d'un homme de vos amis, et des miens, et qu'il m'a mandé être de concert avec vous : comme je ne doute pas que V. E. ne voye la reponse que je luy fais [2], je ne mesleray rien, dans celle-cy, de ce qui regarde principalement cette matiere et je me renfermeray dans la réponse a ce que vous m'avez fait l'honneur de me mander. J'allay aussy tost que j'eûs vû les lettres chez M. le M. de Grimaldo qui n'etoit point a la Cavachouella, mais pourtant au palais, et si occupé, a ce qu'il me parut, qu'il

---

1. Volume 315.
2. Il s'agit ici de Belle-Isle et de la sortie de Noailles du conseil de Régence.

fallut insister pour le voir ; je luy remis les lettres de
V. E. et je luy dis un mot de ce qui s'est passé a
l'arrivée de l'Infante Reine ; il approuva mon voyage
a Balzaïn, et que je remisse auparavant, au Prince et a
la Princesse qui sont restés a Madrid, les lettres que
je venois de recevoir pour eux. Je le fis au sortir de
chez luy et je partis hier matin pour un des plus pe-
nibles voyages qui se puissent faire en ce pays-cy, que
je sçavay et que je trouvay bien tel, et que 10 heures
plustost de l'arrivée du courrier, m'auroit epargné. Je
remarque cela a V. E. pour luy faire comprendre que
les matières les moins agreables, les montagnes les
plus rudes, et les neiges les plus hautes, malgré la
saison, que je comptois bien ne pouvoir passer que
sur une mule, comme je fis, ne retarderont jamais
mon devoir envers S. A. R. et mes obligations envers
vous.

Je me trouvay a l'arrivée du Roy de la Granja, a
Balzaïn, Je le suivis dans sa chambre, avec la Reine,
et j'eûs l'honneur de luy présenter les lettres dont
j'étois chargé, avec la relation de l'arrivée de l'Infante
Reine, que je crus luy devoir laisser, pour que la
voyant plus a loisir elle luy fit plus d'impression, et
de l'entretenir ensuitte, quelque peu. M. le Duc de
Larco, m'offrit fort obligeament un lit, mais comme
luy même n'a icy que ce qu'il y apporte, et que je
ne crus pas que, pour un voyage de deux jours de
sejour, il fut de superflus, je pris le parti de le remercier et de venir coucher icy. Mon projet étoit de faire
mes lettres en arrivant, et de vous renvoyer le courrier ce matin, mais j'arrivay a plus de 10 heures du

soir, si mort de froid, de faim et de lassitude, qu'il me fut impossible ; ce matin, la curiosité de voir Segovie, puisque je m'y trouvois, m'a seduit, et comme d'ecrire ce matin n'auroit gagné que 12 heures plus tost que d'ecrire ce soir, j'ay cru en pouvoir user de la sorte. Je ne scay si je m'en dois repentir, ou non, parce que le Roy et la Reine, m'ont prié, si ce terme se peut dire, de retarder le courrier pour porter leurs réponses, qui ne peuvent se faire qu'a Madrid.

J'ai eû l'honneur de les suivre toutte la journée dans leurs travaux de la Granja, apres avoir diné chez M. le Duc de Larco et de recevoir de L. M. C. à l'ord^{re} mil marques de bonté.

Je ne dois rien dissimuler a V. E. et c'est ce qui me fait luy repondre franchement que la commission qu'elle me donne d'accrediter icy M. de Chavigny est encore plus difficile que vous ne l'estimez vous même. Je ne doute pas, que les preventions qu'il trouve icy ne soient l'ouvrage de ceux qui ne desirent rien moins que l'union des deux couronnes et des deux cours, en quelque pays qu'ils habitent, et je vous diray a ma honte, que quelque soins que j'aye veritablement pris pour luy applanir ces voyes, tant devant que depuis son arrivée, je n'y ai pas beaucoup avancé. Je me suis bien gardé de luy laisser rien sentir de ce que je vois sur ce qui le regarde pour ne le point dégoûter, et je me remets à ce qu'il vous en pourrâ écrire, sans que je luy en aye parlé, sur la façon dont je vis avec luy, pour essayer par mon exemple de luy attirer plus d'agréments ; il n'a pourtant pas laissé d'estre visité, même par des seigneurs principaux et d'estre receu, honnêtement, partout ou il s'est presenté; mais la défiance est extrême, et elle augmente a mesure qu'on luy reconnoit plus d'esprit. A l'egard de ce qui ne se voit pas, j'en ay parlé sans affectation, avec estime et avec affection, comme d'un homme qui a les vôtres et qui les meritte, et avant hier j'en parlay expressement a M. de Grimaldo sur ce pied la; j'ajoutay, que estant sur le point de mon depart, et M. de Maulevrier comptant me suivre de fort près, je ne voyois pas qu'il fut possible que M. de Chavigny ne fut pas chargé des choses de la plus grande confiance, même pendant le reste du sejour de gens qui s'en vont, certainement pendant l'intervale d'Ambassadeur et très vraysemblablement après l'arrivée de celuy qui doit l'être, jusqu'a ce qu'il ait été assez gouté icy et se trouve suffisament instruit pour marcher de luy même. J'ajouttay a ces considerations tout ce que je crûs pouvoir servir au dessin que je m'étois proposé sans pourtant montrer aucun doutte qu'on ne prit en luy icy toutte sorte de confiance. Je souhaitte avoir reussy, mais, ce seront les effets qui feront voir ce qu'on s'en doit promettre. A l'égard du Roy et de la Reine, je n'ay pas assez de presomption pour espérer beaucoup de mon temoignage; mais, quand j'en aurois, il me seroit tres difficile de la mettre en usage, parcequ'on ne les voit qu'en Audiance, et que hors de la, on ne leur parle point. A celle que je prendray d'eux en particulier, pour prendre congé, j'auray lieu de m'en acquitter, parceque c'en sera la place naturelle, et je vous asseure qu'alors je ne m'y épargneray pas.

Je puis vous asseurer, avec une verité exacte et litterale, qu'excepté M*me* de St-Simon qui m'a mandé en un seul mot court et précis les deux faits, et nôtre ami commun qui m'a écrit par Banière, qui que ce soit, sans aucune exception, ne m'a, direct[t] ni indirectement, rien mandé de ce qui s'est passé au conseil de Regence, et que je n'en ay de ma part écrit n'y fait entendre quoy que ce soit a personne qu'a ces deux la; cela est maintenant trop ancien pour croire qu'on m'en écrive puisqu'on ne l'a pas fait, jusqu'a present, mais si on le fait, je vous puis asseurer que je manderay tout court et que je ne reponds point la dessus; il n'y a eû a cette occasion qu'un mot, sans la nommer, de part ni d'autre, de M. le C[t] de Rohan, a moy et de moy a luy, glissé dans une lettre de luy et dans ma reponse, sur touttes autres choses. V. E. peut voir par la combien j'ay prevenus ses dessins pour ne prendre aucune idée du pays ou je suis, j'ay même poussé cette espèce de religion de silence, jusqu'a joindre tant de brefté et une transition si prompte a autre chose, a la politesse dont on doit toujours accompagner ses réponses que plusieurs personnes de cette cour, qui m'en ont parlés, n'en ont pu tirer aucune justification pour les faits, ny aucune lumière sur ma façon de penser.

Pour ne m'en pas tenir avec V. E. dans les memes termes, j'auray l'honneur de vous dire que, independament de ce que vous me faittes celuy de me mander, je ne puis gueres allier, que dans un seul point, la conduitte de quelques personnes si contraires aux plus chers interests de la dignité dont elles sont revestües, dans l'affaire qui portoit le nom de M. le Duc de la Force, avec ce qu'elles montrent aujourd'huy de si sensible, pour cette même dignité, dans l'occasion presente ; mais quant a ceux, qui l'ont toujours uniformement soutenue, il seroit difficile de croire qu'ils pussent cesser de penser et de sentir sur cela uniformément, et quand avec tout le respect possible, et touttes les mesures qui sont dues, on s'en tiendra a cela, V. E. écrit trop épiscopalement a ses diocezains, pour pouvoir avoir poid et poid, mesure et mesure ; je ne scay point, hors les deux faits, ce qui s'est passé. Je scay seulement, et bien a mes depens, quel personnage est celuy que vous me designez, je connois bien l'autre aussy, qu'il a regagné depuis quelque temps ; si S. A. R. les a traittés comme ses meilleurs serviteurs, et quelle croye devoir changer de conduitte, a leur egard, il seroit bien douloureux pour ceux qui ne leur ont ressemblés en rien d'être enveloppé dans leur disgrace, pour une cause commune, et dans la quelle, toutte leur conduitte doit faire connoitre qu'il ont agi de bonne foy. Ce sont la les seules reflections que je puis faire de l'éloignement ou je suis. V. E. me parle d'une manière trop flatteuse de l'usage dont elle croit que je pourrois être et icy et a Paris. Pour icy, je la conjure de se souvenir, que S. A. R. m'a fait la grace de me promettre, et vous aussy, que je n'y serois chargé d'aucune affaire de peur que les queues ne me retinssent, et que, mes fonctions faittes, et mes graces obtenües, par vôtre moyen et par la protection de S. A. R., je reviendrois sur le champ, que dès Lerma, en estat de le faire, ce que j'aurois exécuté sans la méscéance d'un depart au moment des graces reçües, je n'ay été jusqu'a present chargé d'aucunes affaires, et que libre de tout point, j'ay toujours eu l'honneur de vous mander que je partirois en ce temps-cy, que ma famille, que mes finances, que mon impatience, si elle se pouvoit compter pour quelque chose, ne me permettroient pas de differer plus longtemps a profitter de ma liberté et que j'ay si parfaittement compté partir dans les premiers jours de la semaine prochaine que j'étois sorti de chez moy, lorsque Banière y est arrivé, pour commancer mes adieux dans la ville, pour les avoir finis au retour de L. M. C. a Madrid, et prendre d'elles mon audiance de congé immédiatement après.

Pour a Paris, quoy que tout ce que vous me faittes l'honneur de me dire soit tres capable de m'enivrer, je conserve neantmoins assez de bon sens pour ne m'y juger pas capable de grand chose, mais tout ce que je puis vous dire, avec la plus grande verité, c'est que je sens trop ce que je dois a S. A. R. et ce que je luy suis depuis tant d'années, pour que rien puisse affoiblir aucuns de mes sentiments pour elle. Par ces mesmes raisons, je vous suplie d'estre bien pleinement persuadé que rien ne diminuera en moy ma reconnoissance pour vous et ne me separera de vostre personne. Encore une fois je conjure Vôtre E. d'y compter pleinement et sur mon plus entier et respectueux attachement.

Le Duc de St-Simon.

J'oubliois de vous marquer, que je laissay au Mis del Surco, sous gouverneur du P^ce, la relation que vous m'avez fait l'honneur de m'envoyer de l'arrivée de l'Infante Reine, et qu'il me la renvoyâ, au bout d'une heure, après en avoir tiré une copie, comme je luy avois dit qu'il le pouvoit faire, parceque j'ay cru qu'on ne pouvoit trop repandre ce qui s'est passé en cette occasion.

Samedi 14, a 11 heures du soir.

Dans ce moment, M. le M. de Grimaldo m'envoye les lettres cy-jointes, que j'ay l'honneur de vous depescher sur le champ par Banière.

LVII

AU COMTE DE BELLE-ISLE [1].

De Madrid, ce 18 mars 1722.

J'ay accoutumé, M., de penser tout haut avec vous et c'est pour cela même que je vous diray naturellem^t que j'ay été surpris, a l'arrivée de Banière, de trouver dans ses paquets une lettre de vous qui contient une commission importante et la matière principale de l'envoy de ce courrier, que vous me proposez de concert avec M. le C^l Dubois et M. le Blanc, et de ne rien trouver en même temps dans la depèche de M. le Card^l Dubois qui regarde cette commission, n'y qui marque seulem^t qu'il vous ait chargé pour moy de quelque chose de semblable. Je vous dois, neanmoins, trop de croyance pour doutter, un moment, de ce que vous me mandez et c'est aussy ce qui me fait prendre le parti de

1. Volume 299. Minute conservée par Saint-Simon.

l'executter diligem de point en point et de mander a M. le C¹, qu'outre ce que je luy écris, je vous fais une autre depèche en reponse à ce que vous m'avez mandé de concert avec luy, dont je ne mesle rien dans la sienne, parceque je ne doutte pas que vous ne luy en rendiez compte.

    S'il s'étoit agi de toutte autre matière que de celle en question, j'aurois attendu le retour de cette cour, partie le matin de l'arrivée de Banière, et qui ne devoit être en tout que 4 jours absente; ma raison est que L. M. C. n'ayant mené que le plus court necessaire, et ne m'ayant point fait proposer de les suivre quelque bonté qu'ils ne cessent de me temoigner et quelque curiosité qu'ils me connussent de tout voir, je jugeay bien que ma presence leur pourroit estre importune et leur façon de penser embarrassante dans un lieu de liberté et de dernier particulier, et je croy m'être apperceû dans mon voyage de la justesse de ces idées, a travers tout ce que j'ay reçu de gratieux de leur part. Ce qui la donc emporté en moy sur ces considerations est la nature de l'affaire par le fonds, et que, comblé comme je le suis des bontés de S. A. R., des offres et de l'amitié de M. le Card¹ Dubois, je n'ay pas voulu laisser soupçonner a l'un n'y a l'autre qu'aucune nature d'affaire, me venant de leur part, peut être ralentie entre mes mains, de quelque manière qu'elle m'affecte, n'y affoiblir en rien mes sentiments a l'egard du Prince et du ministre, en quelqu'occasion que ce puisse estre ; il m'a paru aussy de l'empressement a recevoir mes reponses par ce même courrier et c'est a tout cela que j'ay voulu satisfaire sans y perdre un seul moment.

Je venois de sortir pour commancer mes adieux dans la ville lorsque Banière arriva, heureusem' on me trouva assez près de chez moy, ou je revins dans le moment et, dès que j'eus vû mes lettres, j'allay chez M. le M. de Grimaldo, avec le quel je commencay par la matière ostensible de l'arrivée de l'Infante et des depêches de cour dont j'étois chargé ; il approuva que je présentasse le soir même au P^ce et a la P^se des Asturies celles qui étoient pour eux et que je portasse le lendemain a Balzain au Roy et a la Reyne d'Espagne celles qui étoient pour eux. Ensuitte je luy dis, que j'étois encore chargé de rendre compte au Roy d'Espagne de ce qui s'estoit passé au conseil de Regence, touchant l'entrée et la place qui y avoit été donnée a M. le Card^l de Rohan ; il me repondit avec beaucoup de surprise en me demandant pourquoy, et qu'est ce que cet interieur de notre cour avoit de commun avec le Roy d'Esp., qu'il falloit que nous nous gouvernassions a notre mode et que nous trouvassions bon aussy que, pour l'interieur de leur êtat, ils se gouvernassent à la leur, que ce qui était arrivé a Paris était *Causa juris critiqua* et il me repeta ces termes a 5 ou 6 reprises pendant notre conversation ; il ajouta que, causant la veille avec son frère au coin de son feu, il s'étoient tous deux conjouys de ce que je m'étois trouvé icy dans le temps de cette affaire, et qu'il auroit été bien a desirer qu'on n'eut rien fait de nouveau au conseil. Cette reponse, meslée d'autres choses moins importantes, me fut faitte avec tant de rapidité que je tentay vainem' deux ou trois fois de l'interrompre et, quand j'eus trouvé enfin lieu de parler, je luy dis qu'en peu de mots je luy ferois sentir com-

bien ce fait était peu considerable pour ses suittes, et
sitôt que je voulus entamer quelque chose il m'interrompît, et me demanda de nouveau avec son p^er étonnement qu'est-ce que cette affaire avoit de commun
avec le Roy d'Espagne. Pour luy en rendre compte, je
luy repondis que ce n'étoit point que S. A. R. en eut
conçû la moindre apréhension ni de dela ni de deça,
mais, qu'unie comme elle étoit par les liens les plus
étroits avec le Roy d'Esp., elle se croyoit en bienséance
et en un espèce de droit de l'informer elle même, jusque des moindres choses qui arrivoient. M. de Grimaldo m'interrompit encore et me demanda, avec agitation, si je parlerois de cette affaire au P^ce des Asturies
et si les lettres dont j'étois chargé pour luy en contenoient quelque chose; je me pris a sourire et je luy repondis que je n'en avois nulle charge, que je n'avois
point de copies de ces lettres qui estoient fermées, mais
qu'a l'âge de ce prince j'étois persuadé qu'il ne pouvoit
être question que de compliments avec luy. M. de Grimaldo prit a cette reponse un air plus tranquile, et
me dit que le Roy d'Esp. aimoit tendrement tous ses
enfants et singulierement le Prince, mais qu'il ne luy
donnoit aucune connoissance d'affaires, et qu'il ne
verroit pas avec plaisir que personne luy en parlât. Je
le rassuray fort la dessus pour ce qui nous regarde et
j'obtins enfin audiance ; je luy dis que une des choses
qui m'engageoit le plus a m'acquitter promp^t de ma
commission particulière, étoit la protection, l'attachement et la liaison avec le Roy d'Espagne, dont s'étoient
toujours parées les personnes qui, parmi celles qui
sont retirées du conseil, ont le plus de considération et

de poids et la necessité de faire comprendre icy quelles elles sont puisque celles la même n'ont pu contenir leur douleur du futur mariage du Roy, au moment ou il fut déclaré et depuis, et que ces mêmes personnes, qui ne cessent de l'improuver et qui jusque la s'étoient portés pour les trompettes des louanges du Roy d'Esp., avoient tellement changé de langage sur ce dernier point et si fort a coup depuis, que le respect que j'avois pour L. M. C. et ma consideration pour celuy a qui je parlois m'empeschoient de lui rendre la façon dont ils s'en expliquoient; que, dans le nombre de ceux qui s'estoient retirés du conseil, il y en avoit qui n'avoient agi que de bonne foy, et pour l'interest de leur dignité qu'ils avoient toujours uniformement soutenue en toutte occasion, qu'il s'en trouvoit d'autres aussy qui n'avoient fait qu'en prendre le motif, qu'ils avoient naguères abandonné les plus pretieux interets de leur dignité pour soutenir ce qui y étoit le plus contraire, dans les mêmes vües qu'ils avoient montré de l'attachement et puis de l'éloignement pour le Roy d'Espagne, mais que leur foiblesse étoit tellement reconue que je les avois vus souvent trembler *au seul sérieux* de S. A. R., qu'un entre autre étoit tombé dangereusement malade lorsque plusieurs personnes furent arrestées, et n'avoit visiblement repris santé que lors de leur élargissement, et que leur crédit étoit tel dans le Royaume qu'ils ne s'y pourroient pas faire suivre par 4 personnes; que les Comp⁰ˢ se trouvoient dans le même affoiblissement et que l'Autorité Royalle étoit telle, entre les mains de M. le Regent, qu'il pouvoit tout sans rien apréhender. M. de Grimaldo me repondit, et avec un air qui me parut très franc, que je pouvois compter que le Roy d'Esp. n'avoit jamais eû ni liaison, ni confiance, ni commerce, avec aucun de tous ces M^{rs}, qu'il m'en asseuroit nettement et de bonne foy, et que quelques recherches que l'on eût pû faire il ne s'en trouveroit aucune trace, qu'il étoit fort aise, en son particulier, que l'autorité de M. le Regent fut aussy bien affermie, et qu'il me pouvoit repondre que le Roy d'Esp. n'entreroit jamais en rien qui y pût être contraire; et cependant il revenoit toujours a son *Causa juris critiqua*, et qu'il étoit tres facheux que tant de gens considérables se fussent retirés du conseil. Je lui répondis que ce seroit 12 hommes de moins dans un conseil si nombreux qu'il étoit difficile d'y confier beaucoup de choses et que je pouvois bien l'en asseurer qu'il n'en seroit rien au bout, que j'étois tres aisé d'estre asseuré par sa bouche, que plusieurs d'entre eux s'étoient vantés a faux par rapport au Roy d'Esp. et d'avoir eu occasion de luy faire connoitre des personnes sur la volonté des quelles on ne pouvoit compter, que par opposition a S. A. R., et sur la force et le credit des quels on ne peut en rien faire aucun fonds.

Je luy nommay M. le Duc de Noailles, au seul nom du quel il se prit a rire de tout son cœur, avec des gestes et des expressions peu avantageuses ; il me dit qu'il l'avoit bien vu et bien connu icy et m'en lascha 4 ou 5 traits avec vivacité, qui me marquerent bien jusqu'a quel point il s'est perdu icy ; il me repetta encore sa joye de ce que je m'étois trouvé icy en cette occasion, dont je luy fis mes remercim^{ts} et j'ajoutay que j'en étois aussy fort aise, parceque, encore que je fusse

Duc et Pair, rien n'affoibliroit jamais en moy tout l'attachem{t} que je dois aux bontés et a la protection de S. A. R., n'y ne me separeroit de la personne de M. le C{l} Dubois après touttes les solides marques d'amitié que j'en ay receu. Je le quittay en le priant de nouveau d'estre bien persuadé que cette affaire n'étoit pas de l'importance qu'on auroit pû croire, quelle n'auroit sûrement aucune suitte, et que le compte que j'étois chargé d'en rendre au Roy d'Esp. n'étoit, si j'osois m'exprimer ainsy, qu'une attention et une marque d'amitié de S. A. R. pour S. M. C.

J'allay ensuitte rendre les lettres qui étoient pour le P{ce} et la P{cesse} des Asturies, et je m'en allay le lendemain a Balzain, avec des relays partie en voiture et partie en mule, parceque je n'aurois pû y arriver autrement a travers une montagne qui peut de tout point parier avec les plus affreuses des Alpes, et dont tout le travail de la veille pour le passage du Roy d'Esp. me fut inutile, come je m'y attendois bien, par la quantité de neige qui ne cesse point d'y tomber.

J'arrivay a Balzain a 5 heures et me chauffay dans l'office du Duc de Larco, faute de mieux, jusqu'a 7 heures que je montoy chez le Roy d'Esp. Il arriva un quart d'heure après et quoy qu'il sçût des midi que je devois arriver, comme me le dirent les gens du Duc de Larco, et comme M. de Grimaldo me dit qu'il luy manderoit luy même par le courrier qu'il alloit luy envoyer, le Roy d'Esp. ne me dit rien et s'approchoit deja de la porte de sa chambre, lorsque je le suppliay de me permettre de l'y suivre. Je m'y acquittay envers luy et la Reyne, de ma commission aparente après laquelle je luy dis que j'étois aussy chargé de leur rendre compte de ce qui s'étoit passé au Conseil de Regence. Le Roy ne repondit rien et se tourna vers la Reyne, come un homme qui pensoit que cela ne luy faisoit rien, mais la Reyne prit un air de curiosité et d'envie de m'entendre. Je leur dis le fait très succinctement auquel j'ajoutay, qu'il en avoit été usé de même pour les Card^x de Lorraine, de Richelieu et Mazarin, et pour les C^x qui de leur temps avoient été admis dans les conseils; j'ajouttay même que ceux la avoient même été admis aux lits de justice, avec la même préséance, qu'a la verité le feu Roy n'en avoit mis aucuns dans ses conseils et que, sur ce qu'il n'avoit pas jugé a propos de leur donner le même lieu qu'ils avoient occupé aux lits de justice, les Card^x ne s'y étoient point trouvés de son regne, n'y dans les deux que S. A. R. a fait tenir au Roy. Je fis ensuitte un abregé leger de ce que j'avois dit a M. de Grimaldo, parceque je reconnus dans le Roy d'Esp. de l'indifférence pour ce recit et assez l'envie qu'il fut fini, et je conclus par asseurer le Roy d'Esp. du néant de cette affaire, et que S. A. R. ne luy en faisoit rendre compte que pour n'obmettre aucune des occasions qui pourroient le plus luy marquer son respect, son attachement et sa confiance. Le Roy d'Esp. me repondit, que je pouvois asseurer M. le Duc d'Orléans qu'il luy donneroit toujours en touttes occasions des marques de son amitié, ce fut tout ce que j'en tiray. Je remarquay, tout pendant que je luy parlay, qu'il prenoit peu a ce que je disois, qu'il avoit hâte que j'eusse fini, et que la Reyne, qui temoignoit de la curiosité la contenoit par rapport a luy; je me retiray donc en luy demandant la permission de les suivre le lendemain a la Granja et d'y voir ce qu'ils y font faire; c'étoit moins une curiosité de ma part que le désir de leur donner lieu, en passant la 3 ou 4 heures avec eux, de me reparler de l'affaire dont je leur avois rendu compte et de la reception faite a l'Infante Reyne, mais je me trompay en l'un et en l'autre; ils ne me demanderent point ou je souperois ni ou je coucherois, ils ne m'en parlerent point le lendemain; et quoy qu'en me demandant si j'avois renvoyé le courrier, en me priant de ne point le depescher qu'ils n'eussent repondu aux lettres que je leur avois rendües, en me remettant la relation de la réception de l'Infante Reyne, ils eussent les occasions du monde les plus naturelles de me parler de cette reception, et aussy de l'autre affaire, toute la promenade qui dura 4 heures se passa sans qu'ils m'en disent un seul mot; ils me parlèrent continuellement l'un et l'autre sur leurs ouvrages et sur mil autres bagatelles, et aujourd'huy au mail ils en ont usé de même. Jamais le Roy ne m'a tant attaqué, autant qu'il est capable de le faire, et n'a jamais été si libre et si ouvert avec moy et la Reyne de même. Je vous marque exprès cette façon de me traiter, pour vous montrer que ce silence obstiné sur les affaires qui m'ont mené a Balzain et cette negligeance a scavoir ce que j'y deviendrois n'ont pas été sans dessins. J'en revins hier, avec autant de difficulté et de fatigue que j'y estois allé, et je sors de chez M. de Grimaldo, pour scavoir le succès de la prière que je luy ay envoyé faire des le matin pour la prompte expedition des reponses de L. M. C. qui retarde celle de Banière; il m'a dit qu'elles ne luy avoient pas encore parlé des lettres que je leur ay portées, et qu'il leur rendra compte ce soir de mon envoy et de ma visite pour les presser; il n'est pourtant guères naturel que la chose soit ainsy puisque M. de Grimaldo travailla hier avec le Roy a son arrivée, qu'il y alloit retourner quand j'ay envoyé ce matin, et qu'il m'a mandé que l'expédition seroit prompte. Vous remarquerez encore que non seulemt le Roy et la Reyne, mais qui que ce soit ne m'a parlé de la reception de l'Infante Reyne, ny a Balzain n'y icy, et qu'en même temps que le Roy et la Reyne d'Esp. ont gardé ce silence, ils ont envoyé chercher de Balzain icy le courrier de M. de Grimaldo venû avec Banière et qui y estoit resté. J'ay sceu encore que depuis mon retour, il étoit échapé dans le plus interieur a la Reyne, que la relation que je leur avois donnée étoit trop flatteuse, pour y ajoutter foy, et de faire perquisition de lettres de France venues a des particuliers pour y voir comment sa fille avoit été receue.

Je ne dois pas vous laisser ignorer, puisque nous sommes sur ce chapitre, que cette affaire du conseil a fait icy un tres grand bruit et y paroit d'une grande conséquence et de beaucoup de suitte. Plusieurs personnes principales m'en ont parlé, mais j'ay coupé si court que si elles n'ont pu tirer de moy aucun éclaircissement sur le fait, n'y aucune lumière sur la façon dont il m'afecte, je n'ay pu aussy scavoir tout ce que l'on en pensoit, si non qu'en gros cela fait beaucoup de bruit et donne beaucoup d'attention. Pour venir maintenant au fait en luy-même, je regarde comme un tres grand bonheur de m'être trouvé éloigné, lorsqu'il est arrivé, hors le seul cas, qu'on m'en eut bien voulu faire confidence auparavant, et entrer dans ce que j'aurois proposé, qui eut evitté tout ce bagarre. J'aurois donc été d'avis, de n'en point faire a deux fois, car il en est grand temps avant la majorité, et les mariages faits, S. A. R. ne peut plus croitre d'icy a ce quelle arrive, j'aurois été d'avis, de remercier tout franchement le Conseil de Régence dont tout le monde et ses membres mêmes connoissent et sentent la parfaitte inutilité, de faire dès a présent un conseil effectif, ou S. A. R. entretenut, ou tous, ou quelqu'un des princes qu'elle auroit jugé a propos d'y joindre, les deux Card^x, les secret^{res} d'Estat, le Controlleur g^l et un magistrat versé en finance et en judicature et de s'en tenir la sans y ajoutter qui que ce soit autre; par la on auroit eû un véritable conseil, de tous gens de travail et de departem^t qui n'eût esté que de 7 personnes outre les princes, ou toutte affaire se seroit vüe, et depèschée, comme on auroit voulu, ou le Roy eut assisté quand il en auroit eû envie ou en contraire cas il auroit esté suplie de venir et que parvenant a sa majorité il auroit trouvé tout établi; par la point de difficulté de rang, point de pretexte d'interresser personne et [1] vainem^t preveue d'une manière ou d'un autre, et sur lequel on se seroit fait justice sans bruit.

Rien de plus judicieux que la distinction que vous me faittes de ceux qui agissent de bonne foy en cette occasion, pour l'interest de leur dignité, d'avec ceux qui agissent sous bouclier par des vües moins droittes; la distinction n'est pas difficile a en faire, les uns ont suivi cet interest dans tous les temps et en touttes occasions sans s'éloigner du respect et des interest mèmes de

---

1. Il y a évidemment en cet endroit une ou deux lignes oubliées.

S. A. R., les autres, toujours fidèles a leurs vues tortueuses, luy ont sacrifié leur dignité jusqu'a l'emportem^t et bien en connoissance de cause dans l'affaire qui a porté le nom de M. le Duc de la Force, et il seroit bien malheureux pour les premiers d'estre maintenant confondus avec eux.

Je suis si comblé des graces de S. A. R. et de l'amitié effective de M. le Card^l Dubois, qu'ils sont parvenus a faire en moy un espéce de miracle que j'avois cru toujours impossible, qui est de me rendre plus reconnoissant envers eux qu'attaché a ma dignité ; c'est dans ce sentiment, que je ne craindray point de vous dire que S. A. R. abuse du mépris qu'ont mérité M^{rs} les Ducs, et que maltraités par luy, sans cesse et sans mesure, dans tous les points les plus importants a leur dignité, il les reduit enfin a force de coups les uns a essayer de ruer et de mordre, et les autres a se coucher par terre pour les recevoir tous sans vouloir plus donner un coup de colier.

Je puis vous asseurer que qui que ce soit d'eux ne m'a ecrit de cette affaire, et qui que ce soit sans exception, hors vous, Mme de St-Simon tres succinctement, et M. le C^l Dubois, car pour M. le Card^l de Rohan, ce que nous nous en sommes mandés l'un a l'autre ne peut passer pour s'estre ecrit. Vous scavez, M., ce qui se passa au commencement de la Regence, lorsque M. le Card^l de Noailles voulu venir rapporter a notre conseil côme les présidents des autres conseils, et vous avez esté temoin de ce qui s'est passé, lorsque M. le Card^l Dubois s'en voulu bien abstenir lorsqu'il receu la pourpre. Au surplus je detesteray toujours avec une indigna-

tion active, tout ce qui s'élevera contre S. A. R. et
contre la personne de M. le Card¹ Dubois de la quelle
rien ne me detacherâ; je vivray en paix parmi ces
troubles sous le benefice de l'absence, pour vous porter
a mon retour un esprit net de toutte prévention; je seray
fidèle jusqu'au bout a les rejetter touttes, et a continuer, côme j'ay fait jusqu'a present, de m'abstenir d'en
écrire a qui que ce soit; je me flatte que je suis assez
connu de S. A. R. et M. le C¹ Dubois pour ne pas craindre
qu'ils me demandent rien contre mon bonneur et qu'ils
douttent jamais aussi de mon attachem¹ inviolable et
invariable; du reste les gens que vous me designez sont
trop mes ennemis pour que je veuille rien dire en cette
occasion contre eux; je les connois, et les ay sentis tels
audela de ce que vous m'en pourrez dire, et, comme je ne
changeray pas a leur egard, je suis plus que persuadé
qu'ils seront les mèmes au mien. C'est a S. A. R. et a son
ministre a faire leurs sages reflections et leurs mures déliberations sur le passè, le présent et l'avenir, et a moy
d'estre content de tout pourvu qu'il leur reussisse; je
vous dis cela par rapport au gros des affaires, car
pour rien craindre de celles du jour, il faudroit être de
l'autre monde et n'avoir pas la moindre notion de celuy-cy. Je souhaitte qu'on soit content de mon voyage
de Balzain, de ma diligeance et de mon empresement
sur ce qui, par sa nature, m'en donneroit le moins.

J'attends avec beaucoup d'impatience le courrier qui
doit suivre Banière de 6 jours mais s'il ne vient pour
estre icy le 8 ou 10, je supposeray, qu'estant annoncé
depuis plus de 3 mois, il pourroit bien encore estre
retardé de 3 autres par la multitude d'affaires dont

M. le C¹ est accablé et je partiray ; je n'en ay aucune icy entre les mains comme vous scavez que je l'ay toujours desiré. M. de Maulevrier est icy qui, par parentaize, s'est fort recrié a M. de Grimaldo contre mon voyage a Balzain et qui mieux est M. de Chavigny, qui a la confiance ; il est vray que M. le Card¹ me le recommande, et me prie de l'accrediter icy autant qu'il me sera possible, et c'est sur ce principe que luy ayant coupé dernierement court come a tous les autres sur l'affaire du conseil, je l'instruisis hier au soir de la veritable raison de mon voyage a Balzain, pour le mettre au fait de tout. Quant a l'accreditter, j'y ay fait de mon mieux avant et depuis son arrivée et je continueray de même jusqu'a mon depart, mais aux preventions qu'il a trouvées icy ce n'est pas un ouvrage aisé ny de peu de jours, il y pourra luy-même plus que personne et ce sera son user qui persuadera ; il a pour cela tout l'esprit et tous les talents qu'il faut.

Courrier ou non courrier, j'useray de la liberté qui m'est laissée dans la semaine de la Passion, et vous serez avertis par Mme de St-Simon du jour de mon arrivée. Vous me ferez un extrême plaisir de vouloir bien, comme vous me le faites espérer, me mettre au fait de bien des choses, tres necessaires a scavoir avant que d'entrer dans la bonne ville. Cela m'avancera d'autant le plaisir de vous embrasser que je me propose comme un des plus grands de mon retour, par la cordialité avec la quelle je suis a vous, M., et les sentiments avec les quels je vous honore.

LVIII

AU CARDINAL DUBOIS [1].

A Madrid, ce 16 mars 1722.

Je reçois, en ce moment, la lettre du 8 mars dont V. E. m'honore, par l'esprès de M. le Duc d'Ossone et que M. le M. de Grimaldo vient de m'envoyer. J'ay fait remettre sur le champ a M. de Chavigny le paquet pour luy, qui y estoit joint, et je porteray dans une heure a S. M. C. les deux lettres de Madame qui s'y sont trouvées, je donneray a M. de la Roche, qui doit diner avec moy, celle qui est pour luy.

J'ay toujours a commencer toutes mes reponses par les plus veritables remerciements; la liberté que vous me laissez de partir, et la confiance, dont cette lettre est remplie, exciteroit en moy la plus parfaitte gratitude, si la mienne pouvoit croistre, pour vous, et Votre E. doit compter, quelle la trouvera pleine et entière, en quelque pays que je puissé habiter; je viens maintenant a vous détailler tout ce que je pense sur ce que vous m'avez fait l'honneur de me mander.

Je n'ay rien a ajoutter a ce que j'ay eû celuy de vous ecrire touchant M. de Chavigny. J'ay fait de moy tout ce qui â pu dependre pour l'accrediter icy, et j'y demeurerois un an que je n'y pourrois rien ajoutter au dela; ce point donc, tout important qu'il est, ne

---

1. Volume 315.

peut point estre considéré comme dépendant d'autres que de luy même, de la façon dont il se conduirâ, et de la nature des choses qu'il aura a exécuter icy; ce ne sera point une plus longue suitte de marques d'estime, d'affection, de consideration d'un Ambassadeur quand il les luy a touttes données, qui changeront la disposition qu'on a pris soin de luy faire trouver, c'est l'user, qui applanit les unes et qui fait evanouir les autres[1], et c'est dans cet usé aussy que je mets toutte ma confiance, parce que M. de Chavigny a touttes les qualités necessaires pour se les rendre extremement favorables; ainsy, je crois pouvoir espèrer, avec fondement, que sa capacité et son adresse luy procureront bientôt, par l'usage des negociations dont il sera chargé, les agrements et les facilités qu'on a essayé de luy barrer, et qu'il ne peut trouver que dans ses propres ressources, après ce que j'ay fait pour luy en ouvrir les plus larges voyes qu'il m'a été possible, mais ce qui contribura le plus a le faire réussir, et que je ne dois point vous cacher, seront les moyens que vous savez, mieux que personne, employer pour marquer icy, Rondeur, Candeur, Simplicité, et tres occupé a examiner nos demarches de fort près. Autant que je puis voir, leur esprit icy est de se presenter a tout de bonne grâce, et de ne faire sur rien que le moins de difficultés qu'ils pourront, mais toujours dans cette vüe d'eprouver notre sincérité et nôtre bonne foy, et dans le désir de la rencontrer, pour se livrer a nous

---

1. Voici encore une de ces phrases enchevêtrées, comme cette correspondance en contient beaucoup, où la pensée est rendue si obscurément que l'on se demande si quelques mots n'ont pas été oubliés.

de même, s'ils s'en peuvent une fois bien convaincre, ou pour s'en retirer sans retard. Ce sont donc toutes choses, auxquelles l'alongement de mon sejour icy est entierement inutile ; tout ce qui peut dependre de moy, est d'instruire, par le menû, M. de Chavigny de tout ce que je puis avoir aqui de connaissances de ce pays, depuis que j'y suis, et a mon retour vous l'exposer a vous même. Je n'ay eû aucune veritable affaire entre les mains, comme je vous en avais suplié ; je n'en ai aucune a suivre, et les *duplicata* dont le courrier que vous me destiniez sera chargé pour d'autres, s'il ne me rencontre plus icy, les mettront en estat d'entamer, ou de suivre ce qui m'auroit été nouveau, et c'est sur toutes ces raisons que je me fonde a croire pouvoir user de la liberté que vous m'accordez sans craindre d'en abuser.

En cet endroit de ma lettre, M. de Chavigny m'est venu montrer les lettres de creance que vous luy envoyez, fondées sur le retour de M. de Maulevrier ; après avoir raisonné, ensemble, j'ay estimé devoir le mener ce matin, a M. le M. de Grimaldo, ou, sous pretexte de luy demander s'il depescheroit un Exprès a Paris sur celuy qu'il en venoit de recevoir pour profiter de cette occasion, je luy ay dit que M. de Chavigny venoit de recevoir ses lettres de Créance; que comme elles supposoient le depart de M. de Maulevrier dont nous n'avons aucune autre notion, je prenois le parti de luy en rendre simplement compte, et M. de Chavigny celuy de differer de les présenter jusqu'au depart de M. de Maulevrier, mais que cette présentation n'estant qu'une forme et le fond estant d'en estre muni, nous les luy apportions pour qu'il les vît luy même, et qu'il n'eût aucune occasion de douter du ministere public de France dont M. de Chavigny se trouve deshormais honnoré ; j'y ai ajoutté les louanges, que la présence de M. de Chavigny m'a pu permettre, et me suis référé a ce que je luy avois deja dit de luy dans le particulier. M. de Chavigny a pris ensuitte la parole avec l'éloquence et la delicatesse que vous luy connoissez et M. de Grimaldo m'a parû recevoir avec joye la nouvelle de ces lettres de creance, et la personne de M. de Chavigny avec beaucoup de satisfaction. Il vous rendra luy même compte de cette visite, dont je m'asseure qu'il aura esté content, parce qu'il a tout lieu de l'être. L'arrivée de ces lettres de créances estoit tout a fait necess^{res} puisqu'elles luy donneront estat de consistance, que la mission de M. de Parme, ne pouvoit procurer a un François chargé ailleurs des affaires du Roy.

Au sortir de chez M. de Grimaldo, qui a approuvé ce que j'allois faire, je suis monté chez le Roy d'Espagne, que j'ay fait suplier de me donner un moment avec la Reine. J'ay eû l'honneur de leur presenter les lettres de Madame et, a cette occasion, de leur dire sur M. de Chavigny ce que je venois d'apprendre a M. de Grimaldo ; j'y ay ajouté ce que la beauté du temps, entre la messe et le diner, m'a parû permettre, sur l'esprit, les talens et le desir de plaire a L. M. C. que M. de Chavigny apporte icy, sur la confiance dont vous l'honnorez et sur l'opinion que j'ay conçû que ce nouveau Ministre leur sera agréable, quand il aura l'honneur d'être une fois connu d'elles. C'estoit pour moy une occasion trop naturelle de suivre vos intentions pour la manquer, de chercher a accreditter M. de Chavigny, auprès de L. M. C. Elles ne m'ont rien repondû, ni sur luy ni sur le prochain depart de M. de Maulevrier ; mais comme ce silence leur est devenû habitude, je n'en augure aucun mal. Je reviens toujours a vous dire que ce ne sera que l'user de M. de Chavigny, la nature des affaires qu'il aura en main, et sa façon de les traiter dont je ne suis pas en peine, qui pourroit l'accrediter. Je ne dois pas obmettre, que ni ce matin, ni ce soir au mail, d'où j'arrive, et ou L. M. C. m'ont continuellement fait l'honneur de me parler, ils ne m'ont pas dit un seul mot de l'Infante ni de sa reception, et que je suis d'autant plus surpris de l'opiniatreté de ce silence que M. de Grimaldo nous a dit ce matin, a M. de Chavigny et a moy, et fort au long, quoy que pressé d'affaires, qu'il ne se pouvoit rien ajoutter au compte que M. le Duc D'Ossone, et surtout M. Laules, ont rendu, par ce courrier, de tout ce que S. A. R. et V. E. avait fait pour l'Infante, et de l'extrême satisfaction qu'en ont témoigné L. M. C. a la lecture de ces lettres, qu'il leur venoit de faire, sur quoy il ne douttoit pas quelles ne se repandissent avec moy.

Puisque vous m'ordonnez de vous dire ce que je pense sur la continuation du séjour de M. de Maulevrier icy, il me paroit, que son départ, annoncé comme il l'est par les lettres de créances de M. de Chavigny, est une raison pour ne pas le beaucoup differer et que néanmoins, il le peut estre si vous le jugez a propos, parceque la connoissance que nous avons donné ce matin de ses lettres de créance fait a l'egard de M. de

Chavigny le même effet que s'il les avoit reellement presentées, puisque M. de Grimaldo les a lües, et croit bien que la présence de M. de Maulevrier ne sera pas icy un grand usage, et je pense que vous ne m'improuverez pas de ne pas m'étendre la dessus; mais je croys, aussy, qu'il y a dans leur fait un coin de *Punto* de se trouver depourvus d'Ambassadeurs de France, tandis qu'ils en ont deux a Paris, et un de la qualité du duc D'Ossone, qui est toujours censé y estre puisqu'il ne revient icy que par congé. C'est ce qui me fait estimer que le plus court intervale d'Ambassadeur, icy, sera le mieux, et s'il m'est permis d'aller audela de ce que vous m'ordonnez de vous dire, j'ay bien cru, qu'il seroient fort peinés d'y avoir un Ambassadeur inferieur au Duc d'Ossone, et qu'une difference en ce point, ne seroit pas au succès de celuy qui viendroit icy. Je scay bien que le choix n'en est pas aisé a faire, et c'est ce qui me consolleroit si M. d'Ossone, ne retournoit point, parce que votre choix en deviendroit plus libre, parmi un plus grand nombre de gens.

Je ne vous prolongeray pas, avec la même indifference, sur le sejour de M. Robin icy; la matière du commerce y est capitale en elle même et capitale encore par la façon inouïe, et insoutenable, dont les François y sont traités; M. de Chauvigny, a qui j'en ay parlé, pretend n'y estre point du tout versé. Je ne voys donc que M. Robin qui les puisse suivre, et il me paroitroit n'en devoir pas être rétiré, jusqu'a ce qu'il luy fut venû un successeur en ce genre et qu'il eut le loisir de l'instruire a fonds de ces matières icy.

V. E. s'exprime d'une manière trop flatteuse sur les

motifs de son desir de mon retour, pour que j'y puisse rien repondre, elle peut estre parfaittement certaine, que si je voyois la moindre utilité a prolonger icy mon sejour, toutte autre raison y seroit sacrifiée, avec joye, mais encore une fois je n'y vois pas la moindre ombre d'avantage, pour le service du Roy et de S. A. R. que je regarderay toujours comme une seule et même chose. Je partiray donc la semaine prochaine, suivant la liberté que vous achevez de m'en donner, après avoir continué a prendre touttes les mesures qui me seront possibles pendant ce reste de séjour, et a mon départ, pour laisser M. de Chavigny instruit de touttes les connaissances que je puis avoir acquises en ce pays-cy, et avoir achevé tous mes efforts pour continuer a l'accrediter auprès de L. M. C. et de leurs Ministres, et de leur cour, a n'y pouvoir plus rien ajoutter quelque sejour que j'y fisse.

Je vous repetteray encore ce que j'ay déja eû l'honneur de vous mander, les expressions de V. E. ne me gasteront point assez pour me persuader d'estre de plus d'usage a Paris, qu'en ce pays cy, et beaucoup moins d'être nécessaire, dans un lieu ou vous estes, mais vous y pouvez compter, de la façon la plus solide, sur mon plus inviolable attachement pour S. A. R. et sur ma plus parfaitte reconnaissance pour V. E. sans que rien les puisse alterer, et que ma plus pressante impatience est de vous en pouvoir asseurer moy meme, et du respect tres sincère que je vous ay voué pour toujours.

Le Duc de St-Simon.

LIX

AU COMTE DE BELLE-ISLE [1].

De Madrid, ce 16 mars 1722.

Vous aurez recu, monsieur, une longue lettre de moi par mon fils sur ce qui regarde le passage de l'infant Dⁿ Carlos en Italie. L'occasion de Bannière que je vous renvoie me donne lieu de vous mander que l'augmentation de l'armement de Barcelonne et les galères que l'on y joint ne laissent plus doutter du dessin qui le regarde. Hier M. de Chavigny, causant familierement avec moy, me dit que ces gens cy n'avoient point de système politique, qu'il leur en fallait faire un, les prendre par leur partie sensible, les conduire et se rendre maitres d'eux par leurs interests. Joignez à cela les courriers d'Italie qui pleuvent d'ici, vous verrez à quoi nous en devons tenir. M. de Grimaldo et M. de Castelar, malgré leur peu d'union et la place de ce dernier qui ne brille que dans les projets militaires, sont également contraires à celui cy et le protestent tous deux selon leur caractere, l'un tout bas à ses amis et l'autre tout haut à qui le veut entendre. Je scay un homme, parce qu'il me l'a dit, à qui M. de Grimaldo s'est expliqué pendant que j'estois à Balzain que cette affaire ne serait jamais de ses avis, mais que le roy d'Espagne ny entreroit jamais que de concert avec M. le Regent, qu'il etoit vray que ce prince

1. Volume 299. Minute conservée par Saint-Simon.

est très attentif à ecouter et à suivre pas à pas S. A. R. pour bien voir sur quel pied elle marche avec luy et que s'il y découvre quelque mauvaise foy c'en sera fait pour jamais. Il semble qu'ils soient après éprouver M. le duc d'Orléans et à se conduire en tout avec une défférence entière à son egard à force de defiance pour y voir clair s'ils y peuvent. Dans cette même conversation ce ministre s'est nouveau expliqué sur les soupçons de peu de droiture que leur donne cette diversité de ministres de France dont je vous ay déja parlé. Je ne vous repeteray rien de ce que je vous ai ecrit dans ma longue depèche sur ce projet d'Italie, sinon que je me confirme chaque jour dans ce que je vous ai mandé et que plus j'y pense plus il me fait trembler.

LX

AU CARDINAL DUBOIS[1].

Madrid, 23 mars 1722.

Suivant la liberté que V. E. m'a fait la grace de me donner et suivant ce que j'ay eu l'honneur de vous mander, je pris avant hier mes audiences de congé et je serois parti ce matin sans la reception de M. de Maulevrier dans l'ordre de la toison, qui s'est faitte aujourd'huy et qui a esté suivie du repas ordinaire ou il a désiré que je me trouvasse. J'ay pris ce soir ma der-

1. Volume 315. De la main du Duc.

nière audience particulière de L. M. C. sur les quelles je prends la liberté de vous renvoyer a mes lettres cy-jointes. Je me suis encore servi de cette occasion de congé pour dire, tant a L. M. C. qu'a M. de Grimaldo, tout ce que j'ay cru de plus conforme a vostre esprit sur M. de Chavigny qui de sa part me paroist fort content et qui scaura vous en rendre bon compte. Je n'oserois vous dire combien je m'en vais comblé tant de L. M. C. que de toutte leur cour et si ne dois-je pas tout a fait vous le taire puisque c'est le fruit des voyes que vous avez sceu me preparer.

Je pars demain pour passer les jours saints a Bayonne et ne m'arrester que deux jours a Blaye, ce qui pourtant me tiendra un mois en chemin par leur difficulté. C'est de quoy neantmoins je ne feroy point d'excuse, parce que mon impatience ne vous peut estre inconnüe et qu'il ne se peut rien ajouter a celle que je ressens de tesmoigner, moy-mesme, toutte ma reconnoissance et tout mon attachement a V. E. que je conjure de ne pas doutter qui ne soyent a toutte epreuve ; si avec cela elle peut estre contente de ma conduitte icy ce me sera un bonheur veritablement sensible, parce qu'il n'y a rien que je desiré d'avantage que l'estime et l'amitié de V. E. que j'honore, pour ne parler pas plus librement, avec le respect le plus fidèle.

Le Duc de St-Simon.

LXI

AU ROI [1].

A Madrid, ce 23 mars 1722.

Sire

J'ay taché d'exécuter, avec toutte l'application et tout le soin qu'il m'a été possible, les ordres que j'ay receus de V. M. pendant que j'ay esté en ce pays-cy, pour les glorieuses fonctions, dont il a plu a V. M. de m'honnorer, et dont j'ay recue icy des fruits dignes de sa bonté et de sa royalle protection, et dont la reconnoissance sera éternelle. Je ne voy plus rien dont je sois maintenant chargé, ni aucune affaire dont M. le M. de Maulevrier, et M. de Chavigny, ne soient en estat de rendre un meilleur compte a V. M. que je ne pourrois faire : ces raisons, jointes a mon empressement d'avoir le bonheur de me retourner auprès de V. M., me font servir de la liberté, qu'il luy a plû m'accorder pour mon retour. Je pris avant hier, mes audiances de congé, et je viens de prendre la dernière particulière de L. M. C.; dans touttes les deux, elles se sont expliquées avec tant de tendresse pour V. M., tant de desir d'aller au devant de tout ce qui luy pourra plaire, pour conserver chèrement et rendre eternelle l'union présente, et tant de reconnoissance de tout ce que V. M. a fait a l'arrivée de l'Infante Reine, que

1. Volume 315.

je ne puis suffisamment les representer a V. M. Je partiray demain comblé des faveurs d'une cour qui se peut presque dire maintenant la Vôtre, et j'auray l'honneur de me rendre auprès d'elle le plustost, qu'il me serâ possible, pour avoir celuy de lui rendre un compte plus particulier de ce qui s'est passé, en ce pays, touchant ses affaires pendant le séjour que j'y ay fait.

Je serois trop heureux, s'il étoit tel que V. M. en pût estre satisfaitte.

Je suis, Sire, avec un profond respect,

De Votre Majesté

Le tres humble, tres obeissant et tres fidèle serviteur et sujet,

Le Duc de St-Simon.

LXII

AU DUC D'ORLÉANS[1].

A Madrid, le 23 mars 1722.

Monseigneur,

Après avoir rempli les ordres de V. A. R. au mieux qu'il m'a esté possible je me sers de la liberté qu'elle m'a fait la grace de m'accorder pour luy en aller rendre compte et luy temoigner moy-même, s'il est possible, toutte ma reconnoissance d'un employ si honorable et que toutte la bonté de V. A. R. a voulu et sceu me

---

1. Volume 315. De la main du Duc.

rendre si utile par les honneurs durables que j'y ai receus de sa protection.

Je pris avant hier mes audiences de congé et je sors de la dernière particulière de L. M. C. qui m'ont fait l'honneur de me parler, dans touttes, avec les plus grandes marques d'estime et d'affection pour vous ; et de desir d'aller au devant de tout ce qui vous sera personnellement agréable, comme aussy de serer de plus en plus l'union présente et de la rendre indissoluble. Je pars demain avec beaucoup d'impatience de rendre compte a V. A. R. de l'exécution de ce dont elle m'a fait l'honneur de me charger et de desir qu'elle luy soit agréable. Je ne puis me lasser de vous conjurer de compter que ma reconnoissance, mon attachement et mon respect sont également infinis et inviolables, et que c'est dans ces sentiments que je suis pour le reste de ma vie
  Monseigneur
    de Votre Altesse Royale
le tres humble et très obeissant serviteur.

       Le Duc de St-Simon.

LXIII

AU ROI[1].

Bayonne, le 4 avril 1722.

 Sire,

Je ne puis à mon retour d'Espagne m'empescher de témoigner encore à V. M. ma très respectueuse et très

1. Volume 298. De la main du Duc.

vive reconnaissance du grand employ dont il luy a plu de m'honorer et des suittes si importantes pour ma Maison que je dois au nom de V. M. Mon empressement est extrême d'aller porter mes très humbles actions de graces à ses pieds et le très profond respect avec lequel je suis

  Sire
   de V. M.
    le très humble, très obeissant
   et très fidèle serviteur et sujet.

     Le Duc de St-Simon.

LXIV

AU CARDINAL DUBOIS [1].

Bayonne, 4 avril 1722.

J'arrivay icy avant hier et je me haste de rendre compte à V. E. que je n'ay pu voir la Reyne D. qu'aujourd'huy à cause des dévotions d'hier. J'ay cru devoir la remercier au nom du Roy et de S. A. R. de tout ce qu'elle a fait au passage de Mme la P^e des Asturies sur quoy elle a répondu merveilles. Elle m'a fait l'honneur de m'inviter à dîner pour demain que la sainteté du jour me fera demeurer icy et à la voir après vespres, peut estre pour me donner ses réponses aux lettres du Roy et de

---

[1]. Volume 298. De la main du Duc.

S. A. R. que j'ai eu l'honneur de luy remettre. Je partiray lundi et prendray les petittes landes pour voir M. de Berwick en chemin qui desire scavoir par moy des nouvelles de la famille d'Espagne et je compte estre dans 8 ou 9 jours d'aujourd'hui à Blaye ou je ne sejourneray que deux jours. J'y prendray la poste voisine pour me rendre à Paris le plus tost qu'il me sera possible, dans l'impatience ou je suis d'aller tesmoigner à V. E. que de tous les hommes il n'y en a aucun qui soit à elle avec plus de recconnaissance que moy, un plus fidèle attachement ny plus de desir de vous marquer l'une et l'autre avec tout le respect que V. E. mérite des obligations infinies qu'elle s'est acquises sur moy.

Le Duc de St-Simon.

LXV

AU DUC D'ORLÉANS[1].

Bayonne, 4 avril 1722.

Monseigneur,

Je doit tant à V. A. R. pour l'ambassade dont vous m'avés fait honorer par le Roy et pour les fruits que votre protection m'en a fait recueillir que je ne puis assez lui en témoigner mon infinie reconnaissance. J'ay une impatience extrême de me rendre auprès de V. A. R.

1. Volume 208. De la main du Duc.

pour la supplier d'estre parfaittement persuadée qu'il ne s'y peut rien ajouter ny au respect ny à l'attachement avec lequel je suis

Monseigneur

de V. A. R.

le très humble et très obeissant serviteur.

Le Duc de St-Simon.

LXVI

AU CARDINAL DUBOIS[1].

Paris, 27 avril 1722.

V. E. me combla hier de tant de bonté et j'en fus si penetré que j'oubliay tout net de luy parler d'une chose qui merite de vous être proposée avec le pour et le contre, pour que vous en decidiés suivant vos lumières accoutumées. C'est que dans notre situation présente avec l'Espagne, il conviendrait peut estre d'en distinguer *l'ambassadeur par un logement au chateau de Versailles ou leur infante va habiter.* Je scay qu'ils n'y en ont point eu sous le feu roy, mais S. A. R. peut avoir de plus grandes raisons de menagement et se servir de celle de l'infante et de l'amour extrême de L. M. C. pour elle, qui seraient touchées au dernier point et de la distinction et que leur ministre pust estre à portée continuelle de l'infante. Le feu roy a mené M. de Cellamare à

1. Volume 317. De la main du Duc.

Marlyet je l'ai veu logé au p^r pavillon au voyage très long
qui preceda la mort de S. M. et dans les p^rs temps de
la venue de Mme la Dauphine, j'y ai veu souvent le C. de
Goron, ministre de Savoye. Il y a un logement pour le
ministre de France à Aranjuez qui est fixe et beau pour
le lieu, il est aussi logé à l'Escurial. C'est à V. E. à peser
ce qui est le plus convenable. Il est vray qu'il y a différence entre un lieu fixe comme Versailles et des listes
de Marly qui changeaient à tous les voyages, mais il est
vray aussy que le roi d'Espagne est 8 mois de l'année
hors de Madrid et que durant ces 8 mois le ministre
de France le suit toujours. Il m'a paru que M. Laullés
le desirerait extremement et qu'il s'est retenu de vous
en rien dire pour ne point embarrasser et préferant que
cela vint de V. E. Je n'ay point esté prié, n'y encore moins
chargé, d'en parler ; ainsy vous estes en toutte liberté
d'ignorer la chose si elle ne vous paroist pas convenable
et en estat aussy, si vous le voulez, d'avoir toutte la
grace de votre motu proprio. Avec cela je finis en suppliant V. E. de compter pour jamais sur mon respectueux, fidèle et tendre attachement.

Le Duc de St-Simon.

LXVII et LXVIII.

AU ROI ET A LA REINE D'ESPAGNE[1].

Copie de mes lettres au Roy et à la Reyne d'Espagne, de Meudon 12 aoust 1722, sur la déclaration du futur mariage de l'infant D. Carlos avec Mlle de Beaujollais[2].

Sire,

Les bienfaits et les bontés dont il a plu à V. M. me combler et qui m'attachent si puissamment à sa personne sacrée m'autorisent à me donner l'honneur de me mettre à ses pieds dans l'extrême joye que je ressens d'un accord de mariage qui triple les premiers liens et qui promet à l'Italie une liberté si glorieuse et si utile à vostre auguste famille. J'ose prendre la liberté de supplier V. M. d'estre persuadée que personne au monde ne prend une si vive part que je fais en tout ce qui luy peut plaire, que ses grâces me sont toujours présentes et que la reconnaissance en est égale au très profond respect avec lequel je suis,

Sire,
De V. M.,
Le très humble et très obéissant serviteur.

---

1. Volume 299.
2. Cette indication est de la main de Saint-Simon ; elle prouve, une fois de plus, avec quel soin il gardait copie de toutes les lettres qu'il écrivait.

Madame,

Une joye telle que la mienne et dont la source est dans les bontés infinies de V. M. ne peut se taire et m'entraisne à ses pieds. Il n'y a qu'elle qui me puisse faire souhaitter d'etre plus vieux pour jouir du plaisir de voir notre throsne si dignement rempli et l'auguste fils de V. M. en fonder un autre avec une princesse qui sera trouvée presque aussy belle que lui. Je me souviens que les respects et plusieurs verités V. M. les appelle des compliments. Je me garderoy donc bien de rien dire de mes regrets d'estre si loin de sa cour, ny de mes souvenirs continuels de tant de motifs de la plus vive gratitude et je me borneroy à supplier très instamment V. M. de me faire la grâce de n'oublier pas le très profond respect avec je suis,

Madame,

De V. M.,

Le très humble et très obéissant serviteur.

TABLEAU

DE

LA COUR D'ESPAGNE

FAIT A LA FIN DE 1721
ET AU COMMENCEMENT DE 1722[1]

Le Roy d'Espagne a un sens fort droit, beaucoup de religion, une grande peur du diable, un grand éloignement des vices dans luy et dans les autres, et un grand fonds d'équité. La délicatesse de sa conscience ne se borne pas aux scrupules ordinaires surtout de la vie commune, mais il s'en pourrait faire quantité sur sa vie publique et sur les devoirs de la Royauté, singulièrement pour l'administration des finances et des dettes dont beaucoup sont criantes, et pour leurs causes et

---

1. Ces notes, écrites de la main de Saint-Simon, ont pris place dans les *Mémoires*, après avoir été considérablement remaniées. Elles sont curieuses à étudier pour qui voudra se rendre compte de la méthode de travail de Saint-Simon ; on rapprochera avec intérêt cette première rédaction de la rédaction définitive. (Chapitres IV et V, tome XVIII de l'édition Chéruel en 20 volumes.)

pour leurs suites, sans paraître y donner aucune attention. Sa confiance aussi pour son confesseur ne se borne pas à ce qui fait la matière ordinaire des confessions. Ignorant au possible et entièrement conduit sur la religion et la justice comme la plupart des Princes timides et peu éclairés qui ne savent pas distinguer le fonds de la simple écorce, il s'attache servilement à celle-là comme étant de perception et de pratique, et de dispense plus aisée. Cette disposition donne au confesseur quel qu'il soit, étant qu'il l'est, un crédit principal qui balance supérieurement tous les autres, même celui de la Reine quelquefois, qui est l'autre seul vrai crédit. Bon père, trop bon mari, très secret mais peut-être pas toujours sans réserve pour la Reine et pour le confesseur, il paraît qu'il n'a pas oublié le sang et le pays d'où il est sorti, sans que cela serve à grand' chose. Ordinairement facile et complaisant, quoique naturellement opiniâtre, souvent à l'excès, quelquefois sans ressource aucune. Méfiant de soi et des autres, ce qui le rend silencieux, embarrassé et particulier jusqu'à la messéance, quoiqu'il ne dise jamais rien mal à propos, et qu'il parle même assez souvent avec justesse et dignité. Mais sa contenance, sa peine à se résoudre à dire deux mots, et l'excès de sa timidité et de son embarras et qui est à un point qui ne se peut comprendre, défigure le plus souvent ce qu'il dit, excepté à des audiences et des cérémonies solennelles où il parle et se tient avec une majesté et une convenance exacte qui surprend autant qu'elle est plus éloignée de l'ordinaire. L'abus qui a été si continuellement fait de son nom et de son autorité en tout genre que ses qualités ont donné lieu à usurper et qu'il a ensuitte reconnu, l'a jeté dans une telle appréhension de retomber dans la même dépendance, qu'il est devenu ombrageux sur tout, et que, voulant tout faire par lui-même, rien ne se fait plus qu'avec des peines et des longueurs qui ne vont à rien moins qu'à la destruction de la Monarchie. Dur infiniment pour les autres sans exception de ce qu'il a paru le mieux aimer, même ses femmes, il craint fort les maladies et surtout la mort, prend un soin excessif de sa santé dont il est esclave, sans l'être pourtant des avis des médecins qu'il estime le plus, et et a fait succéder un repos presque continuel à un exercice et à un travail de corps immodéré. Extrémement glorieux, (il) aimerait la pompe et le faste si son goût ne l'emportait pour le particulier, aidé encore d'une jalousie née en lui pour ses femmes, et qui est infinie. Magnifique sur sa personne et veut que la Reine et les Infants le soient. C'est, dans les autres, un moyen de lui plaire, mais assez peu recherché par la rareté où il se tient. Bien qu'étrangement éloigné de libéralité, il aime les choses somptueuses, les grandes entreprises, les troupes et la guerre. Incompréhensible dans un courage très naturel, et dans son indifférence complète de tout ce qui flatte la valeur à l'armée, jusqu'à laisser la sienne douteuse à qui ne la connait pour l'avoir vue. Esclave de ses habitudes comme les Princes de sa famille, peu touché des services bons et mauvais, de récompenser ni de punir. Il n'a pas été difficile, en plusieurs temps, de reculer et d'abattre ceux qui l'ont porté sur le trône, et d'avancer et d'élever ceux qui ont le plus démérité. Nul portrait de Charles II qui l'a appelé à sa succession dans pas une de ses maisons, nul homme de ceux qui ont travaillé au fameux testament et qui l'ont bien soutenu depuis, qui soit resté en place. Une éducation de cadet entre deux frères d'apparence impétueuse, a eu en lui de trop grandes et trop fortes suites. Il ne connait de plaisir que celui de la chasse et celui du mariage, et si quelque chose peut abréger une très longue vie que son tempérament nerveux, vigoureux, sain et de bonne complexion lui promet, ce sera trop de nourriture et d'exercice conjugal dans lequel il cherche à s'exciter par quelques secours continuels. Insensible à toutes les injures de l'air, au froid, au plus grand chaud, exige des autres la même force à les supporter, inutilement, même de la Reine, et lors même qu'elle est incommodée, grosse, nouvellement accouchée. Bien qu'il l'aime beaucoup, il semble que ce soit moins elle que lui-même, et qu'en vieillissant elle aura moins de crédit. La première en a toujours eu infiniment davantage, même dans la fin de sa vie, quoique attaquée d'une maladie dégoûtante et facile à gagner, et quil ait paru incontinent, après sa mort, combien la consolation en fut prompte et facile. Il est infiniment jaloux de n'être surmonté en rien, ce qui l'éloigne si fort des conseils où on opine et si retenu à parler. Il n'est pas moins sensible en ce qui est d'exercice du corps d'adresse et de force, et pour avoir été une seule fois surpassé à la course des têtes par M. le Duc d'Orléans en un de ses voyages à Madrid, jamais depuis, à ce que le Roy d'Espagne m'a dit lui même, il n'a voulu courir avec personne ni même seul. Il aime assez la danse, et quoique courbé et désagréablement planté sur ses jambes, il danse en vieux danseur et avec majesté, maître de sa danse et qui a bien dansé autrefois. Le bal est le seul spectacle de cour qui le tire du particulier, mais encore par quelque complaisance pour la Reine. Il est grand remarqueur, et particulièrement des défauts et des ridicules qu'il rendroit et contreferoit volontiers et bien s'il ne s'en retenoit, ainsi que de la raillerie à laquelle il seroit naturellement porté et assez propre. Très indifférent avec beaucoup de mémoire, ne s'informe jamais de rien de ce qu'il a connu en France, et s'il a conservé quelque chose de plus pour qui que ce soit que pour le reste de sa famille et de tout ce qui l'approche, c'est pour Mgr le Dauphin, son frère. On sent son respect et son affection pour sa mémoire et qu'elle a part à lui rendre cher le Roi, son neveu. Une grande paresse d'esprit et une plus grande encore de volonté et de sentiment est peut-être ce qui définira mieux ce Prince si difficile à l'être.

La Reine d'Espagne a tant de grâces dans la taille, dans tout ce qu'elle fait et dit, dans l'esprit et dans toutes ses manières, tant de naturel encore et d'aisance apparente, qu'on oublie, en peu de moments, les injures que la petite vérole lui a faites, et augmente les charmes et l'idée de son esprit. Il serait encore et meilleur et plus étendu, s'il n'avait été destitué de toute éducation et culture. Sa familiarité, quoique grande, ne blesse en rien la majesté et ne sert qu'à la rendre aimable. Elle a toutes les pratiques de dévotion de son pays et de celui où elle est, sans aucun des scrupules du Roy, qui peut avoir grand'part à sa dévotion, mais qui ne lui a pu inspirer son goût pour les Jésuites, ni cette confiance de nécessité pour un confesseur à qui elle ne dit guère que ses péchés. Haute, emportée, violente même avec le Roy, et par humeur dont elle ne manque pas et quelquefois par adresse; mais les succès en ont été divers. Ignorante de toutes choses au dernier point, et hors d'état de pouvoir être instruite de rien ni de s'instruire elle-même par l'arrangement de ses journées. Par cette raison et même par goût, peu capable d'affaires et embarrassée des détails. Néanmoins désireuse d'autorité, et de savoir et d'avoir part aux décisions de tout, sans oser trop le montrer. Unie d'abord avec Albéroni pour gouverner, elle lui servit à rompre les Conseils et à renfermer le Roi au point où il est, pour ne laisser d'accès à personne. Mais elle s'aperçut trop tard que ce Ministre tira tout à lui et ne lui laissa que la pénible part d'amuser le Roy toute seule, et la réduisit dans une dépendance qui contribua depuis à la chute du Cardinal. Mais l'habitude du particulier qui va jusqu'au renfermé, n'a pu recevoir d'atteinte, quelque envie qu'elle en ait eu depuis. Comme la Cour eut le même sort que les Conseils, et que les longues absences de Madrid, pour être plus seuls, ont été l'ouvrage de la Reine et du Cardinal pour leur intérêt commun, elle en a acquis la haine publique. L'aigreur et le peu de ménagement de ses paroles sur les Espagnols, et en particulier sur les dames, ont achevé de les lui aliéner, et la comparaison de la feüe Reine et d'elle, y a mis le comble. Le Roy partage cet éloignement des esprits, qui éclattent quelquefois par des imprécations à haute voix au lieu d'acclamations lorsque L. M. passent, et surtout lorsqu'elles partent de Madrid. Rarement, aux occasions les plus ordinaires aux Espagnols, sont-ils accueillis de foule et d'acclamations, et les oreilles de la Reine sont souvent offensées du cri public de : Vive la Savoyarde ! qui cependant vers la fin de sa vie n'était plus du tout aimée par la haine du joug insupportable de la Princesse des Ursins. Cette aversion et tout ce que le Roy a appris d'Albéroni, depuis sa chute, a diminué le crédit de la Reine qui n'est plus de front. Il a besoin d'adresse, de tours, de vehicules, et d'une grande patience; mais tel toutefois qu'il serait infiniment nuisible d'être mal avec elle et qu'on ne se peut raisonnablement promettre quoi que ce soit, si on ne l'a favorable, à tout le moins point contraire. Mais elle même ne réussit pas toujours, même en ce qu'elle montre au Roy désirer. Elle aime fort son pays et ceux qui en sont, et plus M. et Mme de Parme par bienséance et par grandeur que par tendresse, en sorte même qu'elle n'est esclave ni de leurs vues, ni de leurs intérêts. Leur Ministre ne la gouvernera pas toujours, et beaucoup moins Scotti qui l'est à présent que nul autre. Elle est occupée de ce qu'elle deviendra si le Roy qui a eu des maladies menaçantes venait à manquer, frappée de l'état de la Reine Douairière et de la dernière Reine Mère, et cache cette sorte de réflexion et les vues qui en naissent avec beaucoup d'art et de soin. Passionnée pour ses enfants, par tendresse et par raison et prête à tout lorsqu'il s'agira de leur faciliter de grands établissements. Elle parait attachée au Roy jusqu'à l'oubli d'elle même, et d'une attention à lui plaire en choses, en discours, en louanges fortes et continuelles que rien ne distrait d'un moment, et d'une complai-

sance pour lui si entière et qui parait encore si aisée et
si naturelle, qu'on est souvent trompé à croire de son
propre goût, ce qui en est le moins, bien que continuel,
fatigant, hasardeux, ennuyeux. Telle est ce particulier
et ce tête-à-tête qui n'eut jamais de semblable, cette
assiduité de tous les jours à la chasse, grosse, malade,
à peine relevée de couche, exposée au péril infini des
voitures, et à toutes les injures de l'air, et mille autres
choses qui, sans cesse, se succèdent et se répètent. On
jugerait de même qu'elle a de l'aversion pour ce qu'en
effet elle aimerait le mieux, le jeu, la musique qu'elle
sait en perfection, les fêtes et les amusements d'une
grande Cour, en un mot, le monde à quoi elle serait
tout-à-fait propre, et la conversation qu'elle soutient, et
à laquelle elle fournit très agréablement et plusieurs
même à la fois, tant que les occasions s'en présentent.
Naturellement bonne, compatissante et gaie. Elle serait
tournée à la raillerie et à saisir les ridicules qu'elle
contrefait en perfection. Ses plaisanteries sont fines et
presque toujours obligeantes, qu'encore que ce ne soit
pas en air qui sente le respect comme avec le Prince,
elle lui fait plus de cour qu'elle n'en reçoit. Ainsi, présents continuels, liberté entière, au point que l'enfance
en abuse si fort que dans la juste crainte du mal que
trop de bien pourrait produire, je me suis crû obligé de
l'en avertir. Elle sent et montre la disproportion que la
naissance et la couronne ont mis dans son mariage et
parle très librement de son visage, de ses défauts, et de
tout ce que l'ordinaire des femmes redoute davantage,
et sa conduite a été sans aucun juste soupçon. Adroite
à tirer en volant à balle seule, bien à cheval et hardie,

danse en perfection et avec majesté toutes sortes de danses, est faite au tour, légère, marche et agit de la meilleure grâce du monde. Extrêmement inégale et quelquefois rude. Infiniment vive et sent tout très vivement. Mais rien d'étourdi. Ennemie de toute affectation et de dissimulation autant qu'il lui est praticable, et audessus des ajustements et de la parure auxquelles elle s'accommode par le goût du Roy et pour certaines bienséances, et déteste les tracasseries sur quoi elle tombe volontiers sur les femmes et leur préfère le commerce des hommes. Après le bien de l'État, du Roy, de sa famille, son inclination est française. Elle a, d'abord, éloigné, tant qu'elle a pu, tout ce qui tenait par la feüe Reine et par Mme des Ursins, mais audessus de crainte, cette conduite n'a pas duré, jusque là qu'elle est devenue favorable à plusieurs. Aucune de ses dames ne peut passer pour favorite. A quelques humeurs près, elle les traite bien. Si pour des voyages elle a de la préférence, ce n'est que par convenance et par commodité. Sa nourrice a, seule, la vraie préférence et sa confiance qui va jusqu'à lui faire essuyer ses humeurs, et vouloir, sur son exemple, que les autres les supportent. Ce que la Reine a de femme, c'est d'aimer, d'avoir et de s'amuser de toutes sortes de bêtes et d'oiseaux qui ne lui sont peut-être pas inutiles dans l'extrême retraite où elle vit. Elle a mille façons de la Reine d'Angleterre, veuve de Jacques II, mais pas si grande à beaucoup près, ni d'un si grand air.

Le Prince des Asturies est fait a peindre. Allongé, maigre, fluet, délicat, mais sain; il est blond, a de beaux cheveux, le visage laid, et ressemblera, avec l'âge, au

Roy de Sardaigne son grand père maternel. Il est adroit à tout, vif, bien à cheval. Il ne lui manque que de la force. Tire bien, aime la chasse et les exercices, et danse, à merveille, toutes sortes de danses qu'il apprend en un moment. Si la Reine et lui étaient de condition à danser sur un théâtre, il renchérirait, les jours qu'ils y devroient paraitre. Le Roy l'aime beaucoup, mais sans démonstration, qu'une seule, qui est de ne regarder que lui lorsqu'il danse, même avec la Reine, quoiqu'elle danse mieux, parce qu'il est très mince et aussi très faible. Il a beaucoup promis, et eût été capable de profiter d'une bonne éducation, si les entraves de la Cour et le naturel de ses Gouverneurs l'eussent permis. Il aime et craint le Roy et a plus de bienséance pour la Reine et pour ses enfants que de véritable affection, et ne répond pas toujours à ses avances. Il est élevé dans une impolitesse qui surprend, jusqu'à ne se pas incliner ou découvrir, lorsqu'il est rencontré et salué par les plus grandes Dames, dont le Roy et la Reine ne lui donnent pas l'exemple ; et le reste, en ce genre, se suit. Familier toutefois, mais peu instruit à dire et à répondre, il est tenu fort particulier devant et depuis son mariage, bien qu'en différentes mains, et renfermé avec des fils de valets qui sont sa compagnie, et auxquels il s'est accoutmé, parce qu'il y est fort libre et trop souvent seul avec eux. Il lui est échappé des traits singuliers d'épargne qui peuvent autant venir de ce commerce, ou du peu qu'on lui donne, que de son inclination. Elle est française, quoiqu'élevé par des mains ennemies de la France. Il a été transporté de joie d'être marié, peut-être par enfance, et il a été très blessé de ne l'être pour quelque temps qu'en apparence. Il parait aimer et rechercher fort la Princesse. Il semble aussi qu'il aimera les femmes, qu'il sera dévot, que son attention à sa santé, quoique bonne, est surprenante, et qu'il ressemblera au Roy en beaucoup de choses. Il est déjà fort secret, ce qui a été éprouvé dans l'affaire de son mariage. Il est la passion la plus dominante des Espagnols qui ne peuvent se lasser de le voir et de le poursuivre de foule et d'acclamation. Il les aime réciproquement. Il hait et méprise son Gouverneur et le lui a bien témoigné. Il n'aime pas mieux son Sous-Gouverneur. Albéroni lui était insupportable, peut-être par l'attachement qu'il avait pour le Cardinal del Guidice qui était son Gouverneur. On ne distingue point encore de préférence de sa part bien marquée pour personne. Il est encore très enfant.

L'Infant D. Fernand est aussi fils de la feüe Reine, et, néanmoins, il ressemble fort à l'Infante, mais il est bien plus beau, et promet beaucoup, en toutes manières, par l'esprit, la vivacité, les réparties. Mais, néanmoins, rien de prodigieux comme l'Infante, quoique sans comparaison plus agé. Il est très bien fait et a l'air robuste et vigoureux. Il est élevé avec le Prince et mangent ensemble, quoiqu'avec un Gouverneur différent. L'union et la tendresse réciproque de ces deux frères est inexprimable, avec une déférence du cadet qui sent néanmoins très bien tout ce qu'il est, et une prévenance, en tout, de l'ainé qui ne se démentent jamais. Il porte l'Ordre du Saint Esprit et celui de la Toison d'Or, avec la Croix de Malte, parce qu'il est Grand Commandeur de Castille, ce qui lui vaut près de cent mille écus de rente. Son union avec le Prince des Asturies m'a engagé à les joindre. Son âge ne permet pas d'en dire davantage ni rien des deux autres Infants, fils de la Reine, sinon qu'ils sont parfaitement beaux et robustes. Le dernier porte la Croix de St-Jacques dont je lui vis recevoir l'ordre en cette enfance, parce qu'il en a la Grande Commanderie qui lui vaut, aussi, près de cent mille écus de rente. Comme fils d'Espagne, ils portent tous la Toison en naissant, mais, pour le St-Esprit, ce fut une grâce du feu Roy qui les voulut, en cela, traiter de Fils de France.

La Princesse des Asturies, depuis qu'elle a passé les Pyrénées, a paru beaucoup d'esprit et d'envie de plaire, et manquer, pourtant, de l'éducation la plus commune. Aisée à accoutumer aux façons espagnoles, et sentir parfaitement la grandeur inespérée où elle est, sans regret aucun à quoi que ce soit. Elle a fort plû par sa libéralité et par ses aumônes. Haute, pleine de volonté, peu de bienséance pour ses Dames et abusant fort de la bonté et de la complaisance vraiment sans mesure, qu'elle trouve dans le Roy et dans la Reine. Pourtant fort soumise à sa Camareyra-mayor, et c'est grand dommage qu'elle n'en ait une plus capable. Elle témoigne du goût pour le Prince, de la complaisance pour les Infants, nulle attention à personne, peu de souvenir de la France et de ses parents, beaucoup d'enfance et d'attachement à toutes ses fantaisies.

VIE JOURNALIÈRE DU PALAIS.

Il n'est pas hors de propos de mettre courtement devant les yeux la vie journalière de la Cour d'Espagne pour s'en former une idée; connaissance qui en donne beaucoup d'autres, et souvent regrettée quand il n'en est plus temps.

Les fameuses étiquettes d'Espagne qui y étaient des règles irréfragables de la mécanique de toutes choses, ont souffert diverses altérations par degrés, et ont été, enfin, ensevelies dans la faveur d'Albéroni à qui elles étaient incommodes, et dont la disgrâce n'a pu les ressusciter, parce que le Roy n'a pu changer d'habitude ni se résoudre à rompre en rien l'exacte clôture où ce Ministre l'a réduit, et qui n'est pas contraire à son goût. Il faut donc perdre de vue ces différentes pièces des appartements du Palais où chacun était admis sans huissier et pourtant sans mélange, suivant son rang ou le privilège de ses entrées; ne considérer plus les diverses clefs que comme nos justeaucorps à brévet, et la plupart de toutes les charges que comme de vains noms et de médiocres appointemens, déchûes de toutes fonctions et de tous privilèges; comprendre même que le peu de celles qui n'ont pas tout perdu, ne sont plus que des fantômes de ce qu'elles étaient naguère, que les plus distingués Seigneurs en tous genres : Grands, Vicerois, Charges Principales, Ministres du premier ordre, premiers Prélats, Ambassadeurs, gens du commun, dernier étage, pages et officiers de chacun, tout

Plus d'étiquettes. et grande confusion

est en mêmes lieux, pêle-mêle, sans ordre, sans distinction et dans une confusion plus grande qu'elle n'est encore parvenue en France. Je parle du journalier et non de ce qui s'appelle en Espagne fonctions et cérémonies.

Le Roi et la Reine n'ont jamais pour eux deux qu'un appartement, que les mêmes pièces pour le même usage, que la même table pour tout ce qu'ils veulent faire, et ils font toujours ensemble les mêmes choses; ils ne se séparent jamais que pour des fonctions courtes, rares, indispensables; leurs audiences sont presque toujours ensemble, et, s'il faut le dire, leurs chaises percées dans le même endroit. Ils ne sortent point l'un sans l'autre, vont aux mêmes lieux, et, voyage ou promenades, c'est, tête-à-tête, dans un très grand carrosse. Le retour de Lerma fit, peut-être, la première exception à cette règle; le Prince et la Princesse revinrent avec eux. Ils mangent aussi, soir et matin, tête-à-tête. Le Prince a dîné avec eux cinq ou six fois en sa vie, par des hasards de voyage, et nul autre n'y a été admis.

Lit commun. Ils couchent dans le même lit, et il leur est arrivé d'y avoir tous deux la fièvre en même temps, sans avoir pû être persuadés de découcher d'ensemble, même en faisant apporter un autre lit auprès du leur. C'est celui où je les ai vus. Il n'a pas quatre pieds de large; il est à colonnes et très bas. Le Roy fut malade à l'extrémité, il y a cinq ans, il le fut plusieurs mois et la Reyne coucha toujours dans son lit; il y couche, de même, pendant ses couches, et en quelque temps que ce soit. Il ne découcha d'avec la feüe Reine que deux jours devant sa mort.

A huit heures du matin, Valois, garçon de la *Éveiller*
Chambre qui a suivi le Roy en Espagne, et la nour- *Déjeuner*
rice de la Reine entrent avec des œufs frais. Au bruit *Prier*
du réveil du Roy et du déjeuner qu'il fait au même *Travailler.*
instant, la Reine s'éveille. On ouvre tous les rideaux.
Le lit et les sièges prochains sont remplis de papiers
et de livres. Il y a aussi un ouvrage. Ils prennent
chacun un manteau de lit, le Roy sur beaucoup d'oreil-
lers, la Reine à son séant. Leur occupation est la
prière et la lecture commune. Une fois pour toutes la
lecture se doit toujours entendre pour eux de livres de
dévotion et jamais d'aucune autre qu'ils se sont inter-
dite pour toujours. Ensuite le Roy se met aux papiers
et la Reine à sa tapisserie. Sur les dix heures, le Mis de
Grimaldo est toujours mandé, et il dépêche à la ruelle
du lit. C'est ce que nous appelons travailler avec le
Roy. Un peu avant midi, le Roy sort du lit, servi par *Lever.*
Valois, la Nourrice et le Duc del Arco, passe dans la
pièce voisine où il trouve le Mis de Santa Cruz, La Roche
et Hasent et deux valets qui l'ont suivi de France, et
qui que ce soit autre. Tandis qu'il s'habille, la nourrice,
restée seule auprès de la Reine, a quelques moments
à l'entretenir ; puis elle appelle la Camareyramayor et
deux femmes de chambre de jour et la Reine se lève.
Elle passe aussitôt dans une autre pièce voisine où est
sa toilette. Là se trouvent deux Dames du Palais et deux
Signoras d'honneur de jour avec plusieurs femmes de
chambre et pas davantage.

Dès que le Roy est habillé, il donne l'ordre pour *Ordre*
la journée au Duc del Arco, puis vient entrebailler la *Toilette.*
porte de la pièce intérieure qui donne dans le salon

public où se trouvent tous les matins ceux qui veulent faire leur Cour, et là il donne l'ordre au Capitaine des Gardes en quartier, aux Colonels ou aux officiers des Régiments de Gardes en semaine. Cependant ceux qui ont habillé le Roy peuvent aller à la toilette de la Reine ; le Cardinal Borgia y entre sur la fin ; le Prince, la Princesse et les Infants n'y manquent jamais, mais il n'y sont suivis que de celle qui leur tient lieu de Gouvernante. Tout à la fin, quelquefois, le Duc de Popoli y entre et le reste de leur suite demeure dans la galerie intérieure qui communique l'appartement de la Princesse, auparavant de l'Infante, à celui de la Reine.

Audiences Heures de Cour. Aussitôt que le Roy a donné l'ordre en un moment, il rentre et pousse la porte. Bientôt après, le Confesseur est appelé qui cependant est dans les pièces publiques. Il entretient le Roy, teste-à-teste, une bonne demie heure et souvent davantage. Quand il sort, c'est le temps des audiences que le Roy donne aux Ministres étrangers ou aux Seigneurs de sa Cour qui sont appelés. Cela n'est ni rare ni commun et dure très peu et presque jamais plus d'une. S'il y a audience publique ou du Conseil de Castille, c'en est le temps et le moment de voir le Roy passer et repasser. On peut lui parler alors sans audience, mais peu commodément par la rapidité, plutôt que la vitesse dont il marche. Il parle aussi dans ces moments aux uns et autres assez familièrement. Dès qu'il est rentré, il va trouver la Reine à sa toilette, et s'il y a chapelle, il ressort seul pour y aller à travers les appartements où la Cour se fait encore, allant et revenant, comme il vient d'être dit.

S'il n'y a aucune de ces trois causes de sortie, nul

ne le voit que ce qui s'est trouvé près de la porte, lorsqu'il l'entrouvre pour donner l'ordre, après quoi chacun s'en va. Comme on sait les jours qu'il ne doit point sortir, moins de gens vont au Palais, ces matins là. Beaucoup en tout n'y sont pas assidus ; peu se font une habitude de l'être, mais en certains jours, la Cour est grosse et magnifique et a toute la splendeur de celle d'un grand Roy.

La toilette finie, ils passent ensemble à la Messe sans sortir de leur appartement intérieur qui communique dans un retranchement de glaces et d'ornements fait au bas bout de la chapelle, vis-à-vis de l'autel. Il y en a un autre, dans ce retranchement, qu'on appelle tribune, quoique de plain pied à la chapelle, et ayant deux véritables tribunes sur la totalité de ce retranchement. C'est à cet autel intérieur qu'ils entendent la Messe, et quand c'est une grand'Messe, ils l'entendent au grand autel, à travers les glaces. Tout ce qui peut entrer à la toilette de la Reine, entre aussi à la tribune, et, de plus, le Capitaine des Gardes en quartier. La Messe finie, le Roy et la Reine repassent dans leur appartement, et demeurent tête-à-tête. Lorsqu'il y a chapelle, la Reine, les Infants, leurs Dames et le Mis de Santa Cruz y assistent dans cette même tribune.

Les jours de Communion le sont également pour le Roy et la Reine ; ils arrivent tous les dimanches et très ordinairement une autre fois dans la semaine. En ces jours, ils se lèvent à huit heures et, dès qu'ils sont habillés, ils vont à la tribune et communient ensemble. Ils déjeûnent ensuite, et le reste de la matinée se passe

Messe.

à l'ordinaire, et la Messe accoutumée ne s'en dit pas plus tôt en chapelle ou autrement.

Dîner.

Le dîner se sert peu après la Messe. Les Caméristes, que nous appelons femmes de chambre, prennent les plats à la porte que la Camareyramayor met sur la table. Deux Dames du Palais et deux Signoras de jour présentent à boire et des assiettes, un genou à terre. Le Mis de Santacruz s'y trouve toujours, parce que tout est de la bouche de la Reine et jamais rien de celle du Roy. Les deux premiers Médecins de L. L. M. M. n'y manquent jamais. Voilà le nécessaire. Ceux qui en ont l'entrée, sont le Cardinal Borgia qui y manque rarement, le Mis de Villena, qui s'y trouve quelquefois, et le Duc de St-Pierre rarement. Ces trois Seigneurs sont Majordomes major du Roy, de la Reine et de la Reyne-Douairière. Les premiers chirurgiens et apothicaires de L.L. M.M. et ces trois valets susdits de l'intérieur, y sont quand ils veulent. Qui que ce soit autre, jamais. Au souper, de même. Le Roy mange beaucoup, et roule sur une 15e de mets, toujours les mêmes, et tous fort simples. Son potage est un chaudeau fait avec plus de vin que d'eau, des jaunes d'œufs, du sucre, de la canelle, du clou de géroffle et de la muscade. Il en mange aussi à souper, et jamais d'autre. Il boit peu et du vin de Bourgogne vieux. Il ne mange maigre que cinq ou six fois l'année, et, les jours de jeûne, lui et la Reine ne déjeunent point et prennent du chocolat, c'est-à-dire lorsqu'ils veulent jeûner. C'est une tolérance établie, qui a tellement prévalu en Espagne, qu'ils sont plus qu'étonnés si on leur dit que ce n'est pas jeûner. La Reine mange moins que le Roy, mais elle aime la bonne chère, mange de tout, rarement des plats du Roy, boit du vin de Champagne, fait souvent maigre. Elle prend beaucoup de tabac et s'y connait bien. Le Roy, jamais; il a eu peine à s'accoutumer à lui en voir prendre. Elle déplore agréablement de n'avoir pu venir à bout de lui en faire le sacrifice. Le repas est long, la conversation y est continuelle; la Reine y met l'agrément et la gaîté; on y parle de beaucoup de choses, et quand, dans ce petit nombre de personnes, il s'y en trouve d'esprit, elles ont lieu d'y placer et d'y apprendre des choses utiles. Cela ne se présente pas tous les jours, mais fort souvent. Le souper est plus court et moins favorable.

Peu après dîner, L. L. M. M. sortent ensemble par le salon public où elles trouvent les personnes qui les doivent suivre. Une des deux Dames du Palais de jour qui a servi le dîner et qui, après, s'est retirée dans la galerie intérieure pour laisser le Roy et la Reine seuls, est appelée, au moment qu'ils sortent, ou par eux, ou par la nourice, ou par un des trois valets intérieurs. L. L. M. M. traversent le premier salon public, descendent par un petit degré qui abrège, et montent en carrosse. Dans toute cette traverse, chacun peut leur parler et faire sa cour, mais l'incommodité de l'heure fait qu'il ne s'y trouve guère personne. L. L. M. M. montées dans un grand carrosse de la Reine et quelquefois du Roy, à sept glaces. Le Duc del Arco, grand écuyer, leur ouvre la portière, tant pour y monter que pour en descendre. Il monte, ensuite, dans un carrosse du Roi, avec le Capitaine des Gardes en quartier et le Premier Ecuyer. Suit un carrosse de la Reine dans lequel sont le Mis de Santa Cruz, son Majordomemayor,

Sortie Heure de Cour.

et le Duc de Giovenazo, son grand écuyer; enfin, un autre carrosse de la Reine où est la Dame du Palais toute seule. Le Premier chirurgien suit aussi. Les officiers des gardes du corps environnent le carrosse. Il y a grand nombre de gardes et de relais de mules sur les chemins. La chasse finie, ils reviennent de même, presque toujours à la nuit. Au pied du petit degré, le Duc del Arco prend un flambeau de vermeil, et les éclaire jusqu'à la porte du cabinet. Cette heure en est une de Cour, et il s'y trouve, quelquefois, assez de monde. Après avoir traversé le salon assez vite, le Roy s'arrête à la porte du cabinet et y donne l'ordre, comme le matin. La porte se ferme et personne ne passe au delà que le Duc del Arco, le Mis de Santa Cruz et la Dame du Palais. D'ordinaire, le Prince, quoique il se soit trouvé à la chasse, la Princesse et l'Infant D. Fernand, se trouvent à l'entrée de ce cabinet ou, dès que le Roi arrive, il leur donne sa main à baiser, puis les baise. Ensuite la Reine les baise aussi, mais il n'y a que ses enfants qui lui baisent la main. Le Duc de Popoli se trouve quand il veut, alors, à la porte du cabinet, et, quand elle se ferme, il reste au dedans. Aussitôt après, l'autre Dame du Palais de jour qui attendait, dans l'intérieur, avec la Camereramayor, sert la collation avec celle qui a suivi. Cela est court, léger, et se passe en petit, comme les repas. Le Roy ne prend que du pain. Les fils de la Reine s'y trouvent avec leurs mies, et tout ce qui est entré ou resté dans le cabinet. La collation achevée, tout se retire, et L. L. M. M. demeurent tête-à-tête. S'ils rentrent trop tard, ils font collation en carrosse, où il y en a toujours.

S'il est bonne fête, dimanche, ou, quelquefois jour de communion, il n'y a point de chasse. A l'heure d'y aller, ils sortent, comme à l'ordinaire, avec cette augmentation de suite : la Camareramayor seule dans un carrosse de la Reine qui suit celui de son Grand Ecuyer. et est suivi de celui de la Dame du Palais, seule aussi. Un autre, moindre, pour une Signora d'honneur, seule, enfin celui de la nourrice. Le Prince suit ou précède, un moment, avec ses grands officiers dans son carrosse, et les deux Infants après, chacun dans le sien. Je n'y ai point vû la Princesse, qu'une seule fois, et elle était avec le Prince dans le carrosse de L. M. et sa suite, comme celle de la Reine, trois carrosses, une à une, et pour les grands officiers. Cette file sort du Palais fort vite, coule le long de Madrid, par dehors, parce que ce n'est pas en cérémonie, entre dans le parc du Buen-Retiro, et arrive par derrière le Monastère des Dominicains de N. D. d'Atocha. On met pied à terre à un petit bâtiment intérieur où il se trouve des gardes du corps à pied, outre ceux qui suivent, et quelques personnes fort distinguées ou fort familières, quand de ce petit nombre il y en veut aller. On monte une douzaine de marches, jusqu'à une courte galerie dont le double est une tribune à deux portes, longue et étroite, dont le bout est plus large et donne, non sur le grand autel, mais sur celui de N. D. d'Atocha. Un chapier et ses ministres sont à genoux au pied, et le chœur chante les litanies de la Ste Vierge, d'un ton triste et court. Elles se terminent par le récit de quelques oraisons et, quelquefois, par la bénédiction du St-Sacrement, mais pas toujours. Un bon quart d'heure, et toujours moins de

L'Atocha en particulier.

demi heure suffit pour cette dévotion. On remonte en carrosse, comme on est venu. Quelques principaux Révérends présents qui font baiser leur manche à qui ils peuvent, et surtout à la Camareramayor. Retournant par le même chemin, on descend au Maïl où le Roi joue et la Reine le suit. Le Prince y fait une partie à part ou va tirer ; les Infants se promènent ailleurs dans le parc, puis on rentre au Palais à l'ordinaire.

Quelquefois le Roy va au Maïl sans aller à l'Atocha. Alors il est suivi comme à la chasse. Lorsqu'il habite le Retiro, surtout le Carême qu'il y passe presque entier, et qui n'est pas un temps de chasse, il va tous les jours au Maïl avec la Reine à pied et revient de même, et s'il va à l'Atocha, ses carrosses le laissent au retour lorsqu'il est descendu au Maïl. Retournons au Palais.

Travail Souper. La collation finie, s'il est jour de confession, c'en est l'heure, et cependant la Reine est libre avec sa nourrice ou qui elle veut de l'intérieur. Le Roy la rejoint, dès qu'il a quitté son confesseur et ils sont seuls. Il mande le Ministre avec qui il veut dépêcher, ou plusieurs, mais toujours l'un après l'autre, et la Reine seule en tiers. Ce travail approche l'heure du souper qui est entre 9 et 10, quelquefois plus tard, entre l'un et l'autre tête à tête. Le souper se fait comme le dîner et en présence des mêmes, puis le Roy et la Reine demeurent seuls. S'il est jour de confession, c'en est le temps pour la Reine, et cependant le Roy lit livres ou papiers. Dès que la Reine a fini, elle revient trouver le Roy.

Coucher. Confession ou non, lecture ensemble jusqu'au coucher qui de minuit à deux heures est incertain, mais bien plus souvent tôt que tard. Le coucher n'admet point d'entrées comme les très courtes du lever; ce n'est que l'unique service, qui est le Duc del Arco, les premiers médecins chirurgiens qui ne sont pas au lever, et les trois valets intérieurs, la Camareramayor, les deux Dames du Palais et les deux Signoras d'honneur, la nourrice et quelques cameristes.

Si le Roy voyage, le temps du chemin se prend au lieu de la chasse, et ne change rien en ses journées qui en tout lieu et en tout temps et en toute saison, sont pour lui et pour la Reine telles qu'elles viennent d'être représentées. Si ce n'est qu'à Balsaïnn ils passent souvent le temps de la chasse à voir leurs bâtiments, leurs ateliers et les jardins qu'ils font faire à la Granja, et que les dimanches, quelques fêtes et quelques jours de communion, lorsqu'il sont à Aranjuez, ils passent le temps de la chasse à tirer des corneilles dans les jardins où ils n'entrent que pour cela, excepté le lendemain de l'arrivée et la veille du départ qu'ils s'y vont promener. Quelquefois aussi, c'est dans les admirables avenues de cette maison.

<small>Voyages.</small>

CHASSES

C'est trop parler de chasse comme de l'occupation la plus continuelle du Roy et de la Reine d'Espagne, sans expliquer ce que c'est. On y connait peu celle du chien couchant. L'aridité de la terre; ses fréquentes coupures; la fréquence des pierres et des rochers; le

<small>Ordinaire.</small>

manque d'eau dans les campagnes; la quantité et la force des aromates et des herbes odorantes ; la chaleur excessive de presque toute l'année, ôtent aux chiens l'usage du nez, les crève de soif et leur déchire les pieds. Ces raisons excluent pareillement les meuttes et toutes les chasses à courre. Celle de l'oiseau est fort tombée et n'est point du goût de L.L. M.M. Voici celle où ils vont avec une assiduité telle que je l'ai représentée.

On remarque un endroit où la pente et l'ouverture de ce que nous appellerions montagnes, et les trouées de ce que nous appellerions des broussailles, donne lieu aux bêtes du canton de passer le plus ordinairement ; et comme cette chasse est de tous les jours, il faut souvent changer de lieu, le prendre où il se trouve et l'aller chercher, souvent, à trois et quatre lieues d'Espagne, quelquefois jusqu'à six. C'est ce qui oblige à un si grand nombre de relais par jour, à n'aller jamais, et par les plus étranges chemins, qu'à bride réellement abbattue, ce qui se peut, parce qu'il n'y a jamais de boue quand on en veut tenter le péril effectif et continuel, et à faire ce qu'on ose nommer une consommation de mules de trait, et de chevaux d'officiers et de gardes, qui en diminue notablement l'espèce dans le Royaume.

Ordinaire. Au lieu choisi, on dresse deux feuillées adossées l'une à l'autre, dont l'une est fermée aux deux bouts, à hauteur d'appui aux cotés, et à deux portes. L'autre est ouverte par devant, et toutes deux petites. Les carrosses du Roy et des deux grands Ecuyers et celui du Prince arrivent aux feuillées. Celui de la Dame du Palais n'en approche pas ; il s'arrête à une grande distance. Elle reste dedans, et, sans approcher ni en sortir, elle se met à la suite des autres, quand ils s'en retournent après la chasse. Cette dame a toute la fatigue du chemin, et, du reste, une entière solitude. Elle n'est là qu'au cas que la Reine eût besoin de quelque service qui ne lui peut être rendu par des hommes; et comme cela n'arrive presque jamais, la Dame du Palais part et revient sans avoir rien vu, que par sa portière, quoi que ce soit de la chasse, ni, le plus souvent, parlé à personne. Toutes y portent quelque livre, ou leur ouvrage, si elles l'aiment. En mettant pied à terre, le Roy, la Reine, le grand Ecuyer et le Capitaine des Gardes en quartier entrent dans la feuillée fermée où il y a provisions de fusils chargés, et un homme pour les charger, à mesure que l'on tire, et chacun en prend un. Mais le Capitaine des Gardes attend que le Roy le lui dise. Le Majordome-major et le grand Ecuyer de la Reine avec le premier Ecuyer du Roy entrent dans l'autre feuillée où personne d'eux n'a de fusil. Quand le Prince va à la chasse, et il y va presque toujours, il entre dans cette feuillée avec sa suite. Lui seul y a des fusils et un homme aussi pour les charger. Le premier quart d'heure, les deux feuillées ont quelque commerce et puis silence entier jusqu'à éviter le moindre bruit en se remuant. On est assis sur des manteaux et le Roy et la Reine sur de petites chaises de paille. Deux, trois et jusqu'à quatre cents paysans, quelquefois, sont commandés pour faire une enceinte dès la nuit. Ils s'avancent, peu à peu, avec bruit et métode, pour chasser les bêtes vers l'enceinte. Rarement il en passe fort peu et quelquefois beaucoup, mais c'est toujours avec une telle justesse, qu'il n'arrive presque point que ce soit hors de portée de fusil. On les entend venir ; le silence, s'il se peut, redouble ; une toux viendrait, alors, fort à contre-temps. On tire, à droite et à gauche, sur tout ce qui passe, mais on observe de ne tirer qu'après L.L. M.M., et le Prince, qui est dans l'autre feuillée, n'a que ce qui est échappé à ceux qui sont dans celle du Roy. Peu à peu les paysans approchent, et viennent, enfin, aux feuillées avec de grands cris de vivat. C'est alors que la chasse est finie. On va chercher toutes les bêtes tombées aux environs. S'il y a des loups et des renards ordinairement on les laisse, mais sangliers, cerfs, biches, daims, lièvres, etc. on apporte tout devant la feuillée du Roy dont son carrosse s'approche, et tandis qu'on éventre et qu'on vide les bêtes et qu'on les attache derrière le carrosse du Roy, c'est un temps de cour et de conversation pour les assistants où le Roy parle plus qu'ailleurs, et que la Reine égaie toujours. Dès que la dernière bête est attachée, on remonte en carrosse et on s'en va, souvent aux flambeaux, avec la même rapidité qu'on est venu. C'est la chasse dont je rendrai meilleur compte pour l'avoir vue deux fois, qui est une grâce qui ne s'accorde presque jamais à personne et que je ne demandai pas par cette raison. Le Roy, la première fois, me fit, à l'instigation de la Reine que j'entendis de sa feuillée, l'honneur de m'apporter lui-même un fusil dont je tuai un renard, quoiqu'il y eût des années que je n'eusse tiré. L'autre fois, on me donna aussi un fusil, je payai mon triomphe par l'étourderie de tirer le premier dont je ne m'aperçus que longtemps après, et dont les excuses fournirent ensuite à la conversation et à la plaisanterie.

Outre cette chasse, le Roy et la Reine en font deux autres, mais rarement. L'une est de tirer aux palombes, c'est-à-dire aux pigeons sauvages. Il s'en trouve quantité, et quelquefois ils volent par troupes. Cela se fait à cheval, comme nous tirons en volant, mais sans chien. Alors on tire aussi sur tous les oiseaux qui se présentent, et la Reine tue, à balle seule, les plus raides au vol. *Palombes.*

Le Lano est une autre sorte de chasse qui se fait aux oiseaux et surtout aux perdrix, par une enceinte de paysans et de quelques gens à cheval, avec un art et une adresse difficiles à comprendre. On y est aussi à cheval, mais souvent on met pied à terre pour tirer, quand on se doute que quelques volées vont passer, ou qu'on entend quelque bête qui s'est trouvée dans l'enceinte. Personne ne tire à ces chasses, que le Roy la Reine et le Prince. La Dame du Palais y est à cheval à la suite de la Reine. On rapporte aussi le gibier. La Reine, en toutes ces chasses, fait honneur des plus beaux coups au Roy qui tout au plus tire aussi bien qu'elle, mais très bien tous deux, et le Prince aussi qui l'envie fort, et n'en comprend pas d'autres, que le Roy semble aussi avoir tout à fait oubliées. *Lasso.*

LE MAIL.

C'est l'amusement qui remplace la chasse quand les journées ou la saison des bêtes pleines ne la permet *Heure de Cour.*

pas. Pour le chaud, le froid, ni les injures de l'air ne l'empêchent jamais, ni même le Mail, parce que s'il n'est pas bon, on joue à la chicane dans une allée voisine.

Celui du Retiro qui est le seul de Madrid, est tournant au milieu et parfaitement beau, d'une longueur prodigieuse, mais sans ombre, le peu d'arbres plantés au long en donnant peu et venant à grand'peine. C'est le seul endroit où le Roy se tienne, dont l'accès soit libre et permis à chacun. Tout ce qui est connu y entre, et y demeure tant et si peu qu'il veut, suit ou attend à l'un des bouts, et fait tout ce qu'il a envie. Le bas étage ou les inconnus ont la même liberté aux bouts et à côté du Mail. Mais aucune femme ne s'y trouve, pas même celles de la Reine, excepté la Dame du Palais et la Señora d'honneur de jour ; et cette dernière ne va point à la chasse. Si la Reine veut prendre ou quitter sa manteline, c'est son Majordome major qui la lui met sur les épaules, et qui la lui ôte; si c'est sa coiffe, il la lui presente ou la reçoit d'elle, mais la Dame du Palais l'attache. Un portemanteau les porte à la suite.

Le Roy joue toujours avec son grand et son premier Ecuyer et trois bas domestiques français. Il fait toujours trois tours complets, et jamais plus, rarement moins, et marche d'une vitesse surprenante. Il y a des passes, et le jeu est comme le notre. A pied, à cheval, en carrosse, arrêtés ou marchant, la Reine est toujours à la gauche du Roy et fait le tour pour s'y mettre, si le hasard l'en déplace, sans que rien dérange jamais cet ordre d'un instant ; presque toujours précisèment à son côté et joignant. Si un mot de réponse ou d'interrogation, regarder quelque chose ou quelque hasard semblable la met quelques pas derrière, aussitôt elle rattrape en courant, et si elle n'y prend pas garde assez tôt, le Roy se tourne et quelquefois s'arrête ; c'est ce que j'ai vu arriver plusieurs fois, et remarqué quelques unes que la Reine lui en disait un mot légèrement, en manière d'excuse. C'est un des lieux où le Roy parle le moins et jamais que sur le jeu. Il joue bien, mais point également. On voit qu'il est aise ou peiné, selon les coups qu'il fait, et la Reine d'une attention sans égale à louer les uns et à trouver des raisons aux autres. Elle y plaisante toujours le Premier Ecuyer qui joue très mal et le désole souvent avec grâce et de façon à être désolé, mais à ne pouvoir pas n'en être pas bien aise. Elle badine fort, aussi, avec le Grand Ecuyer qui joue faiblement, avec grâce et justesse, mais froidement, et quand elle s'échappe à quelque mot sur son âge, c'est un plaisir d'en voir l'escarmouche, car il se rebecque très bien. Les principaux de la Cour s'en mêlent, mais tout cela avec grâce, familiarité et majesté, d'une part, liberté et respect d'autre, mesure partout. C'est là où elle entretient la compagnie avec un art, une gaité, une liberté charmantes et qui attirent la Cour au Mail. Elle y parle de tout, elle y raille, elle s'informe des nouvelles des familles, en un mot, rien de plus agréable et de plus favorable que ce Mail où tout se presse à la gauche, et laisse la droite fort libre. Elle cherche à faire parler le Roy ; elle l'agace avec un agrément non pareil ; elle le plaisante quelquefois, mais avec un air de respect et de choses gracieuses; elle parvient à lui faire dire quelque mot aux uns et aux autres, elle trouve moyen d'amuser tout le monde, et sans bavarderie que la conversation ne tombe point; elle en soutient, dans des moments, plus d'une a la fois; elle entre dans celles qui se tiennent entre les autres à sa portée; chacun en a sa part, mais avec distinction, et cela se soutient de la sorte, non seulement au Mail, mais dans toute la promenade à pied, qui est très longue pour y venir du Retiro, quand ils l'habitent, et pour y retourner. Le Prince fait, en même temps, sa partie avec des valets, et rarement quelqu'un de ses Grands Officiers. La Princesse le suit, de même, avec plusieurs de ses Dames. Les Infants s'y trouvent fort souvent, et lorsque les parties se rencontrent, se sont des caresses de la Reine nonpareilles à ces Princes et à la Princesse, du meilleur air et le plus aisé du monde, sans jamais se laisser échapper aucune préférence pour son fils. Malgré tout cela, il est vrai de dire qu'encore qu'il se trouve assez de monde au Mail, cela roule entre les mêmes, la plupart en charges ou en emplois, et que la plupart des Seigneurs n'y vont jamais; peu au Palais et quelques uns point du tout, même aux fonctions.

AUDIENCES.

Elles sont de plusieurs sortes. Les publiques et les particulières des Ministres Etrangers; les particulières des sujets, le *baisa-mano* des Conseils, des Dames, des

Grands, de tout le monde ; l'audience du Conseil de Castille, celle du Président de ce Conseil, celle qui se donne au Public et les couvertures des Grands. Cette dernière et l'audience publique des Ministres Etrangers seront mieux en leur place parmi les cérémonies, ainsi que les *baisa-mano*. J'ai déjà dit que l'heure des Audiences de toutes sortes la plus ordinaire et presque la seule est le matin, après que le confesseur est sorti du cabinet du Roy. Ceux qui désirent audience particulière, ministres étrangers ou sujets, s'adressent au Sr de la Roche pour la faire demander, et sont mal au fait s'ils n'ajoutent avec la Reine. Personne, néanmoins, n'y est contraint, mais si on l'a suspecte, on ne gagne rien à son absence, et on peut y perdre en l'indisposant par là, et le Roy encore plus. Pour avoir été mal entendu par M. de Grimaldo, le jour de la signature du contrat de mariage de notre Roy avec l'Infante, le Roy me fit demander, le soir même, par ce Ministre, si et pourquoi je ne désirerai pas que la Reine fut à l'audience que je demandais, et cette question éclaircit la méprise que je mis encore mieux au net à L. L. M. M. dans cette audience. Ce fut merveille, comment la question fut faite : et un des fruits des bontés et de la familiarité dont je fus honoré d'elles, sans quoi elles eûssent crû que je ne souhaitais pas que la Reine fût présente, et cela m'eût fait plus qu'un grand démérite.

La Roche avertit celui qui doit avoir audience, du jour et de l'heure. Un des trois valets intérieurs vient l'appeler tout bas, dans le salon public ; il entre, et, peu après, La Roche, revient à la porte et appelle tout haut celui qui doit entrer. Dès qu'il est dedans, La Ro-

<small>Audience particulière de sujets et de ministres étrangers.</small>

che sort et tire la porte. Ce cabinet est d'une grandeur à donner le bal, carré long, percé et tourné en perfection, très éclairé et magnifique. En entrant, on a le Roy et la Reine en face. Ils sont tout à l'autre bout, se joignant, et rien auprès ni derrière eux. On leur fait trois révérences très profondes, en les apercevant, au milieu de la distance, et près d'eux. Ils ne remuent pas et le Roy est découvert et ne se couvre point. On a loisir de dire tout ce que l'on veut. Il est rare que le Roy s'engage par ses réponses. Souvent il s'informe à vous sur ce que vous lui dites, et y fait entrer la Reine. Alors on est plus à son aise. Toutes les miennes se tournaient, après, en conversation avec la Reine et où le Roy entrait. Le commencement en était toujours glacial, très grave et encore plus embarrassé, sans qu'il y en eût la moindre cause que le naturel. Le Roy change souvent de pied; s'affermit sur tous deux ; tousse à demi, sans besoin ; tourne seulement la tête vers la Reine, et quand il veut congédier, ces mouvements augmentent, et finissent, d'ordinaire, par la tirer doucement par la jupe. Alors elle termine l'audience. On se retire avec les mêmes révérences, mais de la première à la seconde, on va à reculons. On ouvre soi-même la porte, on sort et on la ferme, et le Roy et la Reine sont cependant en la même place. On ne peut exprimer la mesure et la discrétion avec laquelle elle se laisse aller à entrer dans ce qui se dit, puis, insensiblement, à mener la parole comme si elle ne la menait pas, à égayer les choses sérieuses sans indécence, et sans sortir d'aucunes bornes d'une justesse à tout, ce qui ne peut être que le fruit d'une grande justesse d'esprit, d'une application continuelle et d'une intime connaissance du Roy. Attentive à le louer, à lui tout reporter, à s'anéantir devant lui, pourtant avec dignité, et à le soulager en toutes choses, et aider aussi avec bonté celui qui est à l'audience. Toutes celles que j'ai eues se sont passées sans bouger de la même place, tant qu'il s'agissait de matières d'audience, mais quand la conversation avait pris le dessus, quelquefois on allait de côté et d'autre, par occasion de regarder ou de faire voir quelque chose ; de le tenir ; de le porter et le changer de situation. On est toujours en tiers avec eux. Leurs sujets ou les Ministres Étrangers, tout s'y passe de même.

A cette même heure, c'est-à-dire avant la Messe, et quelquefois tandis que le Roy donne des audiences particulières, la Reine donne les siennes. Toute personne un peu marquée, qui a quelque grâce à demander, quelque explication ou quelque remercîment au Roy, s'en acquitte aussi envers la Reine, et ordinairement commence par elle quand ce n'est pas remercîment. On s'adresse à la Camareramayor qui fait avertir. On entre par l'appartement de la Reine. On l'approche comme il vient d'être dit du Roy ; on lui parle bas, elle répond de même, et, quoique les audiences du Roy soient courtes, celles de la Reine le sont encore plus. Elle est appuyée contre une table, dans la galerie intérieure dont j'ai déjà parlé, et auprès de la porte de son appartement intérieur. Dans cette galerie sont aussi celles de ses Dames qui sont de jour, et ceux de ses grands officiers et des bas domestiques que le hasard y fait trouver, mais tout est à distance d'être vû et non entendu. Toutes les audiences publiques de la Reine se donnent

Idem de la Reine.

à cette même heure. Alors les Grands s'y trouvent au hasard et s'y convient. Ils sont d'un côté, le long de la muraille, et alors les Dames de la Reine, en plus grand nombre, vis-à-vis; et, du même côté qu'elles, des étrangers de marque, des Seigneurs distingués revenant de loin, des Généraux d'Ordres ou Supérieurs distingués, des Ministres étrangers du second ordre ont de ces sortes d'audiences. Celles du Roy et de la Reine qui sont de cérémonie, comme de Cardinaux arrivant et partant, d'Ambassadeurs, et la Couverture des Grands se donnent aussi à cette même heure, ainsi que les deux autres dont je vais parler.

Audience du Conseil de Castille.

Tous les lundis, le Roy traverse tout le grand appartement et va dans une pièce qui sert de double à la première, et qui n'est jamais fréquentée. A la porte tout le courtisan s'arrête. Le Majordome de semaine qui a été, au haut du grand degré, recevoir le Conseil de Castille et qui l'a conduit là, se trouve à cette porte. Les trois charges, si elles s'y trouvent, et le Capitaine des Gardes en quartier, entrent après le Roy, précédé du Majordome, et sortent un instant après. A côté de cette porte est une petite estrade, un tapis, un fauteuil et un dais. Des bancs nus en carré, autour et devant. Le Roy entrant, se couvre. Dès qu'il est aperçu, le Président et tout le Conseil mettent un genou en terre, et le Roy, sans se découvrir, et qui n'a que quatre pas à faire pour aller à sa place, s'y assied, et leur dit aussitôt : levez-vous, assoyez-vous et couvrez-vous. Assis et couverts, le Président dit un mot, puis le Conseiller de semaine, assis près de lui, rapporte, en peu de paroles, les sentences rendues dans la semaine, qu'il a portées avec lui, que le Roy infirme, change, casse ou confirme comme il lui plaît, mais qui ne deviennent Arrêts que par cette confirmation qui ne manque quasi jamais. Tout est fait en un bon quart d'heure. Dès que le Roy se lève, et toujours sans se découvrir, tous remettent un genou en terre. Le Roy traverse une pièce et s'arrête dans une seconde longue et obscure par où il est venu. Tous les courtisans qui l'attendaient à la porte de l'audience, le précèdent et le suivent. Il se met dans un fauteuil sans dais, près d'une table, et tous les courtisans achèvent de passer, et attendent dans la pièce d'après. Le Majordome conduit le Président du Conseil de Castille devant le Roy qui est assis et couvert. Le Président met un genou en terre; le Roy lui dit de se lever, de se couvrir, et il se met sur un petit banc de bois nu et bas, près, et vis-à-vis du Roy. Cette audience dure une grande demi heure. Le Roy. vient seul dans la pièce suivante où on l'attend et rentre tout de suite, tandis que le Président sort par où il était entré et trouve le Majordome à la porte en dehors, qui le conduit au grand degré. Du Président du Conseil de Castille.

Les mercredis et samedis, le Roy traverse son appartement, suivi, précédé, environné des courtisans, jusqu'à la porte de la chambre d'audience. A la porte, tout ce qui n'est pas Grand s'arrête. Tout près de la porte est une table, un fauteuil auprès, un tapis dessous, pour le Roy qui se couvre et s'assied. Le Capit{ne} des Gardes en quartier, s'appuye contre la muraille, derrière le Roy les Grands laissent quelque espace vide et se rangent le long des murailles, se joignant et tous à coté les uns des autres. Ils ont tout un coté et deux Audience Publique des sujets.

demi côtés, qui est beaucoup plus qu'ils n'en tiennent. Ils se couvrent, dès que le Roy est assis. Si des Grands l'ont suivi, ils lui font une profonde révérence, et sans que le Roy remue, ils passent à la muraille, et les autres Grands les saluent. Il en arrive rarement, l'audience commencée. Les quatre Majordomes sont découverts devant la cheminée, vis-à-vis du Roy. Près la porte opposée à celle par où le Roy est entré, se tient, en dedans, le Sr de la Roche, avec une liste à la main, et personne autre dans la chambre, et les portes ouvertes. Cette fonction est avec plus de cérémonie, ce que sont ici les placets à l'ordinaire et n'a pas plus de succès. Tous ceux qui veulent être admis à l'audience, ont eu soin d'être inscrits dans la liste de la Roche, et il les appelle fort haut, chacun à son tour, suivant sa liste. Ils attendent dans la pièce joignante à laquelle celle qui sert de double est le lieu de l'audience du Roy au conseil de Castille. Celui qui s'entend appeler, entre et fait ses trois révérences, la plupart à l'Espagnole, et à la dernière, ils mettent un genou en terre, et, en cette posture, parlent au Roy, quelquefois assez de temps, lui présentent leur mémoire que le Roy prend, tourne sa main nue qu'il baise, et se retire a reculons faisant encore trois révérences. Au moment que celui-la sort la porte, un autre est appelé, et ainsi jusqu'au bout. Quelquefois le Roy abrège le discours en prenant le Mémoire et donnant sa main à baiser, mais jamais il n'en renvoie, ni ne répond mot à aucun. Des gens d'emploi et de condition ne trouvent point audessous d'eux de prendre cette audience, et depuis ceux de cette sorte que j'y ai vus jusqu'à la lie du peuple et aux simples soldats, tout est admis. Les Prêtres et les Religieux parlent debout. J'en ai vu qui demeuraient à genoux, que le Roy faisait relever de la main, mais ils mettent le genou à terre en arrivant au Roy et en se retirant. Lorsqu'il vient des gens de qualité ou des prêtres et des religieux de distinction, ils saluent quelquefois les Grands en passant, après la première révérence au Roy, et en se retirant ; et les Grands se découvrent un moment. J'ai vu quelquefois des Grands ne se couvrir point ou ne l'être pas toujours, par commodité de l'appui à la muraille. La plupart restent couverts. Dans cette audience, il y en a de secrètes ; ceux qui la désirent ainsi, quels qu'ils soient, le disent en la demandant à la Roche, sans expliquer pourquoi. Cela ne se refuse point, et il est rare qu'il ne s'en trouve toujours quelqu'une en ces audiences. Alors, ceux là sont appelés à leur tour comme les autres, mais la Roche ajoute aussitôt et aussi haut : c'est une audience secrète. Dès qu'on l'entend, les Grands quittent leurs places, passent en foule devant le Roy, en lui faisant la révérence, les Majordomes aussi, et même le Capitaine des Gardes. Tous se retirent dans la pièce joignante par où on est entré, et le Capitaine des Gardes se tient dans la porte, à demi en vue, mais hors de portée d'entendre. Cet usage est excellent et fait trembler ceux qui peuvent ôter l'accès et avoir intérêt qu'on ne puisse approcher du Roy, qui peut ainsi ou soupçonner ou démêler même bien des choses, quand il veut en faire usage. Néanmoins on ne s'aperçoit pas d'un grand fruit. Lorsque celui qui a eu cette audience se lève, la Roche dit tout haut qu'on peut rentrer, et chacun rentre comme on était sorti, et se replace où il se trouve, c'est-à-dire les Grands. La liste épuisée, et le dernier relevé de devant le Roy, la Roche vient à S. M. qui se lève, lui remet un faisceau de mémoriaux, et s'en va comme il était venu. Il faut observer que La Roche dit tout en Français. J'ai très souvent assisté à ces audiences, sur ce qu'en ayant vu une, par curiosité, de la porte, parmi les courtisans, les Grands me firent signe d'entrer, que je n'entendis pas. Plusieurs d'eux m'en parlèrent et me témoignèrent que je leur ferais plaisir de me mêler parmi eux, suivant le droit réciproquement accordé en France et en Espagne aux Ducs et aux Grands, de manière que pour répondre à leur politesse, je me trouvais toujours parmi eux aux fonctions où, comme à celle-là, les Ambassadeurs n'assistent point, et où je pouvais me séparer de ce caractère. Comme la Cour n'est pas la moitié de l'année à Madrid, et que ces audiences ne se donnent point ailleurs, elles sont souvent nombreuses et longues. J'ai ouï dire au Roy d'Espagne qu'il y en avait eu beaucoup de 60 et de 80 personnes, mais je n'en ai jamais vû qui allassent au plus qu'à 20 et 25, et très souvent beaucoup moins. On commence à les connaître comme ici nos placets à l'ordinaire desquels au commencement j'ai reçu à mon tour, plus de Mille, et, trois ans après, mon tour était à peine de deux cents. Il n'y vient jamais de femmes.

Journées du Prince des Asturies

Après avoir décrit, avec le plus de détails, la vie journalière du Roy et de la Reine d'Espagne, il faut le finir par un mot de celle du Prince et de la Princesse des Asturies. Les autres Infants sont trop jeunes pour en faire mention. Le Prince se lève à 8 heures du matin, servi par son Gouverneur, son Sous-Gouverneur, et, depuis quelque temps, par quatre des Gentilshommes de la Chambre, choisis pour cela, et qui sont devenus ses Grands Officiers lorsqu'à l'occasion de son mariage, on a fait sa Maison. Personne ne le voit à son lever ni à des heures pareilles naturellement publiques. Il étudiait ensuite, entend après la Messe dans une chapelle, dans l'intérieur de son appartement, et il y en a une semblable dans tous les Palais qu'il habite. Maintenant, au lieu d'étude qui est devenue légère, et à sa volonté, il fait ce qui lui plait avec ses Grands Officiers, mais plus souvent avec deux jeunes valets qui ont été, de tout temps, sa compagnie, avec qui il n'est point enfermé, si ce n'est pour tout ce qui n'est pas de cet intérieur. Il monte un moment chez la Princesse qu'il trouve à la fin de sa toilette, ou aucun de ses Grands Officiers n'entre, sinon celui qui a été son Gouverneur et maintenant son Majordomemajor ; les autres attendent dans la galerie dont j'ai souvent parlé. Il passe, ensuite, avec elle, à la toilette de la Reine où ils voient le Roy et se retirent, pour diner, chacun dans son appartement, lorsque le Roy va à la Messe ou lors des audiences. S'il y a chapelle, le Prince y suit le Roy, et la Princesse va avec la Reine. Ses Dames en petit nombre, et son Grand Ecuyer quelquefois, parceque son Majordormemajor est absent, sont aussi dans la tribune. Le Prince dîne avec l'Infant D. Fernand toujours en particulier, puis s'amuse avec lui, jusqu'à l'heure de sortir. S'il va à la chasse du Roy, comme il fait presque toujours, ou au Mail, il part un peu devant; s'il va, en son particulier, tirer ou se promener en quelque maison de plaisance, ce qui est rare, il sort à sa volonté. Le Duc de Popoli, qui a été son Gouverneur, le suivait toujours, mais maintenant plus du tout, depuis qu'il en a quitté le titre. Le Comte d'Altamire, son Sommelier de Corps, un Gentilhomme de sa chambre et son premier Ecuyer qui l'est aussi après avoir été son Sous-Gouverneur, l'accompagnent assez souvent, quelquefois un seulement, ou deux ou tous les trois. Il paraît encore peu démêlé et fort enfant ; il semble cependant s'accomoder mieux du Comte d'Altamire et du Marquis de los Barbarès que d'aucun autre. Il se trouve au retour du Roy qu'il quitte bientôt après, avec la Princesse, est ensuite chez elle un quart d'heure, puis descend chez lui, s'amuse, dans son intérieur, et avec son frère quand il a quitté l'étude, soupe avec lui, et se séparent, quelque temps après, pour se coucher. Il y est servi par ses Grand Officiers, en tour, ainsi qu'a ses repas. Il est rare qu'il s'aille promener avec la Princesse. Il semble pourtant le désirer, et a, quelquefois, été la joindre où elle était, et achever la promenade et revenir ensemble. Il la rencontra, une fois, dans Madrid, ayant, par hasard, le Duc de Popoli dans son carrosse. Ils arrêtèrent. Le Prince voulut descendre avec empressement ; le Duc le retint, mais le Prince lui parla durement, descendit, et

Et de la Princesse monta avec la Princesse qu'il ne quitta plus jusqu'au retour. Elle répond fort à ces manières du Prince, mais on évite doucement, dans cette première jeunesse, de les exposer à se lasser l'un de l'autre, par se trop voir. Elle aime à se lever fort matin et à se coucher de très bonne heure, ce qui est tout le contraire du goût du Roy et de la Reine, c'est à dire de celui que la Reine a fait prendre au Roy. Il en est de même du bal que L. L. M. M. aiment et que la Princesse hait, tant la danse dont elle s'acquitte mal au delà de ce qu'on peut croire, que l'heure du bal qui retarde son coucher, que le spectacle ; choses fort extraordinaires à son âge, ce qui a fait uniquement qu'il n'y a point eu de bal public à Madrid, depuis son arrivée, quoique on en dût donner après son rétablissement, et que la Reine en eût grande envie, jusqu'à l'avoir fait préparer. La Princesse est toujours avec ses Dames qui se relèvent pour la suivre et lui tenir compagnie. Celles de la Reine entrent aussi dans sa chambre, mais personne autre. Elle ne va point à la chasse, déclare qu'elle ne l'aime point, s'amuse à toutes sortes d'enfances, même chez la Reine où elle a liberté de passer à toute heure, même au dîner ; va, tous les jours, à la promenade ou dans des Monastères de filles. Pendant la maladie qu'elle eût en arrivant, le Roy et la Reine y allaient plusieurs fois par jour. La Reine elle même lui donnait ses bouillons et la traitait avec une tendresse extraordinaire. Elle n'osait trop insister sur ce qu'elle lui croyait nécessaire comme la diette. Elle m'avait ordonné, en présence du Roy, de voir la Princesse, et sur ce qu'après m'en être défendu, je n'en avais rien fait, il me l'avaient si précisément ordonné, que je n'osai désobeïr. La Reine désira donc que je lui parlasse, mais il m'eût été difficile de le faire, ne m'ayant jamais dit un mot que forcé et de nécessité, lorsqu'elle arriva, et lorsque je pris congé d'elle, bien que pendant sa maladie je la visse tous les jours, à la vérité un moment. L'esprit raccommodera, sans doute, bien des choses.

VOYAGES.

Absences de Madrid et suite.

Ce ne serait pas rendre un compte entier de la vie journalière du Roy et de la Reine d'Espagne, si leurs voyages étaient oubliés, eux qui tiennent la plus grande part de l'année. Vers les premiers jours du carême, ils passent du Palais à celui du Buen Retiro, et ce n'est que changer de quartier à Madrid. La semaine de Pâques, les mène à Aranjuez, et la Fête du St-Sacrement les ramène au Palais de Madrid. Huit jours après, ils vont passer six semaines à l'Escurial, puis revenaient au Pardo, mais c'est maintenant à Balsaim, depuis que la Granja est en faveur. De là, ils retournent à l'Escurial, puis encore à Balsaim, d'où ils s'arrêtent quelques jours à l'Escurial, puis au Pardo, et rentrent à Madrid au commencement de décembre, où, depuis Pâques, ils ne sont que huit jours. On ne peut fixer les dates de Balsaim parce qu'elles changent, et que les séjours s'y multiplient, à mesure que les ouvrages y augmentent. On en peut dire, comme de Versailles, le vieux Beringhem au feu Roy; que c'est un favori sans mérite, et que quand l'Espagnol ferait une fortune aussi prodigieuse que le Français, il n'en serait pas moins un exemple, très surprenant de ce que peut la dépravation du goût. C'en est assez pour ne m'écarter pas trop de mon sujet. Comme ce lieu n'existait guère ou point avant cette Reine, on n'en trouve rien dans les voyages d'Espagne ; c'est ce qui m'engagera peut-être, dans la suite, à en donner une idée, ou plutôt de la Granja, à une lieue de là, où se font les bâtiments, et rien à Balsaïm. On peut se souvenir que les lieux n'apportent aucun changement, en quoi que ce soit, à la vie journalière du Roy et de la Reine, pas même les voyages. Comme une pièce ou deux leur suffit pour tous deux, et que leur chambre et leur bouche les suit, rien ne les incommode. Et ils s'inquiètent peu de leur suite, toujours la plus petite qu'il se peut. Elle n'est guère plus étendue que celle de la chasse. Le Ministre de France, le Mis de Grimaldo et ses commis, le Cardinal Borgia et sa chapelle, quelques caméristes, les Premiers Médecins, Chirurgiens et Apothicaires, quelques bas officiers, c'est à quoi tout se réduit avec le plus petit nécessaire pour le Prince et les Infants, et, depuis, pour la Princesse. Les personnes qui ont de vraies affaires à la Cour, peuvent l'aller trouver à Aranjuès et à l'Escurial, et plus librement en ce dernier lieu qu'en l'autre. On y voit L. L. M. M. et le Ministre comme à Madrid. Le Pardo, c'est comme Madrid même par la proximité, mais à Balsaïm, cela est étroit comme les premiers temps de Marly. Tout ce qui de la suite du voyage, toute petite qu'elle est, peut être laissé à l'Escurial, y reste. Nul de ceux-là n'ose aller à Balsaïm, sans permission expresse, ni qui que ce soit, d'ailleurs, sans la même grâce qui ne se demande presque jamais, parce qu'elle déplait toujours, qui se refuse quelquefois, et qui est limitée à un ou deux jours de séjour, encore faut-il aller chercher son gîte ailleurs et le chemin d'ailleurs long, très pénible et périlleux en toute raison, sert encore à écarter les plus empressés. Dès que la Cour est hors de la ville, il n'y a plus de ce qui s'appelle *fonction*, c'est-à-dire nulle sorte de cérémonie, ni d'audience publique, ni de plaisirs autres que chasse et promenade ; et tout cela ensemble fait haïr les voyages au dernier point. Il n'y a pas jusqu'aux chapelles qu'on y supprime presque toutes ; il ne s'en tient, quelquefois, qu'une ou deux et souvent point du tout. Aussi l'assistance y serait-elle bien courte. Les chapelles sont si fréquentes à Madrid, que ce ne serait pas achever la description de la vie journalière du Roy et de la Reine d'Espagne, si, tout de suite, je n'expliquais cette fonction.

QUESTIONS

DU DUC DE SAINT-SIMON

AU SUJET DE L'AMBASSADE

AVEC LES RÉPONSES DU CARDINAL DUBOIS [1].

S. E. est supliée de vouloir bien faire mettre ses reponses a costé des questions que je prends la liberté de faire sur des bagatelles, qui peuvent echapper, a l'instruction que je receveray d'elle et sur les quelles neanmoins je desire la sienne, pour ne rien faire de mal à propos.

M. le Duc de St-Simon ne peut pas se dispenser de voir cette princesse.	Verray-je la Reine Doüarière passant à Bayonne.
Ce sera de la part du Roy et Sa M^{té} ecrira une lettre de sa main a cette princesse, dont M. le Duc de St-Simon sera chargé.	Si je la vois serâ-ce de la part du Roy ou simplement au respect que je lui rendray comme de moy-mème.
Cela est décidé par les reponses précédentes.	Si de la part du Roy, parleray-je après de la part de S. A. R. ou si ce sera un de mes enfants.

1. Volume 304.

Si la Reine est a sa maison de campagne M. le Duc de St-Simon s'y rendra pour remplir, auprès d'elle, les devoirs qu'il doit lui rendre.

Si elle n'est point à Bayonne mais a une lieüe ou deux aux environs l'iray-je trouver, ou me contenteray je d'y envoyer un Gentilhomme, ou n'y enverray je point du tout.

Item, en revenant.

Comme avec les autres seigneurs de son rang, c'est à dire, avec politesse et en évitant de rappeller le souvenir des derniers évènemens pendant son ambassade. Sans difficulté.

Comment me conduiray-je envers le P^{ce} de Cellamare, s'il est a Madrid, tant en lieu tiers que chez moy, s'il me fait l'honneur d'y venir.

En ce dernier cas lui rendray-je sa visite.

Idem a l'égard de M. de Chalais.

Idem.

Les liaisons avec Mme des Ursins soit anciennes soit modernes ne sont point une raison d'exclusion; elles peuvent demander que les ouvertures et la confiance soient mesurées, et les divers degrés que l'on doit y mettre doivent dépendre de la manière dont le Roy et la Reine d'Espagne pensent sur ceux qui tiennent de quelque manière que ce soit a Mme des Ursins.

La Commission de M. le Duc étant de peu de durée et de pur apparat il y aura peu d'occasions de faire des ouvertures, il serait peut-être dangereux d'en recevoir. Les rangs et la faveur doivent être la mesure des politesses que l'on ne refuse a personne, aussi bien que des prévenances.

Me marquer s'il y a des personnes qu'il faille ne point voir nettement ou simplement éviter, par rapport a Madame des Ursins ou a d'autres considérations au contraire s'il y en a qu'il soit a propos de distinguer par des manières plus polies et par des prevenances.

Il n'y a rien de particulier sur ces deux seigneurs, l'on a eu que des relations ordinaires avec le premier en qui on ne suppose pas une grande candeur.

Si Mrs de Popoli et de Bedmar ne sont pas dans ce dernier cas, portant tous deux l'ordre du roy, le p^{er} étant gouverneur du P. des Asturies et l'autre ayant été fait

Le second n'a pas été aussi facile que l'on pouvoit se le promettre, dans les occasions qui pouvoient interresser la France; mais il ne faut pas que le commerce avec lui se ressente de cette observation. L'on peut recevoir le Duc d'Ormond avec politesse, et lui rendre les devoirs de bienseance; mais il ne faut entrer en aucune relation part.^{re} avec lui, ni avec ceux qui sont attachés au Pretendant, et il faut encore moins écouter aucune ouverture de leur part, sans cependant rien dire qui puisse blesser la personne ni mesme la dignité de ce Prince.

grand a la recommendation du feu roy.

Comment en user a l'egard du Duc d'Ormond et des autres attachés au Prétendant.

Oui sans aucune difficulté. Ils ne doivent être admis a aucune relation directe ni indirecte avec la personne qui représente le Roy. L'on peut cependant agir avec moins de rigueur a l'égard de M. de Marsillac en le rencontrant, mais sans lui donner aucun accès direct.

N'est-il pas a propos de fermer ma maison a Mrs de Marsillac, Magny, Bretons réfugiés etc.

Le rang de ces ministres et de tous les autres détermine les traitements ordinaires. Ceux du Pape ont toujours été distingués; et les liaisons que le Roy a avec le Roi de la G^{de} Bret^{ne}, demandent que l'on ait des égards particuliers pour son Ambassadeur et mesme que l'on traite avec confiance avec lui.

Marqueray je plus de soins au nonce, et au collonel Stanhope qu'aux autres ministres étrangers.

Le Duc de Larco est aimé du Roi d'Espagne. Il ne veut se mêler d'aucune affaire; il mérite que l'on ait pour lui beaucoup d'egards, mais il faut éviter les distinctions part^{res} qui pourraient

Y a til des Espagnols en charge comme le duc de Larco, par exemple, ou des français en charge, comme Valouze et de la Roche avec qui il convient d'avoir plus de rapport qu'avec d'autres.

*causer des jalousies dailleurs; A l'égard des François M**rs** de Valouze et de la Roche ont toujours paru bien intentionnés, on n'en tirera que de faibles secours, mais il faut les bien traiter, en observant de ne pas les rendre suspects.*

Il faut remplir avec ces dames tous les devoirs de politesse, leur témoigner mesme de l'empressement selon la mesure de leur faveur et ne leur rien confier dont on puisse faire un mauvais usage,

A Paris le 23 septembre 1721.

Le Card^l Dubois.

Y a til quelque conduitte particulière a garder, avec la Comtesse de Solre, et sa fille la Pr^e de Robec, dame du Palais et bien avec la Reine, mais qui seraient intimement amies de Mme des Ursins.

Son Em^{ce} est supliée de vouloir bien faire ses reponses à costé des eclarcissements que je prends la liberté de luy demander [1].

8. *Il n'y a aucun inconvenient à la demander, l'empressement étant permis en ces occasions et la circonstance de la saison avancée en donnerait encore un pretexte s'il était necessaire, mais on trouvera le Roi d'Espagne dans les dispositions.*

Il depend du roi d'Espagne de nommer autant de Commissaires qu'il voudra. Ils signeront à la première colonne l'un au dessous de l'autre et selon leur rang l'original en langue Espagnole des ar-

8. Après la p^{re} Audience publiq. pour la demande de l'Infante, attendray je la 2me dans laquelle elle sera accordée, ou si je demandray cette 2e Audience au cas qu'elle se differât trop.

Les actes préparatoires de forme à la signature du contract seront ils disposés chés moy ou chés le M. de Grimaldo, ou chés un autre des com^{res} d'Espagne.

Un ou plusieurs Com^{res} d'Espagne signeront-ils quelquun des instruments avant moy ou de Mau-

---

1. Volume 305, en copie avec les réponses en regard. Les questions seules, écrites de la main du duc de Saint-Simon, se trouvent au volume 304.

ticles du mariage et les Ambassadeurs du Roy a la seconde colonne.

Au contraire les Ambassadeurs du Roy signeront l'original en langue Francaise a la première colonne et les Comm^res Espagnols à la seconde chacun retenant l'original qui est en sa langue.

9. *Il faudra se charger de le faire en faisant remarquer que la maison de la Reyne ne sera faite que lors de ses fiancailles et que S. A. R. ne pourroit avec bienseance anticiper les resolutions du Roy; mais qu'il n'y a pas lieu de douter que, lorsque Sa Majesté les prendra, elle n'ait beaucoup de déférence aux recommandations du Roy d'Espagne en faveur de Maulevrier dont les services sont très agréables a Sa Majesté.*

12. *Il n'y a rien a signer a Madrid pour le mariage de Mad^elle.*

13. *L'Infante d'Espagne ne peut en aucuns cas estre traitée de Majesté n'y de Reyne avant son mariage. Elle est traitée d'Infante dans les articles qui ont été signés entre M. de Maulevrier et M. de Grimaldo depuis la declaration du mariage et depuis les circonstances que l'on observe qui ne peuvent être considérées que comme un essort de joye sans mesure et sans conséquence.*

On a pris des mesures pour être instruit de la désignation qui sera faite par le Roy d'Espagne et Sa Majesté y pourvoira de sa part.

levrier et dans ces traités entre les Rois les Ambassadeurs respectifs signeront-ils les p^rs les actes faits en leur langue.

9. Que repondre si on me presse d'escrire en faveur de Maulevrier pour des charges et places dans la maison de la future Reyne.

12. Il n'y aura donc rien a signer ny articles ny aucun instrument pour ce qui concerne le mariage du P. des Asturies et de Mlle.

13. Encore qu'on ne doive point imaginer ce qui ne doit point estre, la façon dont L. M. C. ont écrit a l'infante et dont elle a été traitée depuis donne lieu a demander ce qu'il faut faire au cas que, contre toute regle, elle fut accoustumée a la Majesté et que L. M. C. lui en donnassent des traittem^s.

Il est sur que des plus grands seigneurs l'accompagneront à l'Isle de la Conférence et sur que le duc de Medina Cœli sera chargé de faire l'échange, M. Lollés me l'a dit ainsy.

Sans difficulté, mais c'est un point qu'il ne faut jamais mettre en question puisqu'il est décidé par les articles et qu'il le sera par le contract de mariage qui sera fait en conséquence ; il est bon de parler de la célébration du mariage dans les occasions comme du terme du retour de M. le Duc de St-Simon qui doit estre prochain.

Ne convient il pas de presser la célébration du mariage aussitôt après l'arrivée de Mlle et d'y disposer en attendant.

14. Ce n'est pas l'usage, il y aurait de l'inconvenient à le faire pour les suites, et lorsque le Roy loge un ministre a l'hostel des ambassadeurs il y a toujours un traitement de la part de Sa Majesté.

14. Le Roy d'Espagne me loge jen ai nouvelle certaine. Quoi que cet honneur soit devenu presque une coustume pour les Ambassadeurs de France depuis ce regne, qui n'est pas reciproque, neantmoins ne penseroit-on point a loger le duc d'Ossone a l'hotel des Ambassadeurs extrord^res pendant son séjour dans un cas aussi singulier que celui cy, ce qui ne peut tirer a aucune conséquence.

16. Cela serait convenable, en quelque sorte nécessaire, mais il faut a cet égard se conduire selon ce qui sera le plus agréable au Roy d'Espagne.

16. Ne convient-il pas que je suive la cour allant a Burgos ou quelqu'autre part ou elle sejourne et M. de Maulevrier de mesme.

17. Il n'y aura point de Cardinaux.

Les dames ont des places separées de celles que les grands occupent.

17. A la cérémonie des nopces ne cederions nous pas à un Cardinal, s'il s'y en trouvait un, et a de certaines dames comme la Camera Mayor.

Cela n'est point marqué à celle de la sœur de S. A. R. avec le feu Roy d'Espagne et on n'y en voit rien.

19. Les Reynes d'Espagne font couvrir les Ambassadeurs et ceux de leur pays, après en avoir fait la demonstration, demeurent decouverts.

19. Par respect de galanterie n'est-il point mieux de ne se point couvrir devant les deux Reynes, surtout devant l'Infante.

M. Amelot m'a averti de prendre

Le Roy d'Espagne dit toujours a l'Ambassadeur de se couvrir lorsqu'il commence son discours, il n'y a qu'a se conformer a l'usage, et s'il y avait eu quelque changement avantageux au caractère a l'occasion du nonce et de l'Ambass^{eur} d'Angl^{re} il faudrait s'y conformer.

Le Roy seulement.

garde aux audiences, à me couvrir avant que le Roy d'Espagne me le dise, et a en usé ainsi par ordre. Comme je vois qu'il n'en est rien marqué, dans ce que j'ai reçu et que le cérémonial écrit comme il est semble plustot pancher au contraire, je dois demander a quoi m'en tenir. M. de St-Aignan qui a ésté depuis M. Amelot m'en a dit autant. J'ai oublié de le demander a M. de Brancas.

La Reyne douarière estant en France ne dois-je pas, en lui parlant du Roy, le nommer tout court le Roy et non pas le Roy mon maître.

26. *Le mieux est de ne pas inviter M. le Duc d'Ormond et de ne pas manger chez lui. S'il se présentait il ne faudrait pas lui faire une impolitesse. Il est aisé de juger que l'on romproit tout commerce avec l'Amb^r d'Angl^{re} si l'on paroissoit en avoir non seulement un étroit mais particulier avec le Duc d'Ormond. L'on peut savoir comment cet Amb^r en use avec lui en lieux tiers et cette connaissance peut donner des moyens de garder les menagements convenables.*

26. Attirant autant que je pourray les principaux de la cour d'Espagne et les ministres étrangers à manger chez moy, eviteray je d'y convier le duc D'Ormond et s'il arrivait qu'il le recherchast perseveroy je jusqu'a l'affectation. idem manger chez lui.

27. *Il n'y a aucune difficulté a fermer sa porte a ceux que l'on a marqués; il suffira de s'en expliquer pour les empécher de s'y présenter.*

Il n'est point possible d'éviter absolument ces occasions parce que l'on a pas droit d'ordonner dans la maison d'autruy, mais l'on fait aisément sentir que l'on

27. Si je pouvais faire avertir doucement les François que je ne dois point les recevoir, cela ne serait-il point mieux que de les laisser se faire refuser a ma porte.

Ce qui m'accompagne doit-il refuser de leur parler en lieux tiers et de manger avec eux en lieux tiers comme chez quelque ministre étranger et en ce dernier cas ne *ne veut point de commerce avec les personnes de cette espèce.*

Cette matière n'est pas du ressort de l'introducteur et il ne s'en chargerait pas.

serait-il pas convenable d'en dire doucement un mot à l'introducteur pour l'en avertir, et evitter.

28. *Il faut l'éviter autant qu'il est possible et répondre a leur Maj^{té} Cat^{que} que l'on n'est pas en état de traiter cette matière.*

28. Que repondre si L. M. C. ou leurs ministres me parlent en faveur de un ou quelques uns.

29. *Ils sont compris sous la définition générale de ceux que l'on doit menager selon la mesure de la confiance dont leur M^{té} Cat^{que} les honorent, mais s'ouvrir peu ou point a M. Scotti.*

Le traitement des Princes d'Espagne pour regle, pour l'usage il faut s'y conformer.

Il y a un décret du Con^{eil} d'estat contraire a cet usage. M. le Duc de St-Aignan n'a visité avant son audience que le C^{al} del Judice. Il a tenu cette conduite en vertu des ordres qui lui auront été donnés par une lettre de M. le Marquis de Torcy du 21 mars 1715. Elle n'exclut pas à la vérité les commerce d'honnesteté avec les autres con^{ers} d'estat.

S'il y a quelque usage nouveau a cet égard dont il y ait eu des exemples a l'occasion du Nonce et de l'Amb^{eur} d'Angleterre l'on peut s'y conformer.

L'on doit séparer les compliments du Roy de ceux de Son Altesse R. mais ces derniers doivent entrer dans le même discours.

Si M. le Duc de St-Simon a besoin d'une permission du Roy il la recevra à propos.

29. Il n'est nulle mention particulière de M. Scotti ni du P. Daubrusselle. En audiance traiteray-je de Mgr le P. des Asturies et les Infantes pour l'Altesse ou L'Altesse Royale. Je crois qu'il faut se conformer à l'usage du pays.

M. Amelot, M. de St-Aignan et M. de Brancas m'ont dit tous trois qu'il est d'usage de visiter en arrivant le p^r m^{re} les cons^{ers} d'estat soit qu'ils soient Grands ou non. Il n'y en a plus que 4 et presque sans fonctions, le Conseil d'estat ne se tenant presque plus. Ne faut il pas en user comme ces M^{rs} ont fait ; en ce cas n'en faudrait il pas user de même a l'égard des ducs de Veraguas et Popoli qui sont du Conseil du Cabinet qui ne tient gueres plus que l'autre et surtout Popoli qui est gouverneur du P. des Asturies, gendre de S. A. R.

Feray je seul les compliments du Roy au Roy et a la Reyne d'Espagne et a leurs enfans et uniquement du Roy.

Ne me faut-il point une permission écrite pour accepter etc. Puis-je montrer a M. Robin l'instruction qu'elle me prescrit commune avec M. de Maulevrier. Je le de-

Oui sur tout ce qui a rapport a l'affaire des mariages; il serait bon que ce qui regarde les affaires générales ne fut pas multiplié inutilement, mais c'est a M. le Duc de St-Simon de juger s'il faut admettre un tiers dans ce qui lui a été confié uniquement pour regler sa conduite particulière et ses discours en cas qu'on lui parle de quelque chose au dela de sa commission principale.

sircrois puisqu'il est entré avec luy en beaucoup de choses.

LETTRE

DE L'ABBÉ DE SAINT-SIMON

AU CARDINAL DUBOIS.

A Villalmanzo, le 17 décembre 1721.

Monseigneur,

La part que V. E. veut bien prendre a ce qui regarde M. le Duc de St-Simon et la place que les bontés de S. A. R. et l'amitié de V. E. lui ont procurée icy ne me permettent pas de différer un moment de lui rendre compte de l'allarme que nous avons eü et dont nous ne sommes pas encore quittes. L. M. C. etoient parties de Madrid comptant n'arriver a Lerma que le 13 Dec. au soir; M. de St-Simon s'etoit arrangé sur ce pied la pour se trouver le même jour a la descente de leur carrosse; a Valladolid nous apprimes que L. M. C. avoient avancé leur journées et qu'elles devoient arriver le 11. Cette nouvelle fit prendre a M. de St-Simon la resolution de partir le lendemain à la pointe du jour, au lieu de sejourner a Valladolid comme il l'avoit projetté pour se reposer de la fatigue outrée dont il étoit excedé. Pour pouvoir arriver en même temps que L. M. il fallut forcer 2 jours de marche, qui acheverent de l'exceder, de façon qu'en arrivant icy il fut pris d'un grand mal de tête auquel la fievre succeda et ensuitte une assez grande sueur a la fin de la quelle il parut quelques rougeurs, qui firent soupçonner du venin. Dans ce premier moment je fus a Lerma avertir M. le M. de Grimaldo et le P. Daubenton de la crainte ou nous étions. Je dois a cette occasion rendre compte a V. E. de tout ce que je reçus de politesse et d'offres obligeantes de leur part, et de marques de bonté de L. M. a qui ces deux personnes en furent sur le champ rendre compte; le Roy ordonna sur le champ que son P. Medecin allat sur le moment s'enfermer avec M. de St-Simon, et qu'on l'aidat de tous les secours possibles; quelque representation qu'on lui fit qu'il ne lui restoit ni a la Reine aucun autre medecin, cet ordre subsista avec les temoignages les plus flatteurs de bonté pour M. de St-Simon; depuis ce premier moment L. M. C. ont temoigné toute l'inquietude possible de sa santé.

Depuis l'irruption de la petite verolle, le peu d'accidens qui avoient précédé, comme le mal de tête et l'assoupissement, ont absolument cessé, la fievre a toujours été en diminuant, et ne reste actuellement que dans le degré necessaire pour soutenir l'effort de la maladie. Nous regardons aujourd'hui la maladie comme finie, ou au moins l'état actuel de M. de St-Simon nous est un sur garant d'une heureuse issue; il ne reste plus d'inquietude a M. Higuins P. medecin. Après avoir rendu un compte exact a V. E. de nos allarmes sur M. de S.-S., je la supplie d'agreer que je lui fasse part des mesures que je prends pour empécher que la triste nouvelle de ce qui nous arrive ne vienne a Mme la D^{sse} de St-Simon par des voies indirectes et qui seroient capables de la jetter dans des horreurs infiniment préjudiciables a sa santé et peut être a sa vie. Je me flatte que V. E. entrera d'autant plus volontiers dans les vues que j'ay l'honneur de lui proposer qu'elle n'ignore ni la façon dont M. et Mme de St-Simon vivent ensemble, ni la sensibilité excessive qui a plus d'une fois reduite Mme de St-Simon à des etats pitoiables dans les differents malheurs qui lui sont arrivés.

Je compte faire partir, samedi 20, après midi, un courrier qui doit arriver a Paris, vendredi 26, a l'entrée de la nuit, au plus tard; mais dans la crainte que quelque contre temps ne retarde l'arrivée du courrier, et qu'il ne soit précédé par l'ordinaire, j'ai l'honneur d'ecrire a V. E. pour la supplier de la part de M. de S.-S., avec la derniere instance, de vouloir bien faire retarder la distribution publique des lettres d'Espagne de quelques heures jusqu'a l'arrivée de notre courrier qui descendra a la porte de V. E. [1].

---

1. Voir la lettre de Saint-Simon datée du 13 janvier 1722, dans laquelle le Duc remercie Dubois d'avoir fait retarder la distribution des lettres dans Paris pour que la nouvelle de la maladie de son mari n'arrivât pas brusquement à la duchesse.

Je prends aussi la liberté de mettre dans le paquet de V. E. un paquet de lettres adressé à M. le Duc d'Humières que je la supplie de vouloir bien lui faire remettre quelques heures devant la distribution des lettres, en cas que notre courrier ne soit pas encore arrivé. Ces lettres sont pour la famille et les amis de Mme de St-Simon, par lesquelles on les prie de la prevenir et de prendre auprès d'elle toutes les précautions possibles. Je puis assurer V. E. que, de toutes les marques d'amitié dont elle previent tous les jours M. de St-Simon, il n'y en a point a laquelle il puisse etre plus sensible qu'a celle-ci qui est d'une si infinie conséquence par rapport a Mme de St-Simon qui, au moyen des ordres que V. E. donnera, n'apprendra notre triste nouvelle que par nos lettres tant à elle qu'a sa famille qui sera à portée de les lui menager avec discretion. Je dois dire a V. E. que M. de St-Simon n'a été occupé jusqu'ici que de la crainte de l'effet que feront sur Mme de St-Simon les premières nouvelles de sa maladie. Aussi me charge t'il de rendre a V. E. mille tres humbles actions de graces de ce qu'elle voudra bien faire, et de l'assurer de son attachement le plus respectueux. Oseray-je y joindre les assurances du respect profond avec lequel j'ai l'honneur d'être, Monseigneur, de V. E.

Le tres humble et tres obeissant serviteur.

L'abbé de St-Simon.

FIN.

TABLE DES MATIÈRES

	Pages.
LES PAPIERS INÉDITS DU DUC DE SAINT-SIMON.	1
L'AMBASSADE DU DUC DE SAINT-SIMON EN ESPAGNE.	83

LETTRES ET DÉPÊCHES

I.	Au cardinal Dubois.	123
II.	Au cardinal Dubois.	124
III.	Au cardinal Dubois.	124
IV.	Au cardinal Dubois.	125
V.	Au roi.	127
VI.	Au duc d'Orléans.	132
VII.	Au cardinal Dubois.	133
VIII.	Au duc d'Orléans.	135
IX.	Au cardinal Dubois.	136
X.	Au cardinal Dubois.	138
XI.	Au cardinal Dubois.	139
XII.	Au roi.	144
XIII.	Au roi.	155
XIV.	Au duc d'Orléans.	156
XV.	Au cardinal Dubois.	159
XVI.	Au cardinal Dubois.	162

XVII.	Au duc d'Orléans.	167
XVIII.	Au marquis de Grimaldo.	168
XIX.	Au marquis de Grimaldo.	169
XX.	Au roi.	171
XXI.	Au cardinal Dubois.	183
XXII.	Au duc d'Orléans.	197
XXIII.	Au duc d'Orléans.	198
XXIV.	Au duc d'Orléans.	200
XXV.	Au cardinal Dubois.	201
XXVI.	Au cardinal Dubois.	206
XXVII.	Au marquis de Grimaldo.	207
XXVIII.	Au cardinal Dubois.	210
XXIX.	Au duc d'Orléans.	214
XXX.	Au cardinal Dubois.	215
XXXI.	Au cardinal Dubois.	218
XXXII.	Au roi.	225
XXXIII.	Au roi.	229
XXXIV.	Au duc d'Orléans.	230
XXXV.	Au cardinal Dubois.	235
XXXVI.	Au cardinal Dubois.	242
XXXVII.	Au duc d'Orléans.	247
XXXVIII.	Au duc d'Orléans.	248
XXXIX.	Au duc d'Orléans.	249
XL.	Au cardinal Dubois.	251
XLI.	Au cardinal Dubois.	252
XLII.	Au cardinal Dubois.	253
XLIII.	Au duc d'Orléans.	256
XLIV.	Au cardinal Dubois.	258
XLV.	Au cardinal Dubois.	264
XLVI.	Au roi.	265
XLVII.	Au duc d'Orléans.	266
XLVIII.	Au cardinal Dubois.	268
XLIX.	Au comte de Belle-Isle.	276
L.	Au roi.	295
LI.	Au duc d'Orléans.	298
LII.	Au cardinal Dubois.	299

TABLE DES MATIÈRES.

LIII.	Au cardinal Dubois.	302
LIV.	Au cardinal Dubois.	304
LV.	Au cardinal Dubois.	308
LVI.	Au cardinal Dubois.	310
LVII.	Au comte de Belle-Isle.	317
LVIII.	Au cardinal Dubois.	331
LIX.	Au comte de Belle-Isle.	338
LX.	Au cardinal Dubois.	339
LXI.	Au roi	341
LXII.	Au duc d'Orléans	342
LXIII.	Au roi.	343
LXIV.	Au cardinal Dubois.	344
LXV.	Au duc d'Orléans	345
LXVI.	Au cardinal Dubois.	346
LXVII et LXVIII.	Au roi et à la reine d'Espagne	348

TABLEAU DE LA COUR D'ESPAGNE fait à la fin de 1721 et au commencement de 1722. 351

QUESTIONS DU DUC DE SAINT-SIMON AU SUJET DE L'AMBASSADE AVEC LES RÉPONSES DU CARDINAL DUBOIS. 395

LETTRE DE L'ABBÉ DE SAINT-SIMON AU CARDINAL DUBOIS. 405

FIN DE LA TABLE.

www.ingramcontent.com/pod-product-compliance
Lightning Source LLC
Chambersburg PA
CBHW071852230426
43671CB00010B/1311